新时代教育成果丛书

丛书主编 郭艳丽 李 益

观 澜 主编

劳动课程
——是什么 怎么上 怎么评?

上册

知识产权出版社
全国百佳图书出版单位
—北京—

图书在版编目（CIP）数据

劳动课程 . 上，是什么？怎么上？怎么评？ / 观澜主编 . —北京：知识产权出版社，2025.4. —（新时代教育成果丛书 / 郭艳丽，李益主编）. — ISBN 978-7-5130-9965-3

Ⅰ . G633.932

中国国家版本馆 CIP 数据核字第 20252Z1277 号

内容提要

本书是在《劳动教育课程实施与评价》的基础上加以完善。分为上下两册，本册基于《大中小学劳动教育指导纲要（试行）》《义务教育劳动课程标准（2022 年版）》要求，更加注重解决课程"是什么""如何上""如何评"的问题。每所学校在推进劳动课程教学中，都有自己独特的思想，代表着中国特色和文化，是劳动的智慧；编写过程中的每一位教师也在"劳动"；学生在活动中的一次次实践参与将"劳动"的魅力，散发到心动和感动中。本册既涉及学校基于标准的课程建构、劳动十大任务群的课堂活动设计，还有任务群、劳动周等具体的活动及评价，为广大教师提供了思路，开阔了眼界，指引了方向。

责任编辑： 郑涵语   **责任印制：** 孙婷婷

新时代教育成果丛书

郭艳丽　李　益　主编

劳动课程（上）——是什么？怎么上？怎么评？

LAODONG　KECHENG (SHANG) —— SHI SHENME? ZENME SHANG? ZENME PING?

观　澜　主编

出版发行：**知识产权出版社**有限责任公司
电　　话：010-82004826
社　　址：北京市海淀区气象路 50 号院
责编电话：010-82000860 转 8569
发行电话：010-82000860 转 8101
印　　刷：三河市国英印务有限公司
开　　本：720mm×1000mm　1/16
版　　次：2025 年 4 月第 1 版
字　　数：175 千字
ISBN 978-7-5130-9965-3

网　　址：http://www.ipph.cn
　　　　　http://www.laichushu.com
邮　　编：100081
责编邮箱：laichushu@cnipr.com
发行传真：010-82000893
经　　销：新华书店、各大网上书店及相关专业书店
印　　张：13.25
印　　次：2025 年 4 月第 1 次印刷
总 定 价：120.00 元（全两册）

实践出真知　实践育新人

　　观澜老师是一位有着不断追求、不断进步的人，也是对事业专心钻研、向核心处开掘的人。观澜老师执着于专业的精神和实践的品质值得大家关注和学习。

　　曾经记得我为观澜老师的书写过序，而且在"观澜"二字的内涵上说了些话。如果说之前那本书是"澜"，而这几本合在一起，构成了新时代教育成果丛书，则应视作"海"。

　　教育只有一个主题：育人。而育人的标志或表征，是让学生过五彩缤纷的生活。从学理上看，课程是学生人生的一段旅程，更应把课程当作育人的蓝图，离开育人主题，旅程便无方向感，就会变得暗淡无光。实践是一个领域很宽的概念，人人都是实践者，都是在实践中磨炼成长起来的。马克思指出："思想本身根本不能实现什么东西。思想要得到实现，就要有使用实践力量的人。"[1] 实践的宗旨是为了育人，实践育人是课程改革的原则，也是整个教育的原则。评价是个绕不开的问题，评价不只是为了诊断，为了证明，更是为了促进，为了今后更好地发展。有人说，评价不是为了证明你是谁，而是指引你应该成为什么样的人。如此看来，这套丛书从劳动课程规划、劳动项目实践、劳动评价设计三个层面论述了育人的意义和路径。育人是主轴，把三个层面串联

---

[1] 马克思, 恩格斯. 马克思恩格斯全集 [M]. 北京：人民教育出版社, 2006.

起来，成为育人的立方体，成为育人的施工蓝图。其主旨十分鲜明，这套丛书实为"育苗集"。

最近顾明远先生讲了个故事："《下金蛋的鹅》，是《伊索寓言》中的一则故事，说的是一只鹅竟然会生金蛋。农夫想，如果我多给它喂一点粮食，喂好一点，岂不是能生更多更好的金蛋了吗？于是拼命地喂，结果一颗金蛋都没生下来。剖开鹅的肚子一看，鹅的肚子里都是厚厚的油脂。这个寓言故事告诉我们，教育不是简单的'投喂'，而是让受教育者学会'觅食'、学会'啄食'，在不断走路、不断游水中，学会生存的方式。要说'会生金蛋'，真正'会生金蛋'的是辛勤的劳动者、奋斗的实践者。这一金蛋的名字叫'真知'，叫'收获'，叫'育人'。"这个故事也告诉我们，实践才是会生金蛋的鹅。

观澜老师从四个方面来展开育人的实践范畴：一是综合实践活动，二是社会实践，三是研学，四是劳动教育。这样的分类还是有些交叉的，无论是综合实践活动、研学，还是劳动，都是社会实践的具体形态和样式。但是在生动、蓬勃的实践前有时候理论显得有点苍白。观澜老师想突出实践的丰富多样性，这样划分几个层面也不是不可以。如果要严谨地划分，人类的一切活动都是劳动教育。观澜老师追求的是实践的完整性，将实践的触角伸向学生生活的每个角落。

实践的命题非常深刻，马克思曾经论述过"活劳动"。何为"活劳动"？马克思强调[1]：一是劳动者的主体性，劳动者不是旁观者，不是作秀者，而是实实在在的劳动者，出力出汗、真刀真枪地工作。二是劳动者在劳动过程中充满着思维，头脑里有预想、有设计。正是这一点，劳动者超越了会编织、会造

---

[1] 马克思，恩格斯．马克思恩格斯全集 [M]．北京：人民教育出版社，2006.

蜂窝的蜜蜂。要让劳动、实践真的活起来，一定要让劳动者、实践者成为思考者、创造者。这套丛书中的案例在这些方面都有生动的体现。

人工智能已大踏步走进了我们的生活，也走进了教育领域，一定会丰富劳动、实践的内涵，改变劳动、实践的方式，也一定会加速人们思维方式的变革。对此，观澜老师及其团队高度重视，及时补充内容，引进先进工具，处理好人机关系。他们注意 AI 在教育教学中多重角色的改变，即工具—伙伴—教师。这三种角色都会出现，都会帮助学生学习、劳动与实践。这样的意识很可贵，大胆的尝试也应得到鼓励。观澜老师一直在追赶时代的潮流。

"曾记否，到中流击水，浪遏飞舟？"在猛烈的暴风雨中，劳动之舟、实践之舰，勇敢前行，前面是更美好的彼岸，祝观澜老师及其团队走得更远更深。

成尚荣

中国现代教育家、江苏省教育科学研究所

目　录

第三章　劳动教育评价设计　// 163

第一章
劳动课程规划

让课程规划成为指导实践的蓝图

全面加强劳动教育是新时代党对教育工作的新要求，也是中国特色社会主义教育制度的重要内容，直接决定着社会主义建设者与接班人的劳动精神面貌、劳动价值取向和劳动技能。❶追溯与"劳动教育"有关的具体内容出现是在 2001 年国家第八次课程改革中增加的"综合实践活动"课程中，将"劳动与技术教育"明确归纳到综合实践活动课程的四大领域之一；2020 年 3 月，《中共中央、国务院关于全面加强新时代大中小学劳动教育的意见》中提出开展劳动教育优化综合实践活动课程结构；随后教育部在印发《义务教育劳动课程标准（2022 年版）》中，确定了劳动教育的根本性质、地位和具体实施要求，将劳动教育作为一门必修课程进行推进与落实，不再是一种"活动"和"技术"，而是对劳动观念、劳动品质与劳动精神的培养。于是，全国各地中小学响应国家政策号召积极行动，形成了一定的案例经验和推进经验。但依然存在一些问题，如学校缺乏顶层设计和整体规划导致劳动教育随意化、碎片化；学生主体地位不突出，导致劳动教育被动化、浅表化；师资队伍缺乏稳定性、专业性，制约了劳动教育持续性和高质量的发展；劳动评价设计单一，减弱了以评促发展的多元性和时效性等。可见，建构体系化课程设计，将问题前置化进行思考，提出解决策略，将劳动教育理念、目标、内容、实施、评价等各要素彼此关联、共成一体，从全局角度整体构建，才

---

❶ 李珂，陈婷婷.中小学劳动教育实施现状、问题与展望[J].人民教育，2024（7）.

能促进劳动课程高质量发展，实现劳动课程的价值。

《简明国际教育百科全书·课程》中对"课程设计"所下的定义，即指拟订一门课程的组织形式和组织结构，它决定了两种不同层次的课程编制。广义的层次包括基本的价值选择，狭义的层次包括技术上的安排和课程要素的实施。

基于以上理论，本书将课程设计或课程规划的实施要素确定为：课程背景、课程目标、课程整体建构、课程实施、课程评价、课程保障、课程建议等七个要素，用以指导学校课程的具体落实。以上要素回答了基于什么背景，达成什么教育目的；提供什么学习内容或者活动，达成预设课程目标；怎样将学习经验有效组织起来，形成体系；如何具体落实，实现"教"与"学"，让课程实施有质量；通过什么方式检测过程和结果，确定是否达成了课程目标；需要哪些保障措施和实施建议，促进课程持续性发展。泰勒提出课程原理是围绕四个基本问题展开的：学校应该达到哪些教育目标；提供哪些教育经验才能实现这些目标；怎样才能有效地组织这些教育经验；怎样才能确定这些目标并得以实现。❶本书提出的"七要素"是基于泰勒的课程设计理论，使其更加完善，让学校更容易理解和借鉴。

教育部义务教育劳动课程标准组组长顾建军教授指出："要厘清劳动课程培养什么人、怎么培养人、为谁培养人。在设计劳动教育课程时，可从以下几个方面着手：第一，把劳动教育融入学校人才培养模式，改革整体设计；第二，把劳动教育作为学校高质量发展的生长点、突破点；第三，多路径协同推进学校高水平劳动教育；第四，关注劳动教育独特育人与综合育人价值的统一。"❷

---

❶ 泰勒.课程与教学的基本原理 [M].施良方，译.北京：人民教育出版社，1994.

❷ 顾建军.劳动教育概论 [M].北京：高等教育出版社，2024.

基于以上综合设想，结合笔者和河南省郑州市金水区部分学校在劳动教育课程实施中的探索实践，我们认为，劳动教育课程设计需要关注以下五个方面。

一、是否统筹将劳动课落实

教育部印发的《大中小学劳动教育指导纲要（试行）》中指出："在大中小学设立劳动教育必修课。中小学劳动教育课平均每周不少于 1 课时，用于活动策划、技能指导、练习实践、总结交流等，与通用技术和地方课程、校本课程等有关内容进行必要统筹。"基于当下学校师资不足、劳动教育对教师在专业水平方面要求过高等现状，需要学校设置专兼职教师，组建教研团队，提升课程水平，与通用技术和地方课程、校本课程、综合实践活动、社团课程等有关内容进行统筹，减轻师资力量的同时减轻学生学业负担过重，将劳动教育有效落实到课堂中。

二、是否体现劳动课程的独特性价值

劳动教育课程的实施具有其独特性，虽然它从综合实践活动课程中分离出来，但仍然以综合实践活动课程的理念去实施；从 2022 年劳动教育作为一门单独的课程实施起，教育部出台的《义务教育劳动课程标准》将此课程在规范推进、深度实施的过程中，同时劳动教育和原来的"劳动与技术"也是有很大的区别，劳动与技术注重的是劳动技术与技能，而劳动教育目标更加丰富，注重的是学生通过劳动教育获得的劳动能力、劳动习惯与品质、劳动精神方面的培养，而不单单是劳动技能的提高。可见，在规划劳动教育课程的过程中，需要体现劳动教育的目标。其一，在设计劳动课程时，学校要结合自身实际进行校本化顶层设计。需要综合考虑学校校情、办学文化、校内外劳动资源、学生发展等要素，制订具有科学性、特色化、适宜性的劳动教育实施方案，对劳动教育的具体实施落实起到统筹引领作用。❶其二，劳动教育的课程规划，必须体现出为培养学生的"劳动素养"而设置体系化的课程内容，根据年级和十大任务群，细化各年级段的劳动目标、劳动项目及劳动周活动，设计劳动评价单等，解决课程内容简单重复，避免教师实施的随意性和碎片化，突出劳动课程十大任务群的独特育人功能。其三，正确理解劳动课程与其他课程之间的关系，不是替代关系，是协同关系。要防止用单一的思想教育、纯粹的知识灌输、机械的技能训练、缺乏实践的考察旅行代替劳动教育。应正确认识课程间的联系与区别，防止"劳动教育是个筐，什么都往里装"。

三、是否体现课程内容的系统性

课程建构，是提纲挈领，也是课程实施的逻辑思维导图，具有指向性和明确性。它需要涵盖课程愿景、总目标、课程内容、课程路径、课程评价等板块，建立体系化、序列化、系统化的课程实施图谱，指导学校劳动教育课程规范化、清晰化、有效化实施与管理。其中，课程内容是关键。《义务教育劳动课程标准（2022年版）》中指出，劳动教育包括日常生活劳动、生产劳动、服务性劳动三种类型，并设置了1~9年级涉及的十大任务群（可参考《金水区中小学1~9年级劳动清单》，见表1-1），同时根据年级段制订了劳动目标、劳动内容、劳动评价等。

---

❶ 李珂，陈婷婷.中小学劳动教育实施现状、问题与展望 [J].人民教育，2024（7）.

表 1-1　金水区中小学 1~9 年级劳动清单

分类	十大任务群	一年级上学期	一年级下学期	二年级上学期	二年级下学期	三年级上学期	三年级下学期	四年级上学期	四年级下学期	五年级上学期	五年级下学期	六年级上学期	六年级下学期	七年级上学期	七年级下学期	八年级上学期	八年级下学期	九年级上学期	九年级下学期
日常生活劳动	清洁与卫生	我会扫地；我会洗手	我会拖地；我能洗抹布	清洁桌椅；清洗红领巾	清洗碗筷；打扫教室	墙壁除尘；打扫；我会洗袜子洗头发	清洗小件衣物；我会洗头发	擦门窗；清洗书包	打扫厨房；清洗书包	—	—	—	—	观察与发现纸艺花	自制花盆	为社区环境美容	除雪清冰活动	化学去污有妙招	制作净水装置
	整理与收纳	整理我的文件袋；我会整理书包	整理我的小伙伴书桌；我会整理玩具	衣服；我会清洗	我会叠被子；我会系鞋带理床铺	归类整理书架；归类整理个人书柜	整理当季衣服；整理个人书柜	整理讲桌；整理教室书柜	整理冰箱；整理过季衣物	整理学校图书角；整理餐桌	换被罩；整理卫生间	整理厨房；巧用收纳工具	整理个人房间；整理客厅	旅行物品整理	整理美化教室书架	整理美化书房	整理医药箱	备齐家庭工具箱	系统收纳与整理家庭居室
	烹饪与营养	剥蒜择菜	洗水果；洗菜	削果皮；榨果汁	泡茶；泡果饮	煮米；粥；煮鸡蛋	凉拌黄瓜；水果拼盘	煮八宝粥；加热馒头、包子	煮水饺；蒸蛋羹炒青菜	煎鸡蛋	包饺子；煎蛋；蛋饼	西红柿炒鸡蛋；煮南瓜骨汤	炒土豆丝；炖排骨汤	清蒸鱼；青菜豆腐汤；蒜蓉西兰花	设计一日三餐；可乐鸡翅；炒面	和面；擀面条；紫菜	包馄饨；油焖大虾；虾皮汤	馅饼；酸辣鸡蛋汤；土豆牛腩	发面；蒸包子；馒头；西芹炒木耳；孜然羊肉
	家用器具使用与维护	—	—	—	—	了解吹风机的种类及功能	了解电饭锅的了解、使用、清洗	电饼铛的了解、使用、清洗	空气炸锅的了解、使用、清洗	了解洗衣机的功能、与各种类洗衣液	使用洗衣机分类洗衣物	了解电饭煲功能	使用电饭煲制作食品	电风扇网滤的清洗与安装	空调拆卸清洗、安装	自行车的保养与维护	饮水机的清洁与保养	安全使用吸尘器	吸尘器的清洁与保养

续表

分类	十大任务群	一年级上学期	一年级下学期	二年级上学期	二年级下学期	三年级上学期	三年级下学期	四年级上学期	四年级下学期	五年级上学期	五年级下学期	六年级上学期	六年级下学期	七年级上学期	七年级下学期	八年级上学期	八年级下学期	九年级上学期	九年级下学期
生产劳动	农业生产劳动	养小金鱼	种植绿萝	种植多肉	饲养小鸡	水培绿豆芽	水培大蒜苗	土壤种植大蒜	饲养小兔	种植生菜	种植月季	种植白菜	观赏石榴	开垦土地	种植西瓜	种植茄子	盆栽嫁接	小麦花生间套种	西红柿育苗
	传统工艺制作	彩泥水果制作	折干纸鹤	多彩棉花画	制作中药香囊	制作窗花	编纸嗣	缝沙包	做灯笼	制作风筝	制作皮影	十字绣	捏泥人	制作中国结	篆刻印章	叶脉书签的制作	滴胶干花制作	植物拓染T恤	制作盘扣
	工业生产劳动	—	—	—	—	—	—	—	—	制作音乐贺卡；制作木制益智七巧板	制作小门铃；制作卵收纳盒	制作土法造纸；制作丝网花	设计与制作孔明锁	设计与制作手机支架；多功能笔筒的设计与制作	旧衣改造服装秀；草编防晒帽	金属丝网装置声控小灯；台灯；DIY绘制白衬衫	制作毕业纪念册	无土栽培种植装置的设计与制作；设计食品包装	植物滴灌装置；走进食品加工厂
	新技术体验与应用	—	—	—	—	—	—	—	—	—	—	制作课堂抢答器	利用智能控制技术模拟红绿灯	利用激光切割技术制作多功能小书架	三维打印技术制作小台灯	3D全息投影	科学微电影剪辑与制作	参观、体验所在区域科技馆	制作班级电子毕业纪念册或创客空间

续表

分类	十大任务群	一年级 上学期	一年级 下学期	二年级 上学期	二年级 下学期	三年级 上学期	三年级 下学期	四年级 上学期	四年级 下学期	五年级 上学期	五年级 下学期	六年级 上学期	六年级 下学期	七年级 上学期	七年级 下学期	八年级 上学期	八年级 下学期	九年级 上学期	九年级 下学期
服务性劳动	现代服务业劳动	—	—	—	—	帮父母取快递	体验自助收银	利用智能设备点餐	到金融实践基地体验现代金融服务	设计家乡农产品营销方案	体验餐饮服务	为学校设计一个文创产品	利用互联网平台推荐自己的学校	体验学校餐厅信息化管理	利用互联网平台推广家乡农产品	为家乡设计旅游路线	外卖员或快递员工作体验	到配餐公司进行参观、体验	到当地物流公司进行参观、体验
	公益劳动与志愿服务	—	—	—	—	担任学校重大活动的志愿者	参与爱心义卖活动	为环卫工人送出爱心粥	参与社区环境维护	体验博物馆志愿讲解	去敬老院开展志愿服务活动	写春联、送祝福	参与校园环境绿化维护	社区义务测血压	进行急救知识宣传	参与科技馆志愿讲解	社区文明宣传	参与文明交通协管	体验地摊经营

学校在设计劳动课程整体框架与实施方案中，要参照《义务教育劳动课程标准（2022年版）》中劳动目标、劳动内容及十大任务群的分布，还要结合学校的校情师资力量，开发新的劳动项目，统筹劳动形式，细化建立1~6年级或7~9年级的系统性课程内容，进行贯通设计，构建年级间循序渐进、螺旋上升、一体链接的课程体系，实现课程的进阶性，体现劳动课程的完整性和协调性，实现全方位、全领域提升学生劳动素养。

四、是否建立多形式的师资培训

师资力量决定着课程质量和学生的发展，对劳动课程教师进行多种方式的培训是提高课程实施质量的重中之重。《大中小学劳动教育指导纲要（试行）》指出，要建立专兼职相结合的劳动教育教师队伍。根据学校劳动教育需要，明确劳动教育责任人，进行劳动教育规划、组织实施、评价等，配齐劳动教育必修课教师，保持教师队伍的相对稳定性。要充分发挥教职员工特别是班主任、辅导员、导师的作用，利用少先队、共青团、党组织及学生社团等方面的力量，合力开展劳动教育实践活动。充分利用家长及当地人力资源，聘请相关行业的专业人士担任劳动实践指导教师。推动中小学、职业院校与普通高等学校建立师资交流共享机制，发挥职业院校教师的专业优势，承担普通学校劳动教育教学任务。建立劳动课程教师特聘制度，为学校聘请具有实践经验的社会专业技术人员、劳动模范等担任兼职教师创造条件。可见，劳动课程教师的来源可以吸纳大中专院校老师和专业的人力资源，他们专业能力强，但对中小学教育的规律不够熟悉，需要学校给予专业的指导与引领。可以建立教研组，通过多种培训方式，让每一位专兼职教师尽快适应和融入中小学劳动课程教育的实施。如开展工作坊、微论坛、专题培训、现场教学、跟岗研修、跨校教研、网络教研、校际联动、劳动技能等培训，提升教师劳动素养，提高课程规划与组织能力等专业素养。同时，对劳动课程教师的能力和素养从课前、课中、课后三个方面提出具体要求，有效落实与实践课程教学。

五、是否体现课程评价的科学性

目前，劳动教育评价存在"三个忽视"，导致评价结果"形式化""片面化"，缺乏科学性和发展性。一是"重结果忽视过程"。过于重视学生劳动成果作品的最终评价，忽视劳动过程中学生的参与态度和精神，让评价失去"发展性"作用；二是"重技能忽视素养"。将劳动教育理解为劳动技能课，重视技能学习、忽视劳动价值观的塑造；三是"重形式忽视内容"。学校劳动评价从形式看有学生自评、互评、教师评、家长评等，但从评价内容缺少指向性，让评价主体以主观性进行判断和甄别，不能准确反映被评价者的真实情况。要解决以上存在的问题，必须建立劳动教育过程性、终结性评价，注重学生的过程性发展，如建立档案袋、建立电子化评价体系、劳动项目比赛、劳动小能手评比等，以多种方式促进学生劳动素养得到真正的发展；邀请专家、家长等参与学生展示活动，并进行评价，真实地反映学生的劳动过程和结果，促进学生反思与成长。

六、是否凝聚劳动教育合力

只有从人力、物力、资源等提供多元的保障，才能让课程持续良性发展。对于学校来讲，丰富和拓展劳动实践场所，为学生提供丰富的劳动资源和真实的实践场域是亟待解决的问题。"地方教育行政部门要统筹规划和配置劳动教育实践资源，满足学校多样化劳动实践需求。充分利用现有综合实践基地、青少年校外活动场所、职业院校和普通高等学校劳动实践场所，建立健全开放共享机制，特别是充分利用职业院校实训实习场所、设施设备，为普通中小学和普通高等学校提供所需要的服务。可安排一批土地、山林、草场等作为学农实践基地，确认一批厂矿企业作为学工实践基地，认定一批城乡社区、福利院、医院、博物馆、科技馆、图书馆等事业单位、社会机构、公共场所作为服务性劳动基地。推动学校充分利用校内学习、生活有关场所，逐步建好配齐劳动技术实践教室、实训基地，丰富劳动教育资源。"❶以上多途径的校外资源拓宽了劳动场域，充分挖掘和利用丰富的社会资源，建立协同发展的育人合力模式。同时学校也要建立劳动实践基地、劳动实践室，利用图书室、食堂、宿舍等场地开发课程，为学生提供实践场域，满足学生的发展需求和求知欲，提升劳动课程的高质量和持续性发展。

---

❶ 教育部《大中小学劳动教育指导纲要（试行）》，2020 年。

"向阳劳动教育"课程方案

一、课程背景

2018 年 9 月 10 日，习近平总书记在全国教育大会上强调"要努力建构德智体美劳全面培养的教育体系"，把"劳"字纳入全面发展教育理念。这是党中央对加强新时代的劳动教育提出的新的要求。2020 年 3 月，《中共中央、国务院关于全面加强新时代大中小学劳动教育的意见》中提出，在大中小学设立劳动教育必修课程、每学年设立劳动周的明确要求。"劳动教育"再次成为教育界关注的话题。2020 年 7 月 7 日，教育部印发了《大中小学劳动教育指导纲要（试行）》，从国家层面对劳动教育课的性质、基本理念、目标、内容、要求等都作了详细的规定。

二、育人目标

（1）形成基本的劳动意识，树立正确的劳动观念。懂得人人都要劳动、劳动创造财富、劳动创造美好生活等基本道理；具有热爱劳动、热爱劳动人民、尊重普通劳动者的积极情感；树立劳动最光荣、劳动最崇高、劳动最美丽的观念。

（2）发展初步的筹划思维，形成必备的劳动能力。能使用常用工具与基本设备，采用一定的技术、工艺与方法，完成劳动任务，形成基本的动手能力；

能综合运用多学科知识和多方面经验解决劳动中出现的问题，发展创造性劳动的能力；在劳动过程中学会自我管理、团队合作。

（3）养成良好的劳动习惯，塑造基本的劳动品质。能自觉自愿地劳动，养成安全规范、有始有终的劳动习惯；体悟劳动成果的来之不易，珍惜劳动成果；能辛勤劳动、诚实劳动、协作劳动和创造性劳动，养成吃苦耐劳、持之以恒、责任担当的品质。

（4）培育积极的劳动精神，弘扬劳模精神和工匠精神。通过持续性劳动实践，培养勤俭、奋斗、创新、奉献的劳动精神；具有继承中华民族勤俭节约、敬业奉献优良传统的积极愿望；弘扬爱岗敬业的劳模精神和精益求精、追求卓越的工匠精神；具有不畏艰辛、锐意进取、为社会发展和国家建设付出辛勤劳动的奋斗精神。

三、课程建设与育人途径

（一）课程内容体系

按照学生身心发展特点，"向阳劳动教育"按劳动类型分为生活劳动、生产劳动、服务性劳动和创新性劳动四种劳动类型，在课程的编排上，同一时间段的内容尽可能保持四种劳动类型在主题上的一致性。在时间上，以四季和二十四节气为序，并结合中国传统节日，按照学年编排；在学段上共分为低、中、高三个学段，三个学段遵循由易到难、循序渐进的原则，结合学校课程资源，对课程的内容体系进行系统设置。

学校公布课程内容体系，教师根据情况进行选择和调整，由班主任作为劳动兼职教师进行开展，同时学校用小基地以社团的形式进行持续性研究，由科学教师组织开展。

1. 低段（一、二年级）课程设置

初步感知劳动的艰辛与乐趣，具有主动劳动、积极参加劳动的愿望。具备基础的个人生活自理能力，参与班级集体劳动，初步形成劳动服务他人的意识（表1-2）。

表1-2 低段（一、二年级）劳动教育课基本内容

季节	节气和节日	生活劳动	生产劳动	生产劳动实践基地	服务型劳动	创新型劳动
秋之韵	立秋	我会穿衣	采摘活动	校园劳动基地	帮弟弟妹妹穿衣服	养护小绿植
	处暑（抗战胜利纪念日）	我会系鞋带	洗水果	校园劳动基地	我为英雄战士扫墓	饲养小鸡
	白露（教师节）	我为老师送祝福	做果盘	校园劳动基地	我为教师唱首歌	为教师画像
	秋分（丰收节）	我会扫地	秋游丰收园	郑州农业科普研学基地	清扫校园	彩泥制作果实模型
	寒露（世界粮食日）	节约粮食在行动	丰收时节忙丰收	校园劳动基地	小手拉大手，节约在行动	来之不易的粮食
	霜降（重阳节）	我给爸妈捶捶背	认识果实	郑州农业科普研学基地	看望爷爷、奶奶、姥姥、姥爷	我为父母做果茶
冬之藏	立冬	我会整理书包	认识温室花卉	校园劳动基地	我为班级做贡献	我为班级画彩绘
	小雪	我会叠衣服	观察冬小麦	郑州农业科普研学基地	帮爸妈叠衣服	画画我们的田野
	大雪	堆雪人	扫雪	校园劳动基地	我为学校扫雪	雪的来源
	冬至	我会洗碗	田间小游戏	校园劳动基地	我为老人送温暖	冬日养生记
	小寒	整理小书橱	校园卫生	校园	整理班级图书角	画画我们的校园
	大寒	我会洗袜子	田园小游戏	校园劳动基地	我是冬季防流感宣传员	我为植物盖棉被

续表

季节	节气和节日	生活劳动	生产劳动	生产劳动实践基地	服务型劳动	创新型劳动
春之兴	立春	包水饺；做年夜饭	我为祖国添绿色	校园	美化家园	小小花艺师
	雨水	我会摆碗筷	蔬菜种植	校园劳动基地	花儿也会疼	摆碗筷里面的数学
	惊蛰（植树节）	小小清洁工	花卉浇水	校园劳动基地	我为果树浇水	植物是怎么喝水的
	春分	我给爸妈洗脚	踏春游玩	生态水库	绿色小卫士	辨认身边植物
	清明	收拾厨房	认识果树	果树种植专业户实践基地	我是环保小卫士	果实从哪里来
春之兴	谷雨（劳动节）	整理床铺	认识家禽	家禽养殖专业户实践基地	为父母做一件事	家禽的生活习性
夏之发	立夏	整理自己房间	播种玉米	校园劳动基地	帮父母整理房间	如何提高玉米丰收质量
	小满（儿童节，世界无烟日）	我们的节日	花生的栽培	校园劳动基地	我帮家人戒烟	花生的果实为什么在地下
	芒种	我是小小装饰家	认识油菜籽	校园劳动基地	装饰班级	我为班级画幅画
	夏至（端午节）	悠悠粽叶香	认识蘑菇	蘑菇大棚实践基地	保护小动物	小实验蘑菇
	小暑	我会洗衣服	认识蔬菜	校园劳动实践基地	帮爸妈洗衣服	小实验蔬菜
	大暑	防暑	田间管理	种植专业户实践基地	帮助困难户	帮助困难户家庭劳动

2. 中段（三、四年级）课程设置

热爱劳动，尊重劳动，掌握家用小器具的使用方法，主动分担家务，形成生活自理能力，体验简单的现代服务业劳动，初步学会与他人合作劳动，养成有始有终、专心致志的劳动习惯和品质（表1-3）。

表 1-3　中段（三、四年级）劳动教育课基本内容

季节	节气和节日	生活劳动	生产劳动	生产劳动实践基地	服务型劳动	创新型劳动
秋之韵	立秋	手洗衣服	采摘活动	校园劳动基地	帮家人洗衣服	催熟剂的危害
	处暑	刷运动鞋	家禽的养护管理	家禽养专业户实践基地	家禽防病宣传	采访养殖专家
	白露（教师节）	我为教师送祝福	师生齐动手	校园劳动基地	我为教师唱首歌	采访我的老师
	秋分（丰收节、中秋节、国庆节）	采摘蔬菜	丰收时节忙丰收	校园劳动基地	给植物制作身份证	歌唱祖国
	寒露（世界粮食日）	节约粮食	小麦播种正当时	生产劳动实践基地（中牟）	秸秆还田宣传	探究焚烧秸秆的危害
	霜降（重阳节）	做家务	果实种植技术	郑州农业科普研学基地	蔬菜义卖	果实种植技术的作用
冬之藏	立冬	我会炒菜	花卉移栽	校园劳动基地	做父母喜欢吃的菜	动物冬眠研究
	小雪	卫生大扫除	清理种植园垃圾	校园劳动基地	美丽的家园在行动	为美丽的家园献计献策
	大雪（国家公祭日）	踏雪寻梅	冬小麦管理	生产劳动实践基地（中牟）	公祭日祭扫陵园	南京大屠杀的历史真相
	冬至	收拾厨房	果树冬季管理	果树种植专业户实践基地	我为老人送温暖	二十四节气的由来
	小寒	整理小书橱	观景树防冻越冬	校园	我为当地特色代言	当地农业特色研究
	大寒（腊八节）	帮父母做腊八粥	积肥	校园劳动基地	看望困难户	肥料与农业的关系研究
春之兴	立春	我为父母洗脚	我为祖国添绿色	校园劳动基地	绿化家园	探究农药的功与过
	雨水（元宵节）	包水饺	蔬菜种植	校园劳动基地	元宵节防火宣传中	元宵节的由来

续表

季节	节气和节日	生活劳动	生产劳动	生产劳动实践基地	服务型劳动	创新型劳动
春之兴	惊蛰（植树节）	小小清洁工	花卉培育	校园劳动基地	家乡—花的世界	花卉繁殖方法
	春分（世界气象日）	我给父母做顿饭	蘑菇的养殖	校园劳动基地	蘑菇养殖推广	寻找春天的颜色
	清明	校园大清扫	果树的花期	校园劳动基地	祭奠革命先烈	果树品种改良
	谷雨（劳动节）	劳动最快乐	家禽的繁殖	校园劳动基地	家禽养殖我负责	驯狗小技术
夏之发	立夏	换季衣服整理好	果树挂果期	校园劳动基地	雷锋在我身边	果树高产研究
	小满（儿童节、世界无烟日）	我帮家人戒烟	花生的栽培	校园劳动基地	我是戒烟宣传员	无土栽培探究
	芒种	我是小小装饰家	收获油菜籽	校园劳动基地	垃圾分类利环保	植物油和动物油
	夏至（端午节）	悠悠粽叶香	蘑菇菌棒的制作	校园劳动基地	爱护动植物宣传	蘑菇的一生
	小暑	整理床铺	病虫防治	校园劳动基地	农作物病虫害防治宣传	当地病虫害的种类和防治研究
	大暑	我帮爸妈洗衣服	田间管理	校园劳动基地	夏季防溺水宣传	探究昆虫世界

3. 高段（五、六年级）课程设置

树立劳动最光荣、劳动最崇高、劳动最伟大的观念，掌握基本的家庭饮食烹饪技法，体验种植、养殖、手工制作等生产劳动，主动参加校园卫生保洁和环境美化等劳动，制订劳动计划，诚实劳动，合法劳动（表1-4）。

表 1-4　高段（五、六年级）劳动教育课基本内容

季节	节气和节日	生活劳动	生产劳动	生产劳动实践基地	服务型劳动	创新型劳动
秋之韵	立秋	换季衣橱我收拾	扦插技术我在行	校园劳动基地	我为爷爷、奶、姥姥、姥爷送爱心	植物繁殖法研究
	处暑（抗战胜利纪念日）	我给父母洗洗脚	家禽的养护管理	家禽养殖专业户实践基地	探寻抗战老兵	调查传统业与现代农业的发展
秋之韵	白露（教师节）	教师和我共成长	师生齐动手	校园劳动基地	我为教师唱首歌	农具的变迁
	秋分（丰收节、中秋节、国庆节）	中秋月圆月饼香	丰收时节忙丰收	校园劳动基地	树叶变废为宝	创意葫芦工艺制作
	寒露（世界粮食日）	节约粮食在行动	小麦播种恰当时	校园劳动基地	给植物制作身份证	无机肥和农药对生态环境的影响调查
	霜降（重阳节）	大白菜丰收	大白菜储藏越冬技术	校园劳动基地	金水区环保在行动	重阳节文化
冬之藏	立冬	家常菜	温室花卉管理	校园劳动基地	我为大家除雪清路障	葫芦形状定型研究
	小雪	我会用洗衣机	冬季储肥技术	校园劳动基地	冬季锻炼常识	寻访消失的劳动歌曲——《劳动号子》
	大雪（国家公祭日）	踏雪寻梅	伏地膜技术	校园劳动基地	公祭日活动	化雪的方法探究
	冬至	收拾厨房	果树的修剪除	校园劳动基地	我为老人送温暖	冬至——节气的养生

续表

季节	节气和节日	生活劳动	生产劳动	生产劳动实践基地	服务型劳动	创新型劳动
冬之藏	小寒	整理小书橱	观景树防冻越冬	校园劳动基地	当地特色科研开发	利用植物的种子、枯枝等创意手工创作
	大寒（腊八节）	腊八粥的制作	小麦的冬季管理	校园劳动基地	我是冬季防流感宣传员	节气与农业生产生活
春之兴	立春	包水饺，做年夜饭	我为祖国添绿色	校园劳动基地	美化家园	小小花艺师
	雨水（元宵节）	元宵节做元宵	蔬菜种植	校园劳动基地	花儿也会疼	元宵诗词大收集
	惊蛰（植树节）	小小清洁工	花卉培育	校园劳动基地	我为家乡种棵树	植物花期授粉研究
	春分（世界气象日）	我为爸妈做顿饭	种植蘑菇	校园劳动基地	绿色小卫士	气象对农业生产的影响
	清明	校园大清扫	果树花期管理	校园劳动基地	祭奠革命先烈	四季农耕文化研究
	谷雨（劳动节）	劳动最快乐	家禽的繁殖	校园劳动基地	我是环保小卫	探寻劳动节的由来
夏之发	立夏	收拾家里卫生	果树挂果期管理	校园劳动基地	雷锋在我身边	土壤酸碱度对植物的影响
	小满（儿童节、世界无烟日）	我帮家人戒烟	花生的栽培	校园劳动基地	我是戒烟宣传员	数字农场
	芒种	我是小小装饰家	油菜籽的榨油工艺	校园劳动基地	环保志愿者	水果数量与质量的研究
	夏至（端午节）	悠悠粽叶香	蘑菇现代化的高产技术	蘑菇基地	节约食物宣传	蘑菇菌棒的制作
	小暑	家庭花卉的养护	病虫害防治	校园劳动基地	爱护动植物宣传	水域生态调查
	大暑	我帮父母洗衣服	田间管理	校园劳动基地	夏季防溺水宣传	身边的植物研究

（二）三方联动协同育人

学校充分挖掘社会资源，全方位建立校外劳动实践基地。到郑州人民医院、郑州市金水区人民法院、消防大队等部门深度开展职业体验课程；到经八路党群活动中心、敬老院、建文社区等开展志愿服务劳动；到多所研学劳动基地开展农耕劳作实践活动。家庭教育课程结合劳动教育，开展日常生活劳动、清洁与卫生、整理与收纳、烹饪与营养、家用电器使用与维护等。

四、评价策略

充分发挥劳动教育评价的作用，展示学生的劳动成果是对学生创新能力的承认、鼓励。劳动教育的评价强调"过程"和"结果"并重，尤其要注重情感和态度维度的评价。通过系统全面的评价，既为学生劳动指明方向，同时又能根据评价体系使学生进行反思、改进提升。通过自评和师评结合的方式，使劳动课程评价更加客观，更具指导意义。评价结束后，评价量表将归入学生成长评价档案（表1-5）。

表 1-5 "向阳劳动教育"课程评价表

考核类别	劳动内容	评价标准	自评	师评
校务担当	值日劳动我热爱	能够认真、及时地清理，做到干净整洁无死角，物品摆放有序。能够自觉开关门窗、灯。掌握正确的劳动方法并形成技能，热爱劳动	优秀（ ） 良好（ ） 一般（ ）	优秀（ ） 良好（ ） 一般（ ）
家务担当	家务劳动勤动手	能够做到自己的事情自己做，能够主动帮助父母去做一些力所能及的家务，并且保障完成效果	优秀（ ） 良好（ ） 一般（ ）	优秀（ ） 良好（ ） 一般（ ）
公益劳动	病毒防控我坚持	能够了解传染疾病防控办法，主动做到预防，保持健康的生活习惯，锻炼身体，增强体质	优秀（ ） 良好（ ） 一般（ ）	优秀（ ） 良好（ ） 一般（ ）

续表

考核类别	劳动内容	评价标准	自评	师评
公益劳动	文明校园我创建	能够在文明校园创建过程中做到垃圾分类，主动打扫，保持校园干净整洁，文明言语，具备主动劳动的意识	优秀（ ） 良好（ ） 一般（ ）	优秀（ ） 良好（ ） 一般（ ）
公益劳动	尊老爱幼我行动	尊重关爱老人和幼儿，能够帮助其做力所能及的事情，能够主动到社区、养老院、孤儿院等进行志愿者服务，提升服务他人的奉献自豪感	优秀（ ） 良好（ ） 一般（ ）	优秀（ ） 良好（ ） 一般（ ）
劳模学习	劳模学习我认真	能够认真学习劳模精神、工匠精神，了解精神内涵并对自己带来积极影响	优秀（ ） 良好（ ） 一般（ ）	优秀（ ） 良好（ ） 一般（ ）
基地管理	校园文化我知道	了解校园劳动课程安排，积极参加活动，了解学校的文化理念，具有积极向上的劳动情怀	优秀（ ） 良好（ ） 一般（ ）	优秀（ ） 良好（ ） 一般（ ）
基地管理	基地建设我参与	能够积极参与校园劳动实践活动，主动参与基地建设与管理工作，发挥主人翁精神	优秀（ ） 良好（ ） 一般（ ）	优秀（ ） 良好（ ） 一般（ ）
基地管理	劳动成果我收获	能够参加丰收与再制作活动，发挥个人特长实现成果价值	优秀（ ） 良好（ ） 一般（ ）	优秀（ ） 良好（ ） 一般（ ）

五、课程支持保障

（一）学校要健全组织实施劳动教育的工作机制

学校出台《劳动教育课程评价实施》《"向阳劳动教育"课程规划》《劳动课程应急预案》等相关文件，保证课程的实施。明确主管校领导、相关部门负责劳动教育的规划设计、组织协调、资源整合、师资培训、过程管理、总结评价等工作。

（二）师资建设及聘请校外专家

学校成立劳动教育课程领导小组，确定一名校领导全面负责劳动教育活动的管理；学校配备劳动教育实践基地管理员，负责劳动实践基地的管理，并协助劳动教育任课教师的课间管理，购置、准备劳动技术课的制作材料等。

建立专职兼职相结合的劳动教育教师队伍。根据学校劳动教育需要，明确劳动教育责任人，进行劳动教育规划、组织实施、评价等，配齐劳动教育必修课教师，保持教师队伍的相对稳定性。要充分发挥教职员工特别是班主任的作用，利用少先队、共青团、党组织及学生社团等各方面的力量，合力开展劳动教育实践活动。

聘请郑州市人民医院、郑州市金水区人民法院、国防教育基地等多名专家对学校劳动职业教育进行指导。同时由家长志愿者担任学校"躬耕苑"农耕实践园的校外辅导员，指导学生进行农耕劳动。

（三）劳动场地与设备

劳动场地既有校内，也有校外。学校配备田园劳动工具专用教室，置办必要的劳动技术教育工具和设施，建设完成一个学校劳动实践教育基地和若干校外劳动教育实践基地。

（四）劳动安全风险防范与管理

学校把劳动安全教育与管理作为组织实施的必要内容，强化劳动安全意识，建立健全安全教育与管理并重的劳动安全保障体系。依据学生身心发育情况，适度安排劳动强度、时长，切实关注劳动任务及场所设施的适宜性。科学评估劳动实践活动的安全风险，认真排查、清除学生劳动实践中的各种隐患。特别关注劳动过程中的卫生隐患，切实保护学生的身心健康。

六、学校劳动教育成果

（一）劳动教育丰富了校园文化建设

将劳动习惯、劳动品质的养成教育融入校园文化建设。通过制订《劳动公约》《每日劳动常规》《学期劳动任务单》，成立与劳动教育有关的兴趣小组、社团等组织，结合"植树节""学雷锋纪念日""五一劳动节""校园丰收节""志愿者日"等，开展丰富的劳动主题教育，营造劳动光荣、创造伟大的校园文化。学校每年持续开展"学雷锋·我行动"志愿者劳动服务、"阳光种植园喜乐丰收会""校园经贸节""五一劳动周"等10余项大型劳动实践活动，多次被《河南日报》《郑州日报》等省市级媒体宣传推广。

（二）劳动教育推动教师学科融合提升

小学道德与法治、语文、音乐、美术等学科纳入阐释勤劳、节俭、艰苦奋斗等中华民族优良传统的内容，加强对学生进行辛勤劳动、诚实劳动、合法劳动等方面的教育。数学、科学、体育与健康等学科要注重培养学生劳动的科学态度、规范意识、效率观念和创新精神。各学科教师在教学过程中融合劳动教育，赋予课程劳动时代内涵和更为全面的育人价值。

（三）劳动教育促进学生全面发展

将劳动教育与学生的个人生活、校园生活和社会生活有机结合起来，丰富劳动体验，提高劳动能力，深化对劳动价值的理解。每学年设立劳动周，采用专题讲座、主题演讲、劳动技能竞赛、劳动成果展示、劳动项目实践等形式进行，学校共开展13期家校社劳动实践教育系列活动，2500多名学生在实践活动中劳其所长、动其所能，展现出新时代好少年的精神风貌。

（郑州市金水区文化路第二小学　弓书玉　丁戈军　金瑞鑫）

"133+"框架下的"五育并举"劳动教育体系探索

一、课程背景

教育部印发的《大中小学劳动教育指导纲要（试行）》，从国家层面对劳动教育课的性质、基本理念、目标、内容、要求等都作了详细的规定，明确劳动教育是中国特色社会主义制度的重要内容，是全面发展教育体系的重要组成部分，对全面贯彻党的教育方针、落实立德树人根本任务、培养德智体美劳全面发展的社会主义建设者和接班人具有重要意义。

郑州市金水区黄河路第三小学对劳动教育的实施具有深厚的实践基础和条件，形成了"劳·你所享"劳动课程体系。根据《义务教育劳动课程标准》的十个任务群，开发了劳动任务群，例如：清洁与卫生任务的"一尘不染"、整理与收纳任务的"井井有条"等，形成"133+"的课程框架。

二、育人目标

（1）通过丰富的劳动课程形成基本的劳动认知，在不同难易程度的劳动中学习，感受劳动的美好，体验自我成长。

（2）能够清楚认知劳动目标，明确劳动任务，形成基本动手能力，通过自主思考或小组合作形式主动解决劳动中出现的问题。

（3）养成安全规范、有始有终的劳动习惯，珍惜劳动成果，培养吃苦耐劳、持之以恒、责任担当的品质。

（4）在参与劳动的过程中，通过不断积累，形成勤俭、奋斗、创新、奉献的劳动精神。

三、课程建设与育人途径

（一）立足实际，依据任务群设计丰富多样的内容

学校立足实际，以课程标准为指南，在充分考虑各学段学生身心发展特点、场域资源、课程资源的基础上，设立劳动项目，培养学生螺旋上升的阶段性发展劳动素养，具体内容见表1-6和表1-7。

表1-6　金水区黄河路第三小学"小小生活家"劳动项目表

劳动类别	任务群	项目名称	劳动场域	学段
日常生活劳动	清洁与卫生 整理与收纳 烹饪与营养 家用器具使用与维护	扫地小能手	班级、家庭	低段
		小小桌椅清洁工		
		我是值日小先锋		
		红领巾我来洗	家庭	
		小书包大学问	班级、家庭	
		我的卫生我做主		
		餐具清洁	家庭	
		果蔬交响乐		
		我的衣服我来洗	家庭	中段
		物品有序	班级、家庭	
		仪容仪表小明星	班级	
		垃圾分类小能手	班级、校园、家庭	

续表

劳动类别	任务群	项目名称	劳动场域	学段
日常生活劳动	清洁与卫生 整理与收纳 烹饪与营养 家用器具使用与维护	校园环境守护者	校园	中段
		常用小电器交流会	班级	
		"烹"然心动	班级、家庭	
		物件"断舍离"	班级、家庭	高段
		归类整理家		
		清洁达人		
		我给桌椅美美容	班级	
		校园绿化我来帮	校园	
		玩转家电	家庭	
		"厨"我不可		

表 1-7 金水区黄河路第三小学"创造佳园"劳动项目表

劳动类别	任务群	项目名称	劳动场域	学段
生产劳动	农业生产劳动 传统工业制作 工业生产劳动 新技术体验与应用	植物图典	班级、家庭	低段
		豆芽的成长日记	家庭	
		小鱼儿快快长	校园劳动基地	
		播种我能行		
		我家动物初长成	家庭	
		捏捏"泥"		
		巧手纸艺	班级	
		校园绿植美化家	校园	中段
		饲养大比拼	校园劳动基地	
		小菜籽大收获		
		"折"学社	班级	
		纸与造型说		

续表

劳动类别	任务群	项目名称	劳动场域	学段
生产劳动	农业生产劳动 传统工业制作 工业生产劳动 新技术体验与应用	变来编趣	班级	中段
		电器的学问		
		逗（豆）你玩		
		春天凝固的艺术		
		我和鸟儿的趣事	校园劳动基地	高段
		植树环保小先锋	校外	
		蔬菜长成记	校园劳动基地	
		千"编"万化	班级	
		爱不"饰"手		
		信手"粘"来		
		影中有戏		
		"布"言"布"语		
		"玩"转电器		
		奇妙 3D 打印	校内科技馆	

服务成长营主要以培养服务意识为主线，让学生在参与校内外劳动项目过程中体验角色扮演，参与志愿服务（表 1-8）。

表 1-8　金水区黄河路第三小学"服务成长营"劳动项目表

劳动类别	任务群	项目名称	劳动场域	学段
服务性劳动	现代服务业劳动 公益劳动与志愿服务	好习惯帮帮团	班级	低段
		一日小老师		
		家庭快递员	家庭	
		生活小会计		
		餐厅一日"游"	学校餐厅	
		学习雷锋好榜样	校园、社区	

劳动类别	任务群	项目名称	劳动场域	学段
服务性劳动	现代服务业劳动 公益劳动与志愿服务	环保小卫士	校园、社区	中段
		餐厨帮帮团	学校餐厅	
		小小辅导教师	低年级班级	
		旧物捐赠	社区	
		社区清洁我来帮		
		敬老爱老我能行		
		校长小助手	学校	高段
		垃圾分类宣传员	学校或社区	
		校史小向导		
		重阳敬老日	社区	
		我是一名"小路长"		
		义卖捐助		
		共享单车排排放		
		小交警文明岗	周边路口	
		地铁讲解员	地铁站	
		追"锋"前行 暖心相伴	校园、社区	

节日主题的项目主要关注节日文化与劳动教育的相结合，在十大任务群的基础上综合设置劳动项目，包括种植、手工制作、卫生清洁等，旨在让学生在劳动中感受节日文化精髓，自觉传承优秀文化（表1-9）。

表1-9　金水区黄河路第三小学"玩味节日"劳动项目表

劳动类别	种类	节日名称	项目名称	劳动场域	学段
节日主题劳动	常见节日、节气	春节	扫房子	家庭	低 中 高

续表

劳动类别	种类	节日名称	项目名称	劳动场域	学段
节日主题劳动	常见节日、节气	春节	年货集装箱	家庭	低中高
			美味团圆饭		
			巧手花灯		
			汤圆滚滚		
		清明节	创意风筝	班级、家庭	
			春日种植	学校劳动基地、家庭	
		端午节	粽米飘香	班级、家庭	
			五彩艾草包	班级	
			青团的故事	家庭	
		中秋节	团扇的乐趣	班级、家庭	
			做月饼品中秋	家庭	
		重阳节	一盏菊花茶		
			敬老志愿行	社区	
		冬至	情暖冬至	班级、家庭	
		植树节	小树苗伴成长	家庭、社区	
		五一国际劳动节	光盘行动	校园、家庭	
			个人物品整理员		
			家务达人	家庭	
			小暖行动	社区	
		母亲节父亲节	完美贺卡	班级、家庭	
			创意花束		
			1小时父母假	家庭	
		国庆节	手工表爱	班级、家庭	
			整理红领巾		
			我为祖国添洁净	社区	

（二）注重实践，落实劳动育人的价值

为更好地让劳动教育落地生根，"教"有成效，"育"有所得，学校积极探索符合学生发展实际、校情实际的实践路径，体现劳动育人价值。

1. 劳动项目丰富多样，增加学生自主权

学校严格依据课程标准，结合学生兴趣点、学校实际情况，在研读十大任务群的基础上建构学校自己的劳动项目。遵循"学生自主管理"的教育理念，形成学段清晰、难易程度不同的劳动项目表，让学生在丰富的劳动项目中充分发挥自主发问、自主思考、自主解决问题的能力，既能提升学生独立性，又能检测、锻炼学生与人沟通、任务协作、合理分工的能力，真正实现"做"中学，视劳动为"五育"之基，发挥"以劳树德、以劳增智、以劳强体、以劳育美"的综合育人功能。

2. 课程内容多样设置，增加劳动融合点

学校十分重视劳动课程的落实，认真上好每一节劳动课。语文、数学、美术、道德与法治、科学、体育教师形成教研团队，分类、共育共施课程。为增加劳动课程的趣味性、多样性，坚持从学生年龄特点、学习兴趣出发，探索劳动与学科内容的融合点，让劳动内容不断推陈出新、丰盈有趣，例如：对低段学生多开设日常生活劳动课程，让学生在课程中掌握整理、清洁、梳洗等基本的生活技能；对中高年级学生侧重劳动与其他学科、社团活动等紧密联系，有效整合，让学生不仅有校内的劳动体验，更有校外的劳动经历，从而有多方体验与收获。学校还将劳动与科技相结合，让学生从"科技"的角度思考如何"科学种植"，举办"劳动中的科技"活动，"蔬菜大棚、播种器、气象监测站、自动浇花器"等亮点层出不穷。

四、评价策略

根据课程标准要求，学校在评价过程中既关注学生学习过程，又关注学生最终收获，给予学生科学的综合性评价。以低段（1~2 年级）"动物饲养"劳动项目为例，评价如表 1-10。

表 1-10　低段（1~2 年级）"动物饲养"劳动项目

评价项目	优	良	合格
劳动观念	主动参加劳动的意愿强烈；能够初步感知劳动的乐趣，体验感极强；尊重劳动，懂得劳动成果来之不易	能主动参加劳动；初步感知到劳动的乐趣；理解劳动成果需要尊重	能参加到劳动过程中；在引导下懂得尊重劳动，明白劳动成果来之不易
劳动能力	能够主动学习、了解动物饲养的常识；掌握正确的方法，选择正确的食物；能够清楚知道并正确选择工具喂养动物	能够主动学习、了解动物饲养的常识；较为正确使用饲养方法；工具使用较为恰当	能够学习、了解动物饲养的常识；在指导下可以较为合适地完成动物饲养任务
劳动品质与习惯	能够爱护动物并呼吁大家都不伤害动物；能够根据动物习性照顾好动物；能够将动物的物品摆放整齐，保障环境洁净	能够爱护动物，照顾好动物；动物的物品能够基本分类清楚，有收纳的意识	能够较为合理、科学的照顾动物，不做出伤害动物的行为
劳动精神	遇到困难不退缩，通过自己或与他人合作努力解决；不怕脏，不怕累，始终积极乐观；养成有始有终，认真劳动的习惯	面对困难能够有想解决办法的意识，较为乐观，认真劳动	面对困难不退缩，能够在指导下尝试解决问题
学生评价			
教师评价			
家长评价			

"动物饲养"劳动项目是家校结合式的，学校的"生态鸟趣园"就是"养殖劳动区"，每个班级学生每日轮班照顾学校的鹅、鸽子、鱼，在教师的指导下科学合理饲养动物，学生的参与情况，家长也都知晓。一方面，家中养有小

动物的，家长会观察学生对动物的照顾情况，并给予恰当评价；另一方面，如果家中没有饲养小动物，家长也会在孩子的带动下参与学校的"生态鸟趣园"动物喂养的工作中，学生回家讲述喂养情况，教师及时反馈，便于家长给予相应评价。

五、课程支持保障

为保障劳动教育落地生根，蓬勃发展，学校在人员配置、场域资源开发、劳动工具材料准备、安全设施等方面给予了高密度的关注与支持。

（1）调动全校各学科教师的劳动教育意识，对教师进行劳动育人培训，让教师明确劳动与学科要融合，劳动育人与各学科教育息息相关，人人均可成为劳动者，均须成为劳动育人的实践者。

（2）充分挖掘开拓校园空间资源，让每间教室都有种植角，每寸可利用的场域都成劳动区；学校的花坛、景观、楼顶平台均合理规划为劳动区域，采用"整体＋边角""楼顶＋花坛"的方式，使劳动场域呈"主区域主导，特色区域点状散发"的模式，打造出立体校园成果。

（3）种植、养殖、手工制作等劳动项目的实施，学校都会备齐相关工具，合理存储，以便师生使用。

（4）学校办公室对安全设施进行定期检查，学生进行劳动活动时办公室人员随时跟随保障安全。

六、学校劳动教育成果

郑州市金水区黄河路第三小学对于劳动教育的探索与实践始终坚持以"课程"抓手，让学生在"课"中学，"劳"中获。

（一）学生方面

学校坚持开足、开齐劳动课，让学生在参与劳动的过程中，通过动手、动脑实现学、思、做三重提升与结合，收获知识、提升技能、增长智慧、形成素养，借助丰富的劳动课程项目的开展还实现了校内外学习的有效链接，为社区和其他校外资源提供者也提供了帮助，得到各界一致好评。

（二）教师方面

学校教师在参与劳动的过程中，逐步加深了对劳动的理解，劳动教育技能逐步增强，对于劳动相关的活动参与度也在提升。2023 年，在河南省教育厅举办的"豫劳动·悦生活"活动中，学校教师积极参与共上交 58 份作品，9 位教师分别获得一、二、三等奖；2023 年参加郑州市关于劳动课程优秀案例评比活动，教师辅导的学生均荣获"劳动小能手"示范奖；教师获得了"劳动工坊"导师示范奖。

（三）学校方面

学校的"劳·你所享"课程成效突出，教师积极探索劳动与其他学科的融合，劳动育人效果得到最大化。学校在 2023 年 5 月河南省劳动教育周展示活动中以"慧劳动，享生活"为主题，多视角、全方位地进行成果展示，且在金水区劳动教育工作会上也进行了案例分享，让学校的劳动教育特色走出校园，逐渐具有区域影响力。同年学校参加郑州市关于劳动课程优秀案例的评比活动，申报的"劳动与神奇"田园劳动课程获郑州市一等奖；"小暖·暖心"社区服务劳动特色课程获郑州市二等奖；学校还被评为"首批金水区中小学劳动教育特色学校"，如图 1-1。

图 1-1 荣誉证书

（郑州市金水区黄河路第三小学 杜豫 郜华）

"一方劳动"课程为学生成长赋能

一、课程背景

郑州市金水区南阳路第三小学因地制宜，通过构建"一方劳动"课程群，创新劳动实施方式、拓宽校外劳动资源、创新课程评价机制、完善课程保障条件，充分发挥 课程的树德、增智、强体、美育功能，让每一位学生在生动、立体的劳动体验 中逐步成长为懂劳动、会劳动、爱劳动的时代新人。

《义务教育劳动课程标准（2022 年版）》明确指出义务教育劳动课程是面向全体学生的必修课程，是每一位学生经历必要的劳动实践过程，形成必备的核心素养。郑州市金水区南阳路第三小学位于老城区，校内劳动教育空间有限。学校劳动课程团队认真研读课程标准，在充分挖掘校内课程资源的同时，积极联系周边的十二里屯社区、公益场馆资源，联合设立河南省非物质文化遗产传承基地，因地制宜整合校内外劳动教育资源，开发"一方劳动"课程，形成校园劳动、基地劳动、居家劳动、社区服务四大课程群。

每项课程面向全体学生，有所侧重地培养学生的生活技能、责任担当、热爱劳动等八个方面的劳动能力，进而提升学生的创新能力、文化气质、劳动情感、家国情怀，最终指向培养适应未来发展的时代新人。

二、育人目标

（1）掌握关于劳动对象、劳动工具、劳动技能等方面的必备知识，有处理生活基本事务的能力。通过劳动实践，认识劳动的价值和意义，树立正确的劳动价值观。

（2）积极参与校园劳动、居家劳动、基地劳动和社区服务，在劳动中获得丰富的劳动体验，形成对自我、学校、社区负责任的态度和社会公德意识。

（3）认识与了解现代工业和农业的新技术，善于运用科学原理和新技术创造性地解决劳动过程中的问题，提高劳动效率，逐步具备服务自我、他人和社会的能力。

（4）通过劳动课程，培养学生的劳动意识，提高学生的劳动能力与习惯，形成良好的劳动品质，进一步激发热爱劳动、尊重劳动的精神

三、课程建设与育人途径

学校劳动课程以学生为中心，给予学生更多的参与权、选择权，注重引导学生自主探究真实而具体的劳动问题，从旁观到主动，从感受到实践，从参与到主导……

（一）"1+X"劳动课程，让劳动教育更生动

"1"指课程标准规定的劳动课程内容，"X"指劳动课程和其他学科的融合，"校园劳动集市"是深受学生欢迎的课程内容。将劳动和语文相结合，开发《广告语设计》课程；劳动与数学课相结合，设计"十元人民币的旅行"；劳动课和心理、综合实践相结合，设计"消费心理的研究"……

"X"指由学生民主商议活动主题、自主探究项目任务、合作完成创意展示。目前已经形成"创意手工，乐淘童年""我的阅读小店""我们一起露营吧！""家居劳动集市"等多门劳动课程。

（二）自主选择劳动任务，学生参加劳动更主动

自主选择劳动任务，一是用项目学习单提供清晰具体的引导，方便学生使用；二是可供自主选择的劳动种类多，扩大学生自由选择的空间。

1. 任务单引导，学生在家也能自主劳动

我们梳理劳动课程内容，制订低、中、高三个学段劳动任务清单，包括"生活达人""技高一筹""劳动有感"三大主题，共计67项劳动任务。结合不同劳动的特点，设计"我每天坚持劳动""我的生活小妙招""我参与了志愿服务""我最崇拜的劳动模范"等项目学习单。项目学习单根据项目学习要点和学生发展特点，设置具有清晰任务指向的实践内容。学生平常在家即可自主选择劳动任务，根据任务单的引导，有目的、有计划地完成学段规定的课程内容（表1-11）。

表 1-11　劳动任务清单

项目内容	低段（1~2年级）	中段（3~4年级）	高段（5~6年级）
生活达人	1.学会使用笤帚扫地，用拖把拖地，用抹布清洁桌椅板凳 2.学会清洗小件衣物 3.学会择菜，摆菜和餐后收拾清洗碗筷，学习简单食物摆盘 4.学会整理书包、书桌、书柜里的学习用品和房间里的生活用品，学会简单整理床铺、叠衣物、系鞋带 5.学会并坚持科学的洗手方法，保持个人卫生 6.学习垃圾投放的要求 7.学会开关门锁 8.学习使用正确的工具削水果皮	1.能正确使用劳动工具进行卫生清洁 2.能清洗书包和鞋子，学会晾晒衣物 3.学会洗菜、熬米、下面条等，会切条状的蔬菜，会做简单的凉菜 4.能定期归类整理自己的生活用品和学习用品，保持家庭和教室物品摆放有序 5.学习卫生保健知识，学会正确使用消毒湿巾和洗手液，养成良好的卫生习惯 6.学会分类投放垃圾 7.能正确使用1~2种家庭常用小电器，如吹风机、吸尘器，协助家长进行劳动，能用电饭煲蒸饭	1.能熟练使用劳动工具进行合理有效地卫生打扫，保持生活和学习环境整洁 2.能对生活和学习用品进行整理和取舍，学习充分利用家具空间的本领 3.学会做4道以上热菜，能协助家人进行烹饪 4.整理自己的书柜和衣橱，合理规划储物需求 5.掌握对物品和居室进行清洁消毒的知识，学习安全防护知识 6.掌握家用电器的使用方法，安全使用微波炉、洗衣机、空调等常见家用电器

项目内容	低段（1~2年级）	中段（3~4年级）	高段（5~6年级）
技高一筹	1. 学会整理书柜、衣物，布置书桌、书架 2. 学会包书皮与美化包书纸 3. 学习养护绿植 4. 养一种自己喜欢的动物，学会照顾它 5. 用超轻黏土制作一项手工作品 6. 体验和了解传统手工艺	1. 会整理和布置自己的房间 2. 会改造废旧或闲置的物品，能DIY书签，会制作环保笔筒 3. 学习养护绿植的知识，能按时为家里的绿植除尘，去除黄叶 4. 定时喂养、帮小动物清理卫生 5. 记录自己的零花钱收支情况 6. 学习一项传统手工艺技能 7. 体验和了解新科技的神奇	1. 能分类整理家庭书架，能从空间分配、色彩混合等方面设计"改造"房间 2. 学习插花 3. 养护绿植，能按时为绿植施肥和修剪，学习移栽绿植 4. 掌握修理钢笔、修补图书等常见的学习用具修理方法 5. 学会理财、管理时间，学会有计划完成想要做的事 6. 掌握编程基础知识，会简单编程 7. 体验3D打印、机器人等新科技 8. 设计并制作毕业献礼作品
劳动有感	1. 认识常见农作物 2. 去一趟农场，亲手采摘水果蔬菜 3. 体验当花艺师，为家里添置鲜花 4. 体验一日清洁工、图书管理员等工作 5. 了解爸爸妈妈的职业，了解他们的工作内容、工作状态 6. 体验一次"今天我值日" 7. 体验校园淘宝节 8. 用绘画或者剪贴画赞美身边的劳动者	1. 认识各种常见的劳动工具 2. 给做家务爸爸妈妈拍一组生活照片 3. 体验一日保安、教师等工作 4. 体验一次花艺师，为身边的人扎一束美丽的鲜花 5. 了解身边不同人的职业，了解他们的工作内容、工作状态 6. 体验一次"今天我是书吧管理员" 7. 合作完成淘宝节商品展 8. 用绘画、手抄报等形式赞美身边的劳动者	1. 观看相关电影、纪录片、综艺节目等，进一步了解各行各业 2 亲身体验爸爸（妈妈）一天的"行动轨迹" 3. 走进消防站、法治展览馆、职教学校，进行一次职业体验 4. 去养老院体验照顾老人 5. 尝试做一次小主播，宣传身边的劳动模范 6. 策划一次生日或家庭聚会 7. 体验一次"今天我当家" 8. 策划实施"商业的秘密"淘宝节项目 9. 搜集生活中的智慧小技能，挑选喜欢的技巧进行分享

2. 主题劳动节助推，学生乐于学习和展示生活技能

学校结合二十四节气举办家居主题劳动节，助推学生主动学习并展示生活

技能。在"菜菜香""凉拌一夏"美食节上，根据不同年龄段学生的特点，设计多样化的劳动任务菜单。学生根据自己的喜好，自主选择擅长的劳动任务，主动完成采购、烹饪、收纳、清洁、展示等劳动任务（表1-12）。

表 1-12　主题劳动节

年级	活动主题	活动内容	预期活动成果
1~2	我是小帮厨	1. 作为"小帮厨"，进行择菜、洗菜等简单的家务劳动 2. 可以在家长指导下学做家常菜	1. 劳动过程的照片 2. 美食照片
3~4	今天我当家	1. 独立完成一两道家常菜 2. 在家长指导下尝试制作营养搭配合理的饭菜 3. 和爸爸妈妈共同完成蒸菜、青菜窝窝等美食	1. 美食照片附上配料表，烹饪过程等 2. 拍摄美食制作过程视频 3. 彩泥美食秀
5~6	菜菜达人秀	1. 独立安排一次色彩、营养搭配合理的午餐或者晚餐 2. 学习制作蒸菜、青菜窝窝等美食 3. 搜集有关青菜的百科知识，进行创意手绘	1. 拍摄美食制作过程视频 2. 手写绘《百菜集》

（三）拓展劳动空间

（1）开发校外场馆体验基地。学校与周边的党群服务中心、法治展览馆、郑州市红色记忆主题馆等联合设立校外劳动实践基地。放学后，学生走进实践基地，参与"红领巾讲解员""我是小法官""小小普法宣讲员"等职业体验活动，感受不同行业劳动者的不易。

（2）开发校外"小农场"。学校还在黄河滩区租种优质农田，学生分批走进田间地头探究"种子的生命历程"，与农民、导师共同完成播种、育苗、拔草、收获等农事劳作过程，亲身体验农事劳作的艰辛，感知节约粮食的重要性。

（3）与专业团体联合开发课程。学校积极联系省文化和旅游厅、郑州师范学院等机构，开发形成"升科剪纸""鲁山泥人""豫西布老虎"等非遗技艺课程。同郑州市科技工业学校相结合，开发"多彩服饰""结香满园""豆豆画"等课程。

四、评价策略

学校对学生参与劳动实践的评价主要由过程性评价、阶段性评价、综合评价三部分组成。

（1）定期开展过程性评价，引导学生持续参加劳动。针对劳动实践的碎片化特点，学校制成劳动教育实践手册（图1-2），学生每人一册。依托手册记录参与劳动实践的全部过程，同伴、家长、场馆负责人等作为见证人参与过程性评价。过程性评价以小组为单位每月集中进行一次，评价结果直接纳入学生的综合评价中。

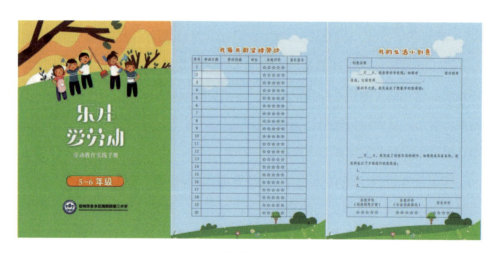

图1-2 劳动教育实践手册

（2）开展劳动技能称号认定，引导学生高标准掌握劳动技能，热爱劳动最伟大、最光荣。根据阶段劳动活动特点，模拟借鉴国家劳动职业技能认定程序和办法，组织开展不同等级劳动技能称号的认定。如在学校创意手工节上开展"巧手匠"技能等级认定；设计"制作过程、作品完整度、创意新颖、整体布局、作品精细程度、环保意识"等七个考察维度，引导学生高标准掌握劳动技能，感悟劳动创造美好生活。

（3）举行劳动技能大赛，让学生在综合评价展示中成长。学校举办劳动技能大赛，将家居生活技能、农事劳动知识、校外实践综合素养等不同类别的劳动项目设计成竞赛项目，让学生在充满趣味的综合评价展示中发现成长，形成更持久的劳动热情，热爱劳动。

五、课程支持保障

（一）完善教师配置

一方面，学校加强劳动课程教师的培训，提升劳动课程教师专业水平；另一方面，学校积极邀请劳动模范、非遗传承人、消防员、医生等行业的专业人员走进校园，开展榜样事迹宣讲、专业技能教学等。校内专职教师与校外专业人士相互配合的师资配置，基本能够满足校内学生完成三大类劳动教育的需要。

（二）开辟校内空间

学校充分利用教室、书吧、功能室等校园生活空间，作为学生参与校园服务及其他日常生活劳动的场所；开发操场空地、车棚外墙、教室阳台等安全空间，建设"小乐娃种植园"，指导学生开展农业生产劳动；根据课程实施需要，配备必要的工具、模型及安全用品等，保障劳动课程的顺利实施。

（三）建设实践基地

学校积极联系河南省非物质文化遗产保护中心、周边公益场馆，并在黄河滩区租种 2 亩优质农田，建立校外劳动实践基地。通过加大资金投入、合作开发课程、联合开展劳动评价，提升劳动实践基地服务劳动教育课程实施的需要。

六、学校劳动教育成果

（一）学生的劳动意识进一步提高

通过面向全体家长的在线调查表明：通过实施劳动教育，85.7% 的家长认为孩子在家比较乐于参加家务劳动，87.1% 的家长认为孩子通过劳动变得更懂事了，更有高达 95.2% 的学生能掌握至少一项劳动技能……劳动滋养了中国少年的生命，强化了劳动教育的育人功能。

（二）学校劳动教育成果丰硕

学校创新劳动教育，提高了学生的综合素养，推动了劳动课程建设、课堂教学、课题研究等深入研究，形成了一批优秀教育成果。"一方田"课程先后荣获"郑州市劳动教育课程成果一等奖""郑州市劳动教育特色品质课程"；"结艺乐园"被郑州市教育局命名为"郑州市优秀劳动工作坊"，并在郑州市首届劳动嘉年华上进行现场展示。学校代表金水区在"中国教育创新卫星峰会"展示劳动教育成果。学校还被认定为首批金水区劳动教育特色学校。

（郑州市金水区南阳路第三小学　肖陶然　白万岭）

创新劳动教育路径，夯实全面发展之基

一、课程背景

劳动改变世界，劳动创造美好生活。2018 年 9 月 10 日，习近平总书记出席全国教育大会并发表重要讲话："要在学生中弘扬劳动精神，教育引导学生崇尚劳动、尊重劳动，懂得劳动最光荣、劳动最崇高、劳动最伟大、劳动最美丽的道理，长大后能够辛勤劳动、诚实劳动、创造性劳动。"劳动教育对学生的全面发展具有重大意义。

河南省郑州市金水区工人第一新村小学从立德树人的高度系统地思考劳动教育体系构建，融入学科教学、校园文化、实践活动和家庭教育，让学生在劳动体验中感悟劳动精神、塑造劳动观念，充分挖掘劳动的育人价值，以劳树德、以劳增智、以劳强体、以劳育美，培育"懂劳动、爱劳动、会劳动"的新时代"工一少年"，构建了"梦想家"劳动教育体系，见图 1-3。

二、育人目标

学校围绕《义务教育劳动课程标准（2022 年版）》"树立正确的劳动观念、具有必备的劳动能力、培育积极的劳动精神、养成良好的劳动习惯和品质"总目标，构建"梦想家"劳动教育体系，深入挖掘劳动课程在树德、增智、强体、育美等方面的育人价值，注重将培养学生的劳动观念、劳动精神贯穿课程各要素和实施全过程，引导学生树立正确的劳动价值观，使其崇尚劳动、尊重劳动，增强对劳动人民的感情，发展创新意识，提升实践能力和社会责任感，成为懂劳动、会劳动、爱劳动的时代新人。

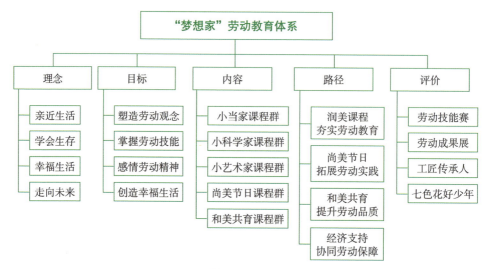

图1-3 "梦想家"劳动教育体系

三、课程建设与育人途径

学校从"重构劳动课程体系建设、拓展实践活动体系建设、深化协同育人体系建设"三个维度着手，推进劳动教育顺利开展。

（一）重构劳动课程体系建设，夯实劳动教育

学校在1~6年级设置劳动教育必修课，每周一节；依据年级设置分级劳动目标及课程内容（表1-13）。

表 1-13 工人第一新村小学劳动教育课程框架

任务群	日常生活与劳动				生产劳动				服务性劳动	
课程内容学期	清洁与卫生	整理与收纳	烹饪与营养	家用器具使用与维护	农业生产劳动	传统工艺制作	工业生产劳动	新技术体验与应用	现代服务业劳动	公益劳动与志愿服务
一年级上期	扫地									
一年级下期	拖地、擦桌椅、分类扔垃圾、洗碗筷、洗红领巾	整理书包、整理课桌、书柜、书桌、整理衣柜、床铺	择菜洗菜、水果削皮、泡茶		种植（绿萝、文竹、土豆、蒜苗等）；饲养（金鱼、蚕等）	折纸，趣味黏土				
二年级上期										
二年级下期										
实施方式	家务班级劳动、评比自理小达人、劳动小能手	课堂学习、家庭实践、阶段展评竞赛	课堂学习、家庭实践、阶段展评竞赛	学会使用家庭小电器，如吹风机、吸尘器、电饭煲等	课堂学习，建立班级植物角；家庭种植养殖；定期展评交流	校本课程				
三年级上期	清洗鞋袜、内衣、书包	整理书柜、衣橱、鞋柜、整理图书角、卫生柜、讲台、桌面	制作凉拌菜、水果蔬菜拼盘；加热熟食；煮鸡蛋、水饺等		种植（大白菜、西红柿、黄瓜等）；饲养（鸡鸭等）	纸艺飞花、陶艺、制作沙包、串珠编织			财商课，体验生活中的百业百行（收取快递、智能点餐等）	校史讲解员、校园节日志愿者；小雷锋社区服务
三年级下期	班级卫生打扫、摆放桌椅、分类扔垃圾、做好个人清洁卫生防疫									
四年级上期										
四年级下期										

续表

任务群	日常生活劳动				生产劳动				服务性劳动	
课程内容\学期	清洁与卫生	整理与收纳	烹饪与营养	家用器具使用与维护	农业生产劳动	传统工艺制作	工业生产劳动	新技术体验与应用	现代服务业劳动	公益劳动与志愿服务
实施方式	家务劳动；班级大扫除	课堂学习，家校实践；从学习用品到生活用品，数量、要求、难度层级递进	我会做早餐；厨房新人秀	家庭实践，校内交流	校园开心农场；家庭种植养殖、制定方案，专业指导	校本课程 结合体育课，传统节日开展			校本课程 家庭生活中体验	结合节日纪念日开展主题活动，进行公益捐赠，劳动等
五年级上期	整理清洁房间		制作家常菜（西红柿炒鸡蛋、煎鸡蛋、炖骨头汤等）；设计营养食谱	学会使用家庭电器	种植（蔬菜、盆栽、果树等）饲养（兔、狗、羊等）	针针绣 串珠（或陶艺、剪纸、木版画、编织、布艺、印染、皮影等）	木工、金工、电子	编程、机器人	职业体验	环保小卫士活动；社区志愿服务等
五年级下期										
六年级上期										
六年级下期										
实施方式	家务劳动；班级大扫除	课堂学习，家庭实践	课堂学习，家庭实践	家庭实践，校内交流	校内学习，专业指导，家庭实践	校本课程 美术课程	科学课程；去工厂车间实地参观学习	校本课程	家长课程 实地体验活动	结合节日、纪念日开展主题活动

（二）把牢实践活动体系建设，拓展劳动实践

学校设置劳动周、科博会等校园特色节日，挖掘传统节日、纪念日中的劳动元素，常态开展劳动教育，拓展劳动实践活动。学雷锋纪念日，成立学校雷锋志愿服务队，创建"雷小锋成长记"雷锋班，人人化身"小雷锋"；植树节、小小种植园、悠悠百草香，利用校内种植基地，开发菜单式"种子"课程，让学生亲历一粒种子从生根发芽到成长收获的全过程。端午节、中秋节、冬至，师生一起包粽子、做月饼、包饺子，感受中华传统文化的魅力。举办"乐绘科技梦 智创向未来"校园科博会，"废品大变身"旧物改造作品、飞机模型制作、乐高航海模型制作、创意机器人搭建、简易声控灯、自制排箫等科学小制作激起同学们浓浓的探知欲。劳动周，"整理小达人""致敬最美劳动者""快乐洗刷刷""美食美客 劳有所获"等主题教育的开展，引导学生从小树立劳动光荣的观念，热爱劳动、学会劳动。

（三）深化协同育人体系建设，提升劳动品质

学校以"一体双翼"构筑家校社共育的立体时空。学校以学生日常家庭生活的衣食住行为主题，设计家务劳动主题内容。每学期分年级提供不同家务劳动、社会劳动项目供学生自由选择，由家长指导完成。一年级主要为自我服务类项目，二年级增加"家务小助手"内容，三年级争做"种植小能手"，四年级尝试"厨房新人秀"，五、六年级劳动技能任务打卡。每周确定目标，家校携手督促习惯养成。联合社区及周边单位，组织学生参与劳动服务及实践。走进社区打扫卫生，为孤寡老人送温暖，教社区群众制作发饰，到路口协助交通……整合社会劳动教育资源，拓展劳动实践基地。

四、评价策略

为充分发挥教育评价在劳动教育过程中的激励作用，学校将劳动素养纳入学生综合素质"七色花"评价体系，依据过程性评价与综合性评价相结合的原则，注重评价方式、评价主体和评价内容多元化，形成科学的劳动教育评价机制。

（一）完善评价体系

学校依托"七色花"评价体系，制作《"七色花"荣誉护照》，从学生的劳动态度、劳动技能、团队精神、创新能力等多个方面评价学生在劳动实践中的表现，增强学生劳动的责任意识和合作能力，强化劳动育人效果。学生入学时发放，即时激励与学期评比相结合，每学期据此进行"劳动之星""环保卫士"等评选，在班级评价的基础上进行全校表彰，激发学生参与劳动的热情。

（二）关注评价过程

通过劳动过程观察、劳动经验分享、劳动技能竞赛、劳动成果展示等方式，关注学生劳动全过程，注重学生劳动真体验，对学生实际劳动技能和情感态度给予综合评价。

（三）聚焦多元参与

"七色花"的发放以教师评价为主，同时在各项活动中邀约家长、同学或劳动实践的单位共同参与，从不同的视角、不同的维度，客观准确地评价学生的劳动技能、劳动态度、劳动素养，引导学生形成良好的劳动习惯，促进学生劳动素养的提升。

五、课程支持保障

（一）师资队伍配备结构合理

学校配备专职劳动教师 2 名，兼职劳动教师 15 名；最大年龄 51 岁，最小 24 岁，平均年龄 32 岁；成员构成层次丰富，既有经验丰富的高级教师，又有富有干劲的青年教师，队伍精干。教师均为本科毕业，教育教学经验丰富，能够在国家规定课程的基础上，创新开展劳动教育。

（二）三级劳动场域助力加持

创建学校、家庭、社会三级劳动场域，全方位、全覆盖，让劳动教育时刻生发。学生在家庭、学校、社会中热爱劳动、学习劳动，积极践行正确的劳动观，浇灌幸福之花，实现自己的时代担当。

（三）教育经费递增协同保障

认真贯彻落实中央对中小学劳动教育经费投入的相关规定，满足学校正常开展劳动教育和课外实践，真正让劳动教育有经费、有阵地、有内容、有实施。按照生均公用经费的 8% 用于劳动教育，每年递增 5%。根据学校实际，拟定相关保障制度。

六、学校劳动教育成果

学校通过"模块化集成"创新劳动教育路径，整合多方资源重构课程体系，在强调劳动实践上下功夫，长期开展的多样化劳动课程获得了社会各界的关注和认可。

（一）"工一之声"价值引领，塑造精神涵养品格

为培育和践行社会主义核心价值观，讴歌劳动模范的先进事迹，大力弘扬劳模工匠精神，学校通过"工一之声"开通"讲劳模故事 学工匠精神"专题频道，请中国好人徐杰、"河南省五一劳动奖章"获得者周海燕等劳动模范讲述劳模故事，并组织学生通过校园公众号、国旗下演讲、班队会等多种平台渠道讲述全国劳模、省内劳模、身边劳模光荣事迹，寻找郑州英雄，捕捉最美劳动身影，辐射校园、家庭与社会。师生共同感受大国工匠精神，明白社会的发展与进步离不开劳动，我们每个人都是劳动者，是未来的主人，应该从小事做起，专注劳动精神，崇尚劳动光荣。

（二）"美之约"课程重构，三级联动实践育人

学校全面贯彻落实"双减"政策，把劳动教育纳入课程体系，构建"学校—家庭—社会"三级课程模块：润美课堂夯实劳动教育、和美共育协同劳动保障、尚美节日拓展劳动实践，让学生树立正确的劳动观念，掌握必备的劳动技能，培养积极的劳动精神，养成良好的劳动习惯和品质。

（三）学校办学特色凸显，劳动教育硕果累累

在新的劳动教育路径指引下，"指尖上的创意串珠课程"已经开设 13 年，经过串珠的学习，学生的劳动能力、计算能力、看图能力与空间思维能力也得到了发展。此项课程分别荣获"全国真爱梦想杯"校本课程大赛三等奖、河南省校本课程建设二等奖、郑州市优秀校本课程、郑州市校本课程建设一等奖、金水区品牌课程、金水区校本课程特等奖。

除此以外，"桐心伴我成长"课程被收录进《劳动教育课程实施与评价》

一书,"神奇的中医药""纸艺飞花""我型我秀陶艺吧"等劳动课程,都在学生成长的过程中润泽了其心灵。丰富多样的劳动课程、社团活动,得到了上级部门的认可。

（郑州市金水区工人第一新村小学　孙冬梅　侯倩倩　胡亚平）

"huì·劳动"，让每个孩子成为最好的自己

一、课程背景

2021年，《中华人民共和国教育法》提出："教必须为社会主义现代化建设服务、为人民服务，育必须与生产劳动和社会实践相结合，培养德智体美劳全面发展的社会主义建设者和接班人。"本次教育方针的修订，不仅再次强化了劳动与教育的结合，而且将劳动教育作为全面发展的一个维度，引领教育走向了"五育并举"的时代。《义务教育劳动课程标准（2022年版）》将劳动作为"五育融合"发展的突破口，明确提出了"以劳树德、以劳增智、以劳强体、以劳育美"的综合育人价值。基于此，在"率性教育"哲学引领下，我校将劳动教育嵌入学校整体课程体系，并以"huì·劳动"为抓手，引导学生在劳动中做到劳力劳心、亦知亦行，从而使劳动教育成为撬动学生"五育融合"发展的新支点。

（一）强化队伍建设，创新劳动教育组织管理体系

为确保劳动教育"有人手"，学校成立以书记、校长为组长，劳动专兼职教师、班主任、各学科教师共同参与，家长社会有效支持的劳动教育队伍。在此基础上，由主抓领导领衔，从各年级班主任、劳动专兼职教师及各学科教师中遴选骨干教师，成立劳动教育重点项目组，负责学校劳动教育的整体规划、劳动课程的顶层设计、劳动教育的系统实施、劳动资源的有效保障等，培育学校劳动教育改革先锋队，促进学校劳动教育走实走深。

（二）打破场域限制，开辟劳动教育实践基地

为确保劳动教育"有场地"，学校挖掘学校、家庭、社会劳动资源，建立学校、家庭、社会协同育人机制，将劳动教育由学校延伸到家庭、社会，共同承担劳动育人职责。学校层面，因地制宜建设"丰硕园"，划分年级责任田，使学生在自己的劳动区域进行种植、管理和收获；利用科学、音乐、美术、舞蹈等功能室开展劳动活动。家庭层面，依托各年级《家庭劳动任务清单》，将劳动教育渗透到学生日常家务劳动中，从整理、收纳、烹饪、清洁等方面培养孩子家务劳动能力。社会层面，依托社区资源，打造一公里劳动研学圈，依托荥阳那滋味劳动教育基地、"花花牛"生产基地等劳动实践基地，带领学生感悟农耕文化，体验现代化劳动生产过程，传承劳动精神。

二、育人目标

陶行知作为中国现代教育史上较早提出将教育与生产劳动相结合的教育家，明确提出："在劳力上劳心，是一切发明之母。唯独贯彻在劳力上劳心的教育，才能造就在劳力上劳心的人类；也唯独在劳力上劳心的人类，才能征服自然势力，创造大同社会。"❶ "在劳力上劳心"作为陶行知劳动教育思想的理论基础，他主张把人间的劳心者、劳力者、劳心兼劳力者一齐化为在劳力上劳心的人；强调在物质生产劳动的基础上进行精神心灵的劳动，在劳动中体会思维和行动的力量，并由此创造新的价值。基于此，我校将劳动教育作为学生成长的支点和全面发展的突破点，确立"让每个孩子在劳动中成为最好的自己"的劳动教育理念，引导学校劳动教育从狭义上聚焦劳动技能的"会"劳动转向广

---

❶ 胡晓风. 陶行知教育文集 [M]. 成都：四川教育出版社，2018.

义上凸显"五育融合"的"huì·劳动"，并以"慧·劳动"课程体系的架构、"汇·劳动"多维路径的实施、"惠·劳动"育人价值的彰显为抓手，培养自律、洒脱、阳光、灵动的率静少年。

三、课程建设与育人途径

（一）"慧·劳动"课程结构

依托《义务教育劳动课程标准》中的十大任务群，我校立足校情，构建"慧·劳动"课程体系，并分为"慧·生活""慧·烹饪""慧·耕养""慧·创造""慧·公益"五大主题课程，课程结构具体如下。

——"慧·生活"课程聚焦日常生活劳动类别中的清洁与卫生、整理与收纳两个任务群，旨在培养学生良好的卫生习惯，形成做事有条理、整理有方法、收纳有规律的生活能力，感知劳动的辛苦和乐趣。

——"慧·烹饪"课程聚焦日常生活劳动类别中的烹饪与营养、家用器具的使用与维护两个任务群，旨在引导学生形成劳动安全、食品安全、饮食健康的意识，提升生活自理能力。

——"慧·耕养"课程聚焦生产劳动类别中的农业生产劳动任务群，旨在使学生淬炼农耕劳动技能，认识劳动与自然界的关系，体会物质产品的来之不易，形成关爱生命、尊重自然的劳动观念和持之以恒的劳动品质。

——"慧·创造"课程聚焦生产劳动类别中的传统工艺制作、工业生产劳动、新技术体验与应用等三个任务群，旨在引导学生体验从简单劳动向复杂劳动、创造性劳动的发展过程，感受工匠精神，初步形成传承中华优秀传统文化的意识、追求创新的劳动精神和精益求精的劳动品质。

——"慧·公益"课程聚焦服务性劳动类别中的现代服务业劳动、公益劳动与志愿服务两个任务群，旨在使学生体悟劳动中人与人、人与自然、人与社会的关系，树立服务意识，强化社会责任感。

当然，这五个方面也不是相互割裂、独立存在的，而是相互渗透、共同发力，促进学生德智体美劳全面发展。

（二）"慧·劳动"课程设置

课程的设置根据"慧·劳动"课程结构，立足"家校社"劳动教育阵地，遵循学生认知规律和身心发展水平，将课程按照不同年级、学期进行系统建构，具体课程设置见表1-14。

表 1-14　金水区新柳路小学"慧·劳动"课程设置

年级	学期	慧·生活	慧·烹饪	慧·耕养	慧·创造	慧·公益
一年级	上学期	扫地拖地小能手 整理归纳小书包	择菜洗菜小达人	我会喂养小金鱼	黏土玉兔中秋情	
	下学期	整理餐桌我最棒 短袖裤子我会叠	冲调豆浆我最棒	种瓜点豆在清明	清明折花祭先烈	
二年级	上学期	小手清洗红领巾 被子折叠小能手	巧削果皮配配对	巧手水培芽菜苗	精美折扇意中秋	
	下学期	垃圾分类助环保 物品分类我能行	美食馄饨我能包	照养乌龟我尽心	巧包粽子庆端午	
三年级	上学期	清洗鞋袜我最强 小小书桌我整理	美味黄瓜我调制 安全使用水果刀	科学耕育黄瓜苗	小小纽扣自己缝	收寄快递我在行 图书管理在行动
	下学期	班级打扫显担当 归类衣橱方便取	我是煮粥小达人 规范操作烧水器	合作培育长豆角	剪纸艺术我传承	跳蚤市场享乐趣 感恩学校保洁员

续表

年级	学期	慧·生活	慧·烹饪	慧·耕养	慧·创造	慧·公益
四年级	上学期	鞋袜清洗小达人 衣服回到自己家	水果拼盘大比拼 正确使用吸尘器	大大白菜我种植	新年一起贴窗花	今天我是营业员 校园介绍小导游
	下学期	卫生打扫小能手 本本图书排排坐	安全使用电饭煲	小小辣椒我最辣	小小纸鸢飞上天	我是小小银行家 图书活动解说员
五年级	上学期	小小书籍管理员	我是煎蛋小能手 科学使用洗衣机	种植生菜我最棒	我是剪纸小达人 益智玩具七巧板 三维打印新技术	校外秩序我来守 敬老服务送温暖
	下学期	我的卧室我整理	豉油生菜我强项 科学使用除湿器	种植白菜我在行	我是泥塑小明星 酸奶大家一起做 我的笔筒我来创	你我义卖献爱心 街道卫生大家护
六年级	上学期	慧心妙手整衣柜	香味四溢炖排骨 安全使用电饭煲	只此青绿种石榴	非遗文化扎彩灯 智趣巧拼孔明锁 激光切割七巧板	服务增值在餐饮 关爱同学我能行
	下学期	旧物收纳我最行	巧手制作营养餐 空调维护我能行	精心喂养小白兔	创意扎染初体验 音乐贺卡巧制作 争做创意小达人	我要争当志愿者 关爱社会进社区

总之，"慧·劳动"课程体系的构建，不仅着力培养学生的劳动素养，更是使学生在劳动实践中做到劳力劳心、知行合一，逐步形成适应个人终身发展和社会发展需要的正确价值观、必备品格和关键能力。

（三）"汇·劳动"课程实施

为了确保劳动教育的校本化实施，学校在实践探索基础上初步形成"一体两翼三阵地"的课程实施模式。"一体"指以学校自主开发的劳动课程实施指南为主体，"两翼"指以二十四节气课程和传统节日课程等"双节"课程为两翼，"三阵地"指建立学校、家庭、社会三大劳动阵地，汇聚育人合力。

1. 优化课程指南，探索"五育融合"

为了促进劳动教育系统落地，学校将"慧·劳动"课程按照不同年级、学期进行系统重构，并从课程主题、课程名称、课程内容、课程目标、实施建议等方面细化，形成《学期劳动教育课程指南》。

在此基础上，学校将劳动综合实践活动、班队会活动、地方课程、校本课程等内容统筹安排课时、打通使用，如结合午休课程和节日课程等，对学生进行劳动价值观的培养，彰显以劳树德；在各学科教育中渗透劳动教育，以二十四节气、探秘小麦、薄荷生长等校本课程及项目学习，彰显以劳增智；依托校内丰硕园种植、家庭家务小能手、社会劳动基地等开发家校社劳动大课程，彰显以劳强体；通过春种秋收、社会公益服务、创作劳动诗歌等，彰显以劳育美；通过挖掘劳动在树德、增智、强体、育美等方面的育人价值，将劳动教育作为"五育融合"的突破点。

2. 依托"双节"课程，彰显劳动特色

为了使劳动教育在校园落地生根，我校在确保劳动课时基础上，将劳动教育渗透到学校日常生活的方方面面，并以"双节"劳动课程为抓手，让学生在劳动中沟通学科间的联系，在劳动中张扬个性，在劳动中激发各方面的创造力，从而进一步提升劳动教育的效能。一方面，依托二十四节气开发特色劳动项目——传统节气下的种植食育习俗体验（表1-15），围绕二十四节气特点开发种植、食育项目，引导学生了解传统节气，培养对传统文化的认同与自信。以寒霜节气中的"种植小麦"为例，带领学生探寻节气奥秘，鼓励学生实地观察小麦的生长过程，带领学生参与小麦的种植、收割，引导学生动手做美味面食。在此过程中，开发"探秘小麦"研究性学习，带领学生水培小麦苗，做麦芽糖、青汁，探寻小麦更广泛的使用价值。

表 1-15　新柳路小学"传统节气下的种植食育习俗体验"劳动安排表

模块	节气	主题	项目	具体内容	年级
春种	立春	迎春享美食	品尝春季美食	品尝春季果品、蔬菜，知晓春季美食	全年级
		识春知时节	识农时知农事	认识二十四节气，知晓相关农事活动	
	雨水	春笋雨水食	品尝春笋	了解春笋的生长过程，掌握制作春笋的方法	1~3 年级
		雨水翻土忙	土地翻土	认识简单的劳动工具，能使用工具进行翻土，掌握翻土小技巧	
	惊蛰	惊蛰煮梨汤	自制梨水	掌握梨水的制作方法，感受制作梨水的快乐，品尝梨水的甜香	4~6 年级
		作物耕种忙	种植西红柿	能够使用劳动工具，进行西红柿的种植	
	春分	春分春饼香	做春卷	掌握做面饼的方法，掌握做各种配菜的方法，探究春饼配菜养生搭配的原理	1~2 年级
		春雨忙耕田	田地浇灌	给田地春灌，掌握浇灌技能，提升动手能力	
	清明	清明做青团	做青团	了解青团的制作原料，学习青团的制作过程，感受动手制作的乐趣	3~4 年级
		春种忙碌碌	种瓜种豆	认识农作物，学习养护知识	
	谷雨	谷雨除湿寒	自制薏米莲子粥	了解谷雨时节吃薏米的好处，享受自制薏米莲子粥的乐趣，掌握制作薏米莲子粥的方法	5~6 年级
		谷雨种瓜忙	播种西瓜苗	认识西瓜苗，了解西瓜播种的相关知识，掌握西瓜播种的方法	
夏芒	立夏	立夏帮厨忙	青菜帮厨	掌握清洗蔬菜的方法，感受劳动人民的辛苦，激发保护粮食的意识	全年级
		知夏体辛苦	敬农民，惜粮食	通过学习相关古诗，体会农民的不易，开展"光盘"活动，倡导珍惜粮食	
	小满	小满食苦菜	拔苦菜	了解苦菜的生长过程；体验拔苦菜的过程；了解苦菜的食用方法	1~3 年级
		夏种急忙忙	田间管理	田间管理，除杂草，除虫	
	芒种	芒种煮青梅	煮青梅	了解青梅的生长过程以及食用青梅对人体的益处；掌握煮青梅的方法	4~6 年级

续表

模块	节气	主题	项目	具体内容	年级
夏忙	芒种	芒种地不荒	播种玉米	认识农作物，了解玉米播种的相关知识，掌握玉米播种的方法	4~6年级
	夏至	夏至面线长	擀面条	学习和面，感受乐趣，掌握擀面条和拉面的方法，学习小型压面机的使用方法	1~2年级
		夏至来管理	菜地管理	去除田地里的杂草，体验劳动的辛苦，保护好田间食物	
	小暑	小暑来食新	麦磨成粉	了解麦子变成麦子需要经过哪些步骤	3~4年级
		小暑来浇灌	菜地浇灌	掌握浇灌菜地的方法，感受劳动的辛苦	
	大暑	大暑晒伏姜	晒伏姜	了解伏姜的制作过程，了解吃姜对人体的功效	5~6年级
		大暑迎丰收	菜地观察	记录大暑节气植物的生长过程，做植物生长记录表	
秋收	立秋	立秋食秋桃	品尝秋桃	品尝秋桃，体验用桃核做手工	1~3年级
		迎秋乐丰收	勤劳动终收获	职业体验"小小买菜农"，体会丰收的喜悦，明白勤劳致富的道理	
	处暑	处暑品花生	品尝花生	品尝花生，感受丰收的喜悦	全年级
		秋收喜盈盈	秋收秋种	收花生，收红薯，收丝瓜	
	白露	白露品茶香	喝白露茶	了解喝茶所用的工具，动手体验泡茶；了解茶文化	4~6年级
		白露种葱忙	种植大葱	了解大葱的构成，掌握种植大葱的步骤	
	秋分	秋分品蜂蜜	冲泡蜂蜜水	了解蜂蜜的形成过程，动手冲泡蜂蜜水	1~2年级
		秋分摘棉花	摘棉花	了解棉花的生长过程，动手摘棉花	
	寒霜	寒霜红薯糯	蒸红薯，炸红薯丸子	学习蒸红薯的方法，做红薯丸子，掌握炸红薯丸子的方法	3~4年级
		寒霜播麦子	播种小麦	了解麦子的种植技巧，进行简单的麦子种植	
	霜降	霜降吃柿子	品尝柿子	了解柿子的生长过程，品尝柿子	5~6年级
		霜降储菜忙	种植生菜	掌握播种生菜的技巧	

模块	节气	主题	项目	具体内容	年级
冬藏	立冬	冰糖葫芦香	串冰糖葫芦	学习串冰糖葫芦的方法，提高学生的动手能力，感受亲自动手的乐趣	1~2年级
		立冬护菜园	菜园养护	给菜园进行除草，了解菜园养护的相关知识	
	小雪	寒雪学储藏	做泡菜、腊肉	观察泡菜、品尝泡菜，学习冬季贮藏食物的方法，制作泡菜和腊肉，探寻泡菜和腊肉能久存的原理	3~4年级
		小雪冬水浇	菜地浇灌	掌握菜地浇灌的技巧，了解小雪节气浇灌菜地的好处	
	大雪	大雪除寒意	围炉煮茶	掌握煮茶的方法，学习茶艺技能，感受冬天中的温暖	5~6年级
		大雪施肥料	菜地施肥	了解肥料对蔬菜生长的意义，掌握菜地施肥的技巧	
	冬至	冬至饺子香	做饺子	和家人一起包饺子，探寻饺子文化	全年级
		冬至护田忙	田间养护	去除田地里的杂草，体验劳动的辛苦，保护好田间食物	
	小寒	小寒喝蒜汤	学剥蒜皮	了解蒜的形状，学习剥蒜小技巧	1~3年级
		小寒来帮忙	田地除草	去除田地里的杂草，体验劳动的辛苦，保护好田间食物	
	大寒	腊八迎新年	制作腊八粥	了解制作腊八粥的食材，品味年味的到来	4~6年级
		大寒感冷暖	植物种植来记录	观察植物的涨势，做植物生长记录表	

另一方面，开发"传统节日下的劳动体验"项目，围绕元宵节、清明节、端午节、中秋节、重阳节等传统节日开展丰富多样的劳育活动，使学生在劳动活动中丰盈劳动素养（表1-16）。

通过主题体验活动，既锻炼了学生的动手能力，也深入了解中国传统文化的内涵，进而涵养品德，增长智慧，提升审美。

表 1-16　新柳路小学传统节日下的劳动体验安排表

节日	活动主题	活动内容	年级
春节	窗花我来剪	学生自主剪裁喜庆的窗花样式	1~2 年级
	春联我会写	学生自主书写软笔书法春联并粘贴	3 年级
	其乐融融包饺子	学生和家人一起包饺子	4 年级
	年夜饭我参与	学生积极参与家庭年夜饭的制作	5 年级
	小小收银管理员	学生自主管理压岁钱、合理分配用途并记录收支明细	6 年级
元宵节	团圆时刻，定格幸福	学生和家人拍全家福定格美好瞬间	1~2 年级
	赏灯猜谜"知"元宵	学生自主设计制作花灯并附上趣味字谜，邀请感兴趣的同伴猜谜底	3~4 年级
	巧手"绘"元宵	学生们收集元宵节节日由来、风俗习惯等信息，制作精美的手抄报	5~6 年级
清明节	升旗仪式清明节主题宣讲	全校升旗仪式上，全体师生接受思想洗礼，聆听以清明节缅怀先烈为主题的红色宣讲	全年级
	"缅怀革命先烈，赓续红色精神"主题队会	各班级利用主题队会活动，渗透传统节日对学生的教育	
	清明种瓜点豆	学生充分利用学校"劳动丰硕园"场地，在清明节气种瓜点豆	1 年级
	柳环送清明	学生结合清明节习俗，精心编织柳环并佩戴在自己或家人头上，以求清和明净、驱邪迎福	2 年级
	纸鸢寄清明	学生巧手自主制作纸鸢并放飞，表达对已故亲人或者革命烈士的怀念之情	3 年级
	创意绘彩蛋	学生创意无限，制作色彩鲜艳的彩蛋，寄托对生命的敬畏之情	4 年级
	素菊缅先烈	学生手工制作菊花，放置在已故亲人或者革命先烈的墓前，表达怀念和尊敬之情	5 年级
	图文抒胸臆	学生用画笔制作小报，表达对先烈的敬意	6 年级
端午节	师生同心话端午	在国旗下诵读端午节诗词，展示对爱国诗人屈原的怀念与敬仰，号召同学们做传统文化的传承者和传播者	全年级

续表

节日	活动主题	活动内容	年级
端午节	巧手制作迎端午	以食用粽子为原型，用环保材料或超轻黏土，手工制作出创意粽子	1年级
	纸鸢传情乐端午	使用绘画材料制作精美纸鸢，并放飞	2年级
	闻香编绳识端午	动手制作精巧的香囊并佩戴，用艾草等中药填充，驱邪避瘟	3年级
	粽叶飘香品端午	亲手包粽子，放进自己喜欢吃的材料和口味，煮熟后细细品味，充分感受端午节日习俗	4年级
	稚笔童心赞端午	用自己喜爱的方式，图文并茂地制作手抄报、写与端午节有关的书法作品，积极参与端午节	5~6年级
中秋节	"花好月圆迎中秋，浓情暖意承传统"主题队会	学校以班级为单位，开展中秋节主题队会	全年级
	团圆情更浓	全体学生放学回家以后跟家人团聚，共同品尝月饼并拍照留念	
	巧手迎中秋	用超轻黏土创作玉兔造型	1年级
	折扇意中秋	认真绘制个人专属团扇，象征团圆、友善、吉祥的寓意	2年级
	笔墨赋华章	用工整的硬笔字摘抄书写与中秋节有关的诗词	3年级
	书签寄秋情	制作形状多样的精美中秋节日书签，古色古香	4年级
	花灯邀明月	巧手自制充满童趣的花灯，不仅寓意着团圆，还传递着节日的问候	5年级
	画意享中秋	学生用色彩描绘出中秋节的传统与内涵，用声音表达内心最真挚的情怀	6年级
重阳节	"情暖金秋，孝润童心"主题队会	学校以班级为单位开展重阳节主题队会	全年级
	巧手做寿桃	用自己喜欢的方式做寿桃，送给家中的老人	1年级
	甜蜜菊花茶	亲手制作菊花蜜并邀请家中长辈品尝	2年级
	妙趣五谷画	制作五谷杂粮非遗手工画，深刻体会农民伯伯的辛苦	3年级
重阳节	花糕润心田	用超轻黏土制作重阳糕，种类丰富，节日氛围浓厚	4年级
	衍纸传深情	依据"重阳赏菊"习俗巧用衍纸制作菊花	5年级
	巧手做贺卡	制作贺卡送给退休教师们，表达对老师的爱意和祝福	6年级

3. 整合校外资源，汇聚育人合力

为实现劳动教育的全程渗透、全员参与、全方位介入，打造全新的"沉浸式"劳动课堂，我校努力探索"家校社"一体化的协同劳动育人新模式。一方面，以家庭为基础，将劳动教育渗透到学生日常家务劳动中，以任务群为基本单元，依托分年级的《家庭劳动任务清单》，引导家长和孩子开展亲子劳动，从整理、收纳、烹饪、清洁等方面培养孩子家务劳动能力；邀请家长进课堂进行相关劳动技能的讲解示范，让学生参与体验，感知劳动的快乐。另一方面，充分开发利用学校周边的社会资源，走向社会。如走进风雅颂社区开展学雷锋志愿服务活动，润泽心灵；开展"社区植绿护绿"活动，提高环保意识；走进"那滋味"劳动基地，感悟农耕文化，传承劳动精神；参观花花牛乳业生产基地，体验现代化劳动生产过程，感受科技的力量；开展职业体验活动，感悟父母职业的艰辛，学会感恩。

四、评价策略

（一）开展多元评价，衡量劳育成效

开展过程性和综合性评价相结合的评价体系。从劳动观念、劳动能力、劳动习惯和品质、劳动精神几方面制订评价量表（表 1-17），以自评、互评、师评、家长评为主，进行过程性评价。

依托"创意校园淘宝节"活动进行综合性评价，两个评价阶段相辅相成，最终评选"劳动小达人"（表 1-18）。

表 1-17　金水区新柳路小学劳动过程性评价量表

姓名		班级	
劳动主题			

劳动过程	（可粘贴自己劳动主题的过程，或画一画自己劳动实践瞬间，并在图片下面附上简要的说明）

劳动实践评价

评价内容	评价标准	自评	互评	师评	家长评
劳动观念	积极、愉快地参加劳动				
劳动能力	熟练掌握基本技能，增强生活自理能力和劳动能力				
劳动习惯和品质	认真完成劳动任务，劳动过程中注意力集中；遇到困难努力解决				
劳动精神	不怕苦与累，精益求精，追求创新				

注：1.劳动过程粘贴照片时要调整好照片的大小。

　　2.请根据完成情况打星：优秀打3星，良好打2星，一般打1星

表 1-18 金水区新柳路小学"创意校园淘宝节"综合评价表

主题	评价标准	被评价者	自评	他评	师评
物品摆放员	能合理地分类摆放整齐需要售卖的物品，有商品进出时要及时调整摆放位置				
物品登记员	能及时做好售出物品的登记。记录清楚价格、物品名称				
小小宣传员	能积极吆喝、宣传摊位售卖的物品，热情地拉拢顾客				
小小售货员	能态度友好地接待顾客，认真地介绍顾客所需要的商品，将商品成功地交易出售				
小小收银员	能认真记录交易所得，并做好钱币存放、管理、找零、统算等活动				
摊位卫生清洁员	监督摊位卫生的保持情况，如果发现有脏乱的垃圾要及时清理，保持摊位干净整洁				
文明消费者	能遵守活动纪律、不乱跑或乱窜摊位，不大声喧哗，能文明与商家沟通所需购买的物品。观摩物品时轻拿轻放、不损坏				

备注：表现优秀 3 颗星，表现良好 2 颗星，表现一般 1 颗星。

（二）立足劳育活动，提升育人品质

依托"好习惯展示"活动，"劳动技能大比拼""教室样板间""叠衣大赛"等一系列培养学生日常生活劳动技能的实践活动，使学生养成良好劳动习惯，形成乐于动手的劳动态度；"午餐光盘"活动培养学生勤俭节约、珍惜劳动成果的品质；"创意校园淘宝节"活动使学生感知爱岗敬业，在劳动中学会团结合作，以劳动为载体，以育人为根本。

五、课程支持保障

强化劳动宣传，完善制度保障。每学期举行"劳动周启动仪式"，通过国旗下宣讲劳动教育内涵。利用校园宣传栏橱窗面向全体师生宣讲劳动知识，公众号开启劳动教育专栏，多措并举强化学生的劳动观念，营造良好的校园劳动氛围。为保证劳动教育的顺利推进，学校将劳动课程纳入学校的教学计划，确保课程的课时安排和教学内容符合相关要求；在书记和校长的带领下，劳动项目组教师共同制订《劳动教育应急预案》，建立劳动教育保障机制；以小学劳动教育经费保障制度为依据，根据实际情况按经费的 8% 用于劳动教育，满足学校正常开展劳动教育和课外实践，真正让劳动教育有经费、有阵地、有内容、有实施。

六、学校劳动教育成果

（一）创新"家校社"协同育人新模式

"家校社"一体化的协同劳动育人新模式，实现了劳动教育的知行合一，打造了全新的"沉浸式"劳动课堂。将劳动教育有机融入青少年成长的全过程，因地制宜、全科渗透。强化学生的劳动意识、劳动观念和劳动能力，使学生更主动地沉浸其中，最终实现劳动教育的全程渗透、全员参与、全方位介入。2023 年 12 月，学校荣获首批郑州市学校家庭社会协同育人实验学校。

（二）践行"以劳促五育"育人新理念

立足五一劳动周，借助"学雷锋"活动大力宣扬劳模精神，评比身边的"劳动小达人"，培养学生道德情操；讲述工匠技艺、开展项目式劳动课程，启迪学生智力才干；实践躬耕，开展丰富的劳动活动，让学生出力流汗，增强其健康体魄；创作劳动诗歌，唱响劳动赞歌，引导学生健康审美；以劳动教育推进"五育融合"，使学生的德智体美劳得到全面发展。

（三）收获"以劳育人"劳育新成果

近年来，在"huì·劳动"劳动教育理念的引领下，取得了不错的成绩：学校贺梦梦等教师开发的校本课程"疯狂的石头"、郭思佳等教师开发的校本课程"手解我心"分别荣获郑州市校本课程设计二等奖和金水区第六届品牌校本课程；翟凯歌等教师开发的校本课程"年画里的河南"、生庆杰等教师开发的校本课程"奇织妙想"校本课程分别荣获金水区第七届品牌校本课程一等奖、二等奖；桑晓博等教师开发的校本课程"'豫'见河南"荣获郑州市校本课程设计二等奖和金水区第七届品牌校本课程。

（郑州市金水区新柳路小学　郭艳丽　王乐　郝君婷　汪琼）

探寻中医药之美，"培根"劳动教育课程体系

一、课程背景

习近平总书记在党的二十大报告中指出，推进健康中国建设，促进中医药传承创新发展。中医药文化是中华优秀传统文化的重要组成部分，具有丰厚的人文精神和哲学内涵，是中医药学的根基和灵魂。中医药文化进中小学是助推中华优秀传统文化复兴的具体举措之一，既有助于培养学生对中医药文化的认同感，又能助推"健康中国"的建设。

郑州市经开区列子小学地处列子故里，是一所致力于传承中华优秀传统文化的学校。学校以"培养有根有魂有慧的现代学子"为育人目标，提出"根教育"的教育理念，将中医药文化引入学校，让学生在小学阶段就接触中医精粹，这与学校的理念不谋而合。

依据中共中央、国务院《关于促进中医药传承创新发展的意见》、教育部《义务教育阶段劳动课程实施纲要》等文件精神，学校以"探寻中医药之美"为主题，建立"五育融合"的劳动教育课程体系，进行了有益的探索，建构课程实施框架。

二、育人目标

（1）通过诵读与讲述中医药传说故事、诗词、名人名家，了解中医药的神

奇与中医药名家悬壶济世、医德仁心的境界，培养对中医药文化的热爱，提升文化认同感和文化自信，树立劳动最崇高的劳动观念与甘于奉献、开拓创新的劳动精神。

（2）通过课堂认识中草药、课外寻找中草药、种植园种植中草药等活动，了解不同品种中草药的特点与药用功效，学会常用劳动工具的使用方法，体会农耕劳动的乐趣，懂得"一分耕耘，一分收获"的道理。

（3）通过中草药绘画、面塑、扎染、香包等创作活动，在创作中学习劳动知识与技能，能制作出有特色的中草药文创作品，感悟中草药之美，体会劳动创造美好生活的道理，培养精益求精、追求卓越的工匠精神。

（4）通过制作药膳、药茶，学习掌握基本的烹饪技能与技巧，能合理应用中草药制作营养健康的美食与茶饮。通过健康操的学习和锻炼，掌握中医强身健体的锻炼方法，增强体质。能够主动分担家务，为家人健康设计合理的饮食与锻炼计划，养成健康的生活习惯，体会"劳动是一切幸福的源泉"。

（5）通过研学、公益服务活动、节日与节气活动的亲身经历，感受中医药文化的博大精深，体会中医药与日常生活紧密相连，在劳动中懂得与他人合作，共同解决问题，培养认真负责、吃苦耐劳的劳动品质，提升社会服务意识。

三、课程建设与育人途径

（一）构建课程内容体系

课程以"中医药"为依托，将德智体美劳"五育融合"，设置生产劳动、健康生活、志愿服务三大类劳动任务群，设计开发"药之辨""药之植""药之创""药之食""药之惠"五维一体的"探寻中医药之美"劳动课程体系，依据《大中小学劳动教育指导纲要（试行）》中各年级的阶段目标，进一步细化课程实施内容。（图1-6）

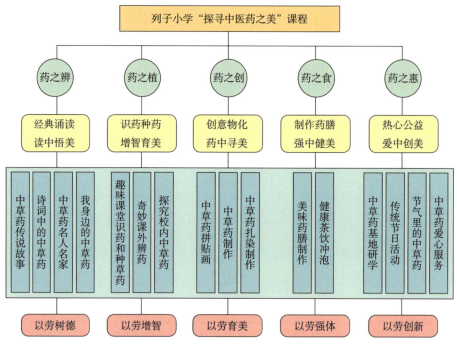

图1-6 列子小学"探寻中医药之美"课程

（二）打通全学科渗透劳动教育

学校将语文、数学、英语、科学、体育、音乐、美术、道德与法治、信息技术等学科内容融入"探寻中医药之美"劳动课程，建立1~6年级课程体系，实现全学科渗透开展劳动教育，努力把中医药文化与"五育"相融合，让学生在课程的学习过程中发现美、感悟美、认识美、创造美，深刻感受劳动创造人、劳动创造财富、劳动创造美好生活的道理（表1-19）。

表 1-19　"探寻中医药之类"课程内容

年级	药之辨	药之植	药之创	药之食	药之惠
	诵读经典 读中悟美	识医种药 增智育美	创意物化 药中寻美	制作药膳 养生健美	热心公益 爱心创美
低段 1~2 年级	1.《传说故事——列子小学中医药文化读本》 2. 中草药小讲师	与科学学科融合：厨房中的中草药、田野中的中草药、种植园里的中草药	与美术学科融合：开展中草药图谱绘画、中草药手工制作	1. 制作简单的中草药茶饮冲泡 2. 制作简单的中草药面食 3. 尝试简单的药膳粥的制作	公益服务：将制作好的茶饮包赠送给环卫工人 比赛活动：中草药艺术创作大比拼、中药种植基地研学
中段 3~4 年级	1.《诗词经典——列子小学中医药文化读本》 2. 诗经中的中草药 3. 传统节日与中草药 4. 二十四节气与中草药	项目式学习： 1. 以中草药为主题，开展多学科融合项目式学习，包括中草药的种植、养护、采摘、加工等 2. 结合传统节日开展中草药相关的活动 3. 结合二十四节气与中草药相结合开展系统活动	与美术学科融合： 1. 制作主题中草药手册 2. 制作绘本"传统节日与中草药" 3. 制作中草药香囊 4. 制作中草药拼贴画	营养药膳： 1. 结合传统节日制作药膳 2. 结合二十四节气制作药膳 3. 野菜菜肴制作	公益服务： 1. 端午节制作艾草香包 2. 在重阳节制作艾草暖足 比赛活动： 1. 开展中草药诗词大会 2. 班组健身操大赛 研学活动： 1. 中医药馆研学 2. 中医药大学研学
高段 5~6 年级	1.《名人名家——列子小学中草药文化读本》 2. 中草药演说家	与语文学科相结合： 1. 说一说河南中医名家，为其制作一张"名片" 2. 讲述中医名家的故事 与科学学科结合：开展中医药研究性学习	与美术学科相结合： 1. 绘制中医名家的故事 2. 制作草木扎染 3. 与非遗项目——面塑课程相结合，制作中医名家系列故事 4. 设计本草文创作品包装	营养药膳与面塑非遗项目相结合： 1. 花馍制作、茶点制作 2. 药膳家庭套餐制作	公益活动：制作中草药糕点，送给家人和社区工作者 比赛活动：中医药演说家大赛 研学活动： 1. 非遗馆研学 2. 中药厂参观

1. 课堂诵读经典，感悟文化之美

经典诵读是学校的特色课程，我们把"探寻中医药之美"校本课程中收集整理的有关中草药文化的经典故事、经典诗词、中医药学家的故事，编写成校本教材《列子小学中医药文化读本》系列丛书，让学生在晨诵时阅读，在国学课上学习。通过认一认、读一读、讲一讲，了解神奇的中草药，感受中医名医悬壶济世、医德仁心的境界，从而树立正确的人生观、价值观、劳动观。

2. 开展种植项目，体验劳动之美

学校开辟了"中草药种植园"，并以班级为单位组建项目学习小组，整合学科资源，通过不同学科的介入，丰富中医药课程的学习维度和认知深度，增强学生对课程的学习兴趣，落实育人目标。

在"中草药种植园"中，学生结合科学《植物的一生》开展研究性学习，通过对中草药的种植、管理、采收、研究等实践活动，掌握了中草药的种植技术、种植园的管理技巧，认识了不同中草药的根、茎、叶等特点，了解中草药的药性，能够进一步辨别各类中草药。学生通过参与后续的采收、加工、储藏等程序，还了解了简单的药理和中药的熬制方法。学生在种植研究中草药的过程中，不仅体验到了劳动的乐趣，还在劳作中感受到了生命的成长以及中草药文化的内在之美。

3. 制作"本草文创"，体会创造之美

"本草文创工作坊"以"药中寻美"为主要途径，巧妙利用中草药的形状、色彩、药性与美术、劳动、综合实践等课程相结合，联合学校非遗特色项目本草绘画、面塑、香包、扎染等，把古朴自然的中草药变为一件件透着灵性的艺术品。

"本草粘贴"课程中，学生依据创作主题，通过"构思—起形—涂色—粘贴"四个步骤，以"中草药"为主要材料创作系列作品，通过看一看、摸一摸、闻一闻、做一做，学生创新了中医药传播方式。在创作的过程中，轻松认识了数十种中草药。在"本草绘画"课程中，通过绘制中草药画谱，学生不但了解了中草药的名字和作用，还能深刻地认识中草药的特点和特性，增长了学生的见识，丰富了学生的认知，在绘画中感受中草药之美。

"本草扎染"创作活动中，学生以中草药为原料，通过画刷图案、绞扎、浸泡、染布、蒸煮、晒干、拆线、漂洗、碾布等步骤，制作出围裙、T恤、扎染装饰画、帆布包等精美的扎染工艺品。在扎染实践中，体验到古老的扎染工艺，感受到了优秀的传统工艺之美，增强文化自信。

"本草面塑"课程中，以中草药和面塑为主要材料，将先贤列子生前留下的经典作品《愚公移山》《夸父逐日》《两小儿辩日》制作成场景故事，让列子故事焕发新的风采。

"本草拓印"活动中，学生利用中草药的花、茎、叶等进行的植物拓染，通过拓印保留中草药隐约的痕迹，留下了香味、纹理、色彩及美丽温馨的画面。除此之外，在工作坊中师生还一起创作了本草装饰字、列子主题装饰画、建党主题装饰画、本草圆框吊坠、本草纸巾盒、本草文具盒、本草挂轴等。一件件作品质地淳朴而厚重，加上中草药香味，不但美观，还会散发出淡淡草药香。学生在动手创造中获得美的体验和感受。

4. 制作药膳美食，体验健康之美

民以食为天，列子小学的药膳课程引领了学校师生健康的生活方式，响应了国家提出的"健康中国"理念。学校将劳动和体育学科融合，开发健康生活课程。在劳动和体育课上，讲解关于药膳与体育保健的知识。邀请膳食专家开

讲，给师生讲解关于药膳文化与经典美食的制作方法。学校充分利用食堂、茶艺室等资源，开展药膳与药茶的制作活动。学校结合学生日常生活，开发出草药传统花馍，中草药药茶，中草药养生套餐等药膳课程。

学生在学校学习基础知识，进行初步实践；在家长的帮助下，在家庭药膳角进行深入实践，再通过线上线下的学习、交流、展示，将健康生活的理念传播到每个家庭。除此之外，体育课还会根据学校特色学习改良版的太极、武术、八段锦等快乐健康操。养生药膳课程助力列子小学师生和家长"吃好、喝好、锻炼好"，用劳动创造美好幸福的生活。

5. 开展实践活动，领悟奉献之美

美来源于生活，又服务于生活。学生在丰富的实践服务活动中，体验劳动带来的快乐，感受劳动带来的价值。让"探寻中医药之美"实践课程，依托研学课程、节日课程、二十四节气课程、社会服务课程设计丰富多彩的专题实践活动。

研学实践活动。"纸上得来终觉浅，绝知此事要躬行"，定期组织学生外出研学，参观中医药相关的场所，将理论与实践相结合。如参观中药种植园、中医药馆、中医药大学展览馆，了解中医药发展的历史与基本理论，感受中医治疗的神奇，提升文化自信。

节日专题活动。结合民俗开展相关主题活动。结合中国传统节日春节、元宵节、清明节、端午节、中秋节、重阳节等开展节日和民俗活动，如清明节踏青；端午节采集艾叶，制作香包、香囊；重阳节插茱萸、登高等实践活动，了解活动背后的文化，体验人与自然和谐共处的美好。结合教师节、母亲节、父亲节、重阳节等节日，开展"我给长辈献杯茶"活动，将自己配置的利咽类、明目类、清热类、养颜类茶包，为长辈献茶，温暖的茶水温暖了人心。通过平

日丰富的劳动课程结合主题节日，开展情意满满的实践活动。

开展系列展示比赛活动。结合节气与节日组织学生定期开展中医药专题展示活动，如中医药经典故事诵读比赛、中草药绘画作品展、中草药手工作品展、中草药作品义卖、药膳美食大比拼等系列活动，在活动中提升学生对劳动的兴趣，培养学生认真负责、吃苦耐劳的劳动品质。活动结束后，将学生的作品悬挂、展示在学校的长廊、大厅等醒目位置，既美化了学校的环境，又提升了学生的自信心。

爱心义卖，志愿奉献。学生利用在工坊学到的茶膳制作方法烹制不同的茶膳，并将这些茶膳送给环卫工人和需要帮助的人。在传统节日到来之际，学生也会自发组织爱心本草膳食和"本草文创"手工艺品送给孤寡老人。学生还会利用学校的"列子集市"、社会义卖等活动，将自己制作的工艺品、材料包等进行爱心义卖，将劳动所得捐献给有需要的人，在爱心传递的过程中收获奉献的美好。

四、评价策略

"探寻中医药之美"特色劳动校本课程，注重对学生进行综合性评价，以促进学生全面发展为目标，以人人能展示，人人有提高，人人被肯定为原则，以形成性评价＋总结性评价、线上评价＋线下评价相结合的方式进行。

（一）多维的评价内容

评价内容应紧扣课程内容和劳动素养的要求，学校针对"药之辨""药之植""药之创""药之食""药之惠"系列课程与活动内容的不同特点，分别设计评价标准，既关注过程性评价，又兼顾结果性评价，客观真实反映地学生学习的表现情况。对学生劳动课程表现、活动的参与、作品的展示、竞赛的成果等进行不同程度的奖励。

（二）多样的评价方法

采用线上线下相结合的评价方式，充分利用晓评学生评价小程序对学生参与劳动的情况进行线上综合评价，在线下通过对学生劳动参与情况发放不同种类的劳动评价刮刮卡进行奖励评价。同学们可以将刮刮卡的编号上传评价小程序进行劳动能量充值，通过该平台，可以时时查看每一个学生的劳动过程和成果的情况。学生可以用得到的劳动能量兑换学校列子集市的奖品。

（三）多元的评价主体

课程评价包括学生自评、互评、教师评、家长评，社会评等多元主体评价，根据不同劳动项目的个人劳动项目积分，评出列子小学"文化小使者""种植小达人""特色小传人""勤劳小当家""社会小义工"，根据班级劳动项目积分，评出"列子小学劳动先进班集体"，根据家庭劳动项目积分，评出"劳动模范家庭"，以多元的评价激励学生在劳动中全面发展。

五、课程支持保障

（一）整体统筹，完善课程管理

学校由校长引领劳动教育的方向，办公室规划具体实施方案，教学部门具体落实，德育部门协调配合，行政后勤部门保障支持，彼此分工合作，明确职责，保障劳动教育的有序实施。建立有效的劳动教育运营机制，定期召开课程推进会议，反馈问题，整改落实，上下联动，保证课程实施的品质与效果。

（二）融通渗透，拓宽劳动教育通道

"探寻中医药之美"特色劳动课程重视与德智体美四育及学科间的融通渗透，一方面在学科间有机渗透劳动教育，另一方面主动寻找劳动教育与各学科之间的融合点。学校通过融合教研，打破教师"唯劳动教师研劳动"的局限思维，引领教师主动在学科中渗透劳动教育，使全校教师成为劳动的教育资源。

（三）拓宽场域，享受劳动乐趣

充分利用学校、家庭、社会场域空间，全时空开展劳动教育。鼓励学生在家里设置"家庭劳动三区角"，在阳台打造种植角，客厅或书房打造美工角，在厨房打造药膳美食角。学校设置"学校劳动四园地"，打造中草药种植园，分配给不同年级，作为种植、管理、观察、研究性学习的园地；开设"本草文创工作坊"活动教室，作为学生学习、研究、创作、展示的基地；布置中医药文化主题长廊，作为中医药文化氛围营造的园地；创设中医药文化大讲堂，作为劳动才艺展示的园地。在社会设置"社会劳动实践场"，定期走访河南中医药大学、中草药种植基地、中医药馆、非遗馆、药膳餐厅、社区等，进行社会实践和服务。

六、学校劳动教育成果

（一）提升了学生的综合素养

1.激发了学生对中医药传统文化的热爱

通过学习中医药有关的传说故事、诗词、知识，练习中医养生操及创作中草药绘画、手工制作等课程，学生感受到了中医药的神奇，也培养了学生对中医药文化的热爱，提升了学生文化认同感和文化自信。

2. 提升了学生劳动、审美、创造等各方面的能力

通过项目式学习，多学科整合，对一种中草药进行系列的研究，学生不但掌握了该中草药的相关知识，更提高了动手能力、思维能力、合作能力、沟通能力、表达能力、问题解决能力、创新能力等综合素养。

（二）促进了教师的专业成长

1. 提高了教师校本教材的开发能力

学校成立了课程开发小组，组织成员通过网上查阅资料、实地考察、讨论研究，分年级整理不同的中草药的相关知识、图片，汇编成《列子小学中草药知识读本》；整理有关中草药文化的一些经典故事、经典诗词及中医药学家的故事，汇编成《列子小学中医药文化读本》，并在平时的教学中进行使用，使用后不断地总结、修改，最后形成适合我校实际的校本教材。

2. 提高了教师的课程实施能力

在课程实施过程中，项目式学习、多学科融合，极大地促进了教师之间的互帮互助、协调发展，同时项目式学习也极大地促进了教师的课程实施能力。教师不但在课程专业方面有所收获，还收获了满满的养生知识。学习中医药文化的队伍逐渐扩大，由开始的 6 个主抓中医药文化课程的教师，到现在的全员参与，教师真真切切地感受到了中医药的博大精深，自己也受益匪浅。

（三）凸显了学校的文化特色

以传承发扬中华优秀传统文化为根本的列子小学，在对文化有所创新的同时，更考虑学生和教师的发展。在中医药文化的课程体系建构中，列子小学实现了在传承中创新，在创新中发展。列子小学在长期的探索与实践中培育了大格局、宽视野、高品位的育人土壤，营造了中医药文化的良好氛围，全面提升了学生的审美素养，从更高层次拓宽了列子小学中医文化的绿色可持续发展的道路。

（郑州市经开区列子小学　陈秀娟　朱可）

第二章
劳动项目实践

劳动教育的课堂文化构建

教育界对劳动教育理念存在片面的认识，教师在课堂教学中存在的问题，导致劳动教育蕴含的价值不能得到充分发挥。只有解决劳动教育"是什么？怎么设计？怎么上？怎么评？"才能践行劳动教育的本质，提高劳动教育课堂的质量，从而培养学生的劳动素养并使其得到发展。

一、是什么？

劳动不是最终的目的，而是要关注学生在劳动过程中的成长。《大中小学劳动教育指导纲要（试行）》强调劳动教育要注重发挥劳动的育人功能，对学生进行热爱劳动、热爱劳动人民的教育，具有鲜明的思想性、突出的社会性和显著的实践性，防止把劳动教育窄化为上课，或者泛化为学生的一切学习活动。可见，提倡劳动教育，并不代表劳动能够代替一切教化的路径，劳动只是一个重要的途径。劳动教育路径只有与其他各类教育路径相融合，才能发挥它最大的育人价值。如马卡连柯说："在任何情况下，劳动如果没有与其并行的知识教育——没有与其并行的政治的和社会的教育，就不会带来教育的好处，会成为不起作用的一种过程。你们可以随意强迫一个人去劳动，但是，如果不同时从政治上、道德上教育这个人，如果这个人不参加政治生活和社会生活，那么，这种劳动就只能成为一种不起作用的过程，不会产生积极的结果。自己有把劳动作为总的体系的一部分时，劳动才可能成为教育的手段。"❶ 苏霍姆林斯基认为："探索精神、好奇心、求知欲——正如这些品质激发孩子们对劳动的兴趣。劳动不是最终目的，而是达到教育过程中一系列的一种手段。"❷ 总之，劳动的意义，就在于过程性的劳作、思考、创造，以及形成的最终劳动效益。

二、怎么设计？

《义务教育劳动课程标准（2022年版）》中指出："项目设计包括制订项目目标、选择项目内容、确定劳动场域、明确项目内容、提炼项目操作方法等方面。"同时，对每一个方面都进行了详细的解读和建议。针对以上细节，笔者认为，从宏观的角度看，项目设计还应该考虑以下四个方面。

（一）体现"五育融合"

劳动不是单一存在的，目标的设计要多样，体现"五育融合"的全面发展。任何活动都不是单一存在的，都有不同的领域、不同方式，它具有跨界、跨学科特点。正如苏霍姆林斯基所说："当少年的双手在做着什么的时候，还不能显示出劳动的教育力量。脱离了思想教育、智力教育、道德教育、审美教育、情感教育和体育教育的劳动，脱离了创造、兴趣和需求的劳动，脱离了学生之间的多方面的关系的劳动，就会成为一种劳役，孩子们只想尽快地'服完役'，以便有更多的时间从事更有趣的工作。"❸ 不管是一项劳动主题的设计，

---

❶ 马卡连珂.马卡连柯教育文集（下卷）[M].北京：人民教育出版社，2005：13-14.

❷ 苏霍姆林斯基.把整个心灵献给孩子[M].唐其慈，毕淑芝，赵玮，译.天津：天津人民出版社，1981：154.

❸ 苏霍姆林斯基.育人三部曲[M].毕淑芝，等译.北京：人民教育出版社，1998：635.

还是一节劳动课的内容，都要体现"五育融合"的理念，通过活动让学生在劳动中得以树德、增智、强体、育美，让学生感受到劳动的乐趣、丰富性，带给他们身心成长的喜悦和成就感。不仅在劳动中出力流汗，还锻炼了品质，培养了丰富的精神世界。

（二）关注内容的融合性

劳动是门学问，里面涉及很多科学道理和丰富的知识，教师在设计活动时一定要多查阅资料，备好课，关注学科之间的融合性，给予学生严谨、科学的指导，发挥育人功能。如植物的剪枝、扦插、移苗等劳作，还有土壤对植物的生长影响等，这些都不是单一知识的应用，而是需要通过多个学科的知识才能完成的。大多农业劳动中，一定要与数学、化学、物理、科学等学科紧密结合，让学生能够应用多种学科知识去研究、去思考、去解决问题。

（三）经历完整的劳动项目

笔者根据多次课堂观察与教师交谈，发现教师在设计劳动项目时，容易将完整的劳动活动体验进行割裂，如"制作风筝"，学生的风筝做成了，接下来肯定是检测是否能够起飞，这需要学生走出室外试一试。大多数教师都没有为学生提供试飞的机会，而是从一节美术课的角度让学生评价风筝的美观，忽视了对劳动成果的检验、完善、修正过程中学生通过实践带来的乐趣与挑战，感悟一丝不苟的科学精神和不怕失败的劳动精神。

（四）突出实践性

劳动是一种科学性的实践活动，没有实践就失去劳动的意义。中国教育学会劳动分会会长顾建军教授指出，进一步优化劳动实践指导过程，可以采用劳动导学单、自主探究、榜样示范、情境陶冶、实践反思等方式，引导学生在劳动实践中发现问题、分析问题并解决问题等，提高劳动实践的"精度"。在劳动实践指导过程中，要注重劳动素养特性，优化课程实施策略。《义务教育劳动课程标准（2022 年版）》也指出"强化综合性和实践性，推动育人方式变革"，以及"强调学生直接体验和亲身体验，注重动手实践，手脑并用，知行合一，学创融通，倡导'做中学''学中做'"。可见，劳动教育的价值重在"实践育人"，锻炼学生在实践中学习、学习中实践、实践中创造、学创融通的能力。学生只有通过亲身实践，动手又动脑，才能掌握劳动的技能，在劳作中解决问题，产生新的思维和创造，感受劳动的艰辛，感悟劳动可以创造美好生活，创造财富，更能改变世界，推动世界的发展。

三、怎么上？

《大中小学劳动教育指导纲要（试行）》指出，劳动项目关键要素是讲解说明、淬炼操作、项目实践、反思交流、榜样示范等。河南省基础教育课程与教学发展中心教育科研管理部副主任汪豪浩通过研究与实践，提出劳动项目实施的七个环节，即"情境创设—讲解示范—安全提醒—劳动实施—团队合作—榜样激励—拓展延伸"，为教师实施劳动课程提供了具体的方案。为了加强劳动教育，努力克服有劳动无教育的问题，在具体的劳动项目实践中，还需要认清以下两个问题，才能整体把握劳动课堂的文化样态。

避免有劳无教，丢失劳动的价值。"劳动不是单纯的体力付出，它必须有精神的涵养。劳动教育是灵与肉的有机统一。劳动不是简单的动手，而是知识的运用、技能的锻炼及智慧的展现。劳动蕴含着丰富的思想性，不能刻板地实行劳动教育，应该突出劳动教育的教育性。"❶ "我们不能把这个复杂的问题设想为：劳动要么只是用来巩固课堂上所教的具体知识，要么只是有助于更好地组织教学和丰富教学。这些固然都有道理，但是知识和劳动的关系却并非如此直接和简单。劳动和知识的真正的、对于确定人生目的有重大意义的联系在于，思想的文明能够培养人与自然界的互相作用；劳动能给人以欢乐，充实人的精神生活，因为劳动是一种创造，在劳动中能展示人的能力、禀赋和天才，从而能够确立人的尊严感。"❷ 可见，"挖掘劳动蕴涵的教育性是劳动教育的关键，在劳动中使儿童体验生活的价值及自我存在的意义。这将有益于儿童感悟人生，把握当下，在有限的人生创造无限的自我价值与意义"❸。避免片面地重视形式，忽视了儿童内在精神的涵养。"复杂得多的是达到物质需要和精神需要的和谐发展，特别是达到使一个人的生活中有一种积极的活动，其目的在于形成和满足高一级的需要——精神上的需要。在我们的时代，物质福利源源不断地涌进童年、少年和青年早期的世界，以致出现了这样一种危险：儿童和青少年可能丧失了关于这些福利是由劳动创造出来的观念，甚至完全不知道它们从哪儿来的。"❹ 劳动教育，最终要落实培养学生的劳动品质和精神，发展学生的劳动素养，践行劳动最光荣、劳动最美丽、劳动最崇高，用自身行动和形成的经验，创造美好的生活，创造世界。

避免"课堂讲劳动"，体现人人都参与。劳动，不是纸上谈兵，也不是

---

❶ 赵荣辉.劳动教育及其合理性研究 [M]. 北京：中央民族大学出版社，2012：51.

❷ 霍姆林斯基.关于全面发展教育的问题[M].王家驹，张渭城，杜殿坤，等译.长沙：湖南教育出版社，1984：22.

❸ 赵荣辉.劳动教育及其合理性研究 [M]. 北京：中央民族大学出版社，2012：51.

❹ 霍姆林斯基.关于全面发展教育的问题[M].王家驹，张渭城，杜殿坤，等译.长沙：湖南教育出版社，1984：22.

"讲出来的"，更不是观看者，而是人人都要亲历劳动体验，从"实践中得真知""实践中创造"。教师要通过每一位学生的真实亲身体验，从日常劳动中可以看到学生劳动态度的转变、思维的变化、劳动方法的掌握和劳动成果的愉悦感。从生产劳动中可以看到，学生劳动经验的应用和创新，遇到问题的解决和提升，感受劳动过程的艰辛，体悟劳动创造的美好生活和人类劳动智慧的伟大，感悟工匠精神。从服务性劳动中可以看到，学生对服务活动的精心策划，合作能力的提升，乐于为他人奉献的喜悦感，以及社会责任感的培养。

为了解决以上问题，实现劳动教育的高质量发展，我们提炼出劳动教育课堂应该突出"五真五实现"的样态：

真实情境，实现劳动教育跨界融通；

真实任务群，实现持续性学习驱动；

真实实践，实现劳动价值体悟；

真实评价，实现学生反思式发展；

真实成果，实现可视化劳动结果。

总之，劳动教育来不得表面化、形式化，只有真正地、真实地、踏实地落地，才能发挥它的育人价值，才能培养出全面发展的人。

四、怎么评？

评价的意义在于诊断、促进、帮助学生及时反思与总结，发现亮点，寻找不足，制订进一步的学习方案，但不是唯一的结果，它更在乎学生的过程性发展。目前，对于学生的评价依然存在片面性、无效性及重结果等问题。通过实践研究，我们认为评价应该"三避免三要"。

一避免单一的学科评价，要"反哺"劳动教育目标。目前，不少教师在开展有关传统工艺的劳动项目中，只关注到了制作的方法与技能的评价，忽视了学生在制作过程中的耐心、不怕困难的态度，还忽视了让学生在体验的过程中感悟传统工艺的精湛技艺和工匠精神等，导致劳动教育的价值"减弱"。我们要结合劳动项目类型，根据劳动态度、劳动能力、劳动习惯与品质、劳动精神设计评价标准，引导学生进行劳动教育课程的反思与改进，从而培养学生的劳动素养。

二避免语言评价的无效，要结合劳动教育价值导向。教师在课堂评价的语言导向非常重要。我们常说，教师的评价语言无效，为什么无效呢？因为缺乏有价值的导向。如劳动教育课堂的评价语言，一定不同于美术课或语文课等，劳动教育突出的是学生劳动素养的发展，教师的评价语言一定要围绕学生的劳动态度、劳动品质、劳动精神等进行肯定或者引导，如教师看到了精益求精的精神、能够正确使用劳动工具等语言。

三避免只关注结果，要重视劳动过程。学生通过亲身实践，获得劳动成果不仅是劳动目标的一项要求，也是劳动的最终结果，这些固然重要。如果教师只关注劳动结果的好与不足，而忽视学生在劳动过程中的成长，哪怕是不擅长这项劳作的学生通过种种努力获得了一点点进步，也应该获得教师大力的肯定。教师应该关注每一位学生在已有经验的进阶性发展，如劳动知识的获得、技能的提升、劳动习惯的养成、工具的规范使用、家用电器的安全使用与维护、劳动品质的形成、劳动精神的激发等，进行纵向比较，而不是横向比较，这样学生才能看到自己的进步，从而充满信念积极投入劳动中去。

现代农业：盆景设计

一、设计理念

"盆景之美"属于劳动教育传统工艺制作任务群，在 5~6 年级实施；高年级的学生有一定的山水盆景学习经验，掌握一定的制作方法，但对作品的创新不够，对"山水意境"等缺少整体认识，需要教师引领他们走进名山大川，采风体验，拓宽眼界，从大自然中汲取营养，收集素材，打开思路。

教师巧妙地对美术、语文、数学、科学等学科知识进行整合，带领学生深入领会诗词中国的山水意境，运用科学、数学知识进行精确测量，用美术知识进行构图、设计。巧妙地在托盘之上，创造出一座座栩栩如生的水旱盆景作品。通过劳动培养学生拥山之德、怀水之智的良好品质和正确的劳动价值观，培养实践创新精神、动手能力和审美情趣，加深对中国盆景文化的理解，将绿水青山的理念植入心间。

二、劳动目标

（一）劳动观念

通过水旱盆景的制作，提升学生文化素养，培养学生对生活的热爱之情；通过对石材形状的选择、创意设计、个性制作，帮助学生通过盆景设计表达自我；通过同伴间的交流与协作，取长补短，让学生体悟积极合作的价值。

（二）劳动能力

通过各学科融合和学习水旱盆景制作方法，掌握拼摆、粘接、造景等操作方法与技巧，了解、熟悉水旱盆景造景基本规律。

（三）劳动习惯和品质

通过动手实践制作水旱盆景的过程，初步养成良好的安全使用现代化生产设备（热熔胶枪）的操作方法，提升专心致志、不懈坚持、精益求精的劳动品质。

（四）劳动精神

在劳动中培养学生的创新意识。学生可以了解掌握现代传统工艺制作的基本知识，进行初步实践操作。新技术设备可以给学生创造更多开放性的劳动场域，让学生更容易进行具有个性化的创新性机会。大胆实践、勇于创新，培养学生具有时代性的创新意识，培养"开拓型"的劳动人才。

三、劳动重难点

重点：学会水旱盆景的造景步骤与方法。
难点：对水旱盆景整体意境进行塑造和表达。

四、劳动准备

（一）情境导入

【设计理念：基于对学生"水旱盆景"课程需求的调查，发现他们都向往大自然，期待能够走进山水，亲近自然，并且许多学生对用美丽山水装点生活有着强烈的需求，对"山水盆景"的表现形式有着浓厚的兴趣。通过对"水旱盆景"的研发与实践，旨在培养与塑造学生爱劳动、会审美、有特长、能创造的品格】

（1）教师出示石头的实物，魔法变身（播放盆景定格动画），激发学生的学习兴趣。

（2）学生根据预学单，结合前期对山水盆景的探究和了解，师生共同交流水旱盆景的相关知识。例如：水旱盆景的历史、水旱盆景独特之处、造景特点等，教师根据学生的交流情况进行补充介绍。

具体的"山水盆景"制造材料如图 2-1 所示。

天然石材　　　　　　树脂盆景盘　　　　　热熔胶枪　　　　　　　盆景摆件

图 2-1　山水盆景的材料

（二）劳动实践

【设计理念：学生通过"做中学"发现问题，同学间交流分析问题，教师帮助学生在劳动实践中解决问题，让学生更好地掌握水旱盆景的制作步骤】

1. 探索发现

教师播放水旱盆景定格动画视频，学生初步观察制作水旱盆景的制作步骤，并进行交流。

2. 探究及体验

（1）教师边示范边讲解，通过投影让学生看清楚步骤和注意事项。

第一步，选石（图2-2）。挑选大小适中、纹路、颜色适合且相匹配的石材。注意主峰与配峰比例关系。

图2-2　选石

第二步，拼摆（图2-3）。

因意立石：根据构思意境将石材进行拼摆组合。

因石立意：根据石材特点发挥创意进行拼摆组合。

图2-3　拼摆

第三步，粘接（图2-4）。使用热熔胶枪进行石材固定。

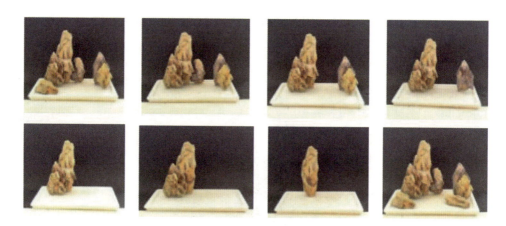

图 2-4　粘接

第四步，摆件（图 2-5）。根据造景需要，添加合适的小摆件。

图 2-5　摆件

第五步，调整。调整细节，完善效果。

3.体验尝试

（1）学生通过在沙盘拼一拼、摆一摆，构思盆景主题，小组进行交流设计思路，教师进行指导。

教师讲解不同造型代表的寓意，如看到大山的脊梁，也会让人联想到父爱如山，以及为自己遮风挡雨的高大身影，指导学生制作出不同主题的水旱盆景造型。

（2）小组分工合作，制作水旱盆景。

（3）学生制作，教师巡视指导。

4. 展示评价

（1）学生带着盆景作品上台展示（图 2-6），学生之间自评、互评，教师适时点评。

图 2-6　学生作品

（2）教师小结。教师："通过小组的合作，我们不仅学会了制作水旱盆景，还从中锻炼了自己。老师相信将来你们一定会从劳动中习得更多本领，用实际行动创造美好生活，践行实际行动。"

（三）劳动评价

【设计理念：根据学生的劳动表现，通过劳动课程评价表（表 2-1），结合学生的劳动观念、劳动能力、劳动习惯和品质、劳动精神，评选出"造景小达人""优秀劳动成果奖"等奖章】

表 2-1　劳动评价

评价内容		自评	互评	师评
劳动观念	在创作过程中体会到劳动光荣与劳动幸福了吗			
劳动能力	学会水旱盆景技法了吗？学会水寒盆景造景了吗？能和同学合作拼摆粘接吗			
劳动习惯劳动品质	在制作时是否自愿自觉、坚持不懈、珍惜劳动成果			
劳动精神	在劳动中能否克服困难，幸福源于劳动和创造，回到家可以自己尝试用生活中收集到石材进行水旱盆景创作吗			
个人反思				

（四）劳动拓展

【设计理念：本次劳动课程创作的水旱盆景属于传统山水作品，拓展了学生思维，与现代生活和科技相结合，创作出有关山水盆景的更多作品】

教师："今天我们用石头创作了水旱盆景，如果我们将植物、小水泵、雾化器融入盆景之中，就能创作出更多的漂亮的作品了。下课后赶快来试一试，创作出属于你的山水盆景作品吧！"

（五）总结与升华

【设计理念：总结本节活动重点内容，提出教师期望。对本节学生的表现作常规评价，达到鼓励学生的目的，促进学生延续开展劳动】

教师："光荣属于劳动者，幸福属于劳动者。今天我们不仅学会了盆景制作，还从中锻炼了自己。老师相信将来你们一定会从劳动中收获更多幸福，也将在劳动中习得更多本领。"

通过对"盆景之美"劳动课程的体验，提高了学生对中国山水盆景文化的了解和认识。劳动的延续开展，让学生与山对望，生命因之厚重；和水倾谈，心胸为之寥廓。在凿石开山中得到劳动锻炼，在精雕细琢中涵养工匠精神，在布局造景中获取创造的快乐，在诗意山水中受到美的陶冶。

（郑州市郑东新区龙翼小学　蒋春荣）

传统工艺：打香篆

一、设计理念

提及"香"字，人们往往会最先想到西方的香水和香薰，但其实中国人用香很早，在远古时期，香就被当作祭祀用品使用。香道在中国已有两千多年的历史，与茶道、花道、琴道、书道并称为中国传统之魂，即"五道文化"。打香篆就是其中一种形式。打香篆的过程不仅能够让学生提高审美和动手能力，培养学生做事的耐心和细心，还能感受劳动中的乐趣和成就感，感悟劳动创造美好生活。

二、劳动目标

（1）通过体验，能够掌握打香篆的正确步骤和方法。

（2）能够在打香篆的过程中，培养专注力及不怕失败、不轻言放弃的品质。

（3）通过学习打香篆，了解并弘扬中国传统香文化。

（4）通过学习活动，进一步激发将现代与传统相结合的创新能力。

三、劳动重难点

重点：熟练掌握打香篆的步骤和方法，体会古人的文雅生活。

难点：熟练掌握干香返灰的方法，使之表面平整。

四、劳动准备

（一）情境导入

【设计理念：通过观看视频和教师讲解中国香文化的发展过程、香篆的功能等，让学生初步了解打香篆及中国传统香文化】

（1）播放电视剧片段，提问是否知道视频中的人在做什么？从而引出打香篆这一主题。打香篆，也被称为"印香""拓香"，是用香篆模将香粉压制成连续不断的图案或者文字的香品，脱模后可直接点燃熏香。

教师陈述：在现代，人们通过打香篆来养心、减压。近年来，香篆模和香炉材质越来越多样，在打香篆过程中能够体会到不同的乐趣，不仅可以舒缓情绪，还能提高动手能力。香篆在古代除了有防蚊虫、熏香等功能外，因为其形状具有一定的规格和大小，燃烧起来时间相对固定，所以古代人会以此来预测时间。有些香篆文字本身具有喜庆圆满的寓意，也可用于庆典场合。

（2）教师补充中国香文化发展历史：中国的香文化约有两千年历史，是传统文化的重要组成部分。远古时期，人们就开始使用香了。到了春秋战国时期，佩香成为人们日常生活中的一种习惯，更是一种礼仪，香囊必不可少。汉代时期，丝绸之路的出现使得许多香料传入中国，制香工艺也有了进一步提升。西域的香料大量输入，制香产业得到发展，当时出现了许多专门经营香材、香料的商人和香行。宋代是传统香文化的"高峰"，由于宋徽宗十分喜爱制香，于是在宫中设立了"造香阁"，还有专门的"香婆"照看香炉。

后来，熏香已完全融入普通百姓的日常生活之中，香文化的发展由此达到鼎盛。进入清代末年，中华民族到了危亡之际，加上西方工业文明的涌入，对传统文化带来了冲击，传统香学开始断层，后来逐渐被遗忘。随着现代生活水平的提高，不少人开始尝试用香，有许多爱香之人，开始致力于对传统香文化的继承与弘扬。

（二）学生实践

【设计理念：通过教师讲解要点后让学生自己动手操作，激发学生的兴趣并让其感受打香篆看似简单又不简单的过程，体验古代人精益求精的篆香技艺，从而培养学生不怕失败、不轻言放弃的品质】

1. 教师介绍打香篆需要使用的工具

打香篆需要使用的工具有：香炉、香道灰、香筷、香勺、香铲、香扫、灰押、香篆模、线香、香粉，如图 2-7。

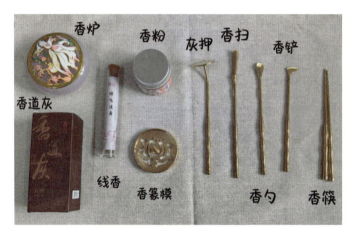

图 2-7　打香篆使用的工具

2. 教师示范打香篆的步骤

第一步：加香灰。用香铲把香道灰加入香炉内，香灰量占整个香炉的 2/3 即可，如图 2-8。

第二步：松灰。用香筷将香灰顺时针方向搅散，使其中留有空气，香粉更容易充分燃烧，如图2-9。

图 2-8　加香灰　　　　　图 2-9　松灰

第三步：平灰。右手持灰押轻压香灰，将其表面香灰压制平整。注意不要将香灰压得太实，如图2-10。

第四步：扫灰。用香扫清理沾在香炉边缘的香灰，如图2-11。

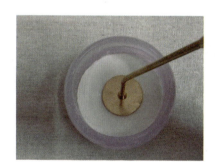

图 2-10　平灰　　　　　图 2-11　扫灰

第五步：放香篆模。将香篆模放置在香灰中间，轻压一下，如图2-12。

第六步：添加香粉。用香勺将香粉舀出，放在模具上。香粉一次不要添加过多，可少量多次。若香粉取得过量，则用香铲取余粉放回香粉盒中，如图2-13。

图 2-12　放香篆模

图 2-13　添加香粉

第七步：填香粉。用香铲将香粉轻轻填于香篆模镂空处，不能将香粉弄到外面，也不要移动香篆模，如图 2-14。

第八步：脱模。轻轻垂直提起香篆模，香粉脱模，如图 2-15。

第九步：点香。用线香引燃香粉即可，如图 2-16。

图 2-14　填香粉

图 2-15　脱模

图 2-16　点香

3. 学生在教师的指导和帮助下尝试打香篆

（1）教师在学生打香篆的过程中进行巡视指导，对学生在操作过程中出现的问题进行有针对性的指导。

预设：①平灰这一过程容易出现香道灰无法完全抹平或者学生会直接把香灰压实。香灰是被抹平的而不是压平的。应该先轻轻将香灰压至基本平整，左手持香炉，右手持灰押。将灰押沿香炉边缘放置，一边转香炉一边抹香灰。这一过程需要有耐心。香灰不要压得过实，否则会出现香粉无法点燃的情况。

②脱模之后香粉可能会出现或散或断的情况，原因是香粉添加的量不够，香粉要填满整个香篆模的镂空部分。脱模时注意不要手抖，也不要移动香篆模，可轻敲香篆模的手柄有助于完整脱模。

（2）学生把制作好的香篆进行展示，教师对学生的作品进行评价，学生之间相互评价。

（六）劳动评价

【设计理念：通过展示评价、互相交流总结在打香篆的过程中学习到的经验、遇到的问题，感悟劳动实践过程中古代劳动人民的智慧】

具体的劳动项目评价表，见表 2-2 所示。

表 2-2　劳动项目评价表

评价方向	具体要求	自评	学生互评	教师评价
劳动观念	能否体会到古代人精益求精的打香篆技艺			
劳动能力	打香篆的步骤是否正确			
劳动习惯和品质	打香篆的过程中是否养成良好的劳动习惯			
劳动精神	能否在打香篆遇到困难的时候不放弃，努力想办法解决问题			

（七）劳动拓展

【设计理念：香料和香器都是香文化重要的组成部分，通过教师讲解鹅梨帐中香、中国四大名香和观看香器演变的视频，让学生了解更多关于香文化的知识】

1. 香料介绍

鹅梨帐中香：相传鹅梨帐中香是南唐后主李煜为周后所制，因此又被称为"江南李主帐中香"。做法是将鹅梨挖去内核，取沉香和檀香两种香料填入其中，以鹅梨为容器，反复蒸煮三次，让梨汁的甜香浸润沉香和檀香两种香料。此香气味芳香清甜，可以安神助眠，舒缓心情，放松神志，由此也可见古人对生活品质的追求。

中国四大名香：鹅梨帐中香中所使用的沉香和檀香是中国的四大名香之一。沉香，被称为"众香之首""植物界的钻石"，在特殊环境下千百年"结"出来，混合了树脂、树胶、木质等多种成分。沉香木需要多年才会有比较发达的树脂腺，形成香结后，还需要经历很久才能成为沉香。其香味悠长醇厚，香气层次多样。檀香，可做药用、材用和香薰，经济价值很高，有"绿色金子""香料之王"之称，是檀香树的木质心材或其树脂部分。其香气沉稳，内敛，能安抚情绪和助眠。除此之外，四大名香还有龙涎香和麝香。龙涎香，是香中极品，是天然动物香料，抹香鲸肠内分泌物的干燥品。以前，人们认为海中这种漂浮物是"龙"的口水，所以叫"龙涎香"。其香气复杂，层次丰富。麝香，是林麝、马麝或原麝成熟雄体香囊中的干燥分泌物。起初为液态，经过时间的沉淀逐渐浓缩成深褐色粉末状或籽粒状。香味浓郁，固态时臭味强烈，稀释后具有独特的动物香，是一种混合的味道。

2. 香器的演变

香的形态各种各样，我们今天能接触到的有香篆和线香。不同香的形态必然要配合不同香器使用。汉代出现的博山炉一直到今天还在使用，但是也有一些香器随着历史的演变逐渐消失，也有一些香器随着时代的发展而出现。（教师播放视频）

（八）总结与升华

【设计理念：通过总结让学生感悟升华劳动的精神品质，并能在以后的生活中传承中华优秀传统文化】

这节课我们一起学习了打香篆的方法，也了解了许多关于香的知识，能体会到古代劳动人民坚持不懈的精神品质。中国香文化伴随着中华民族的历史发展，走过了两千年的历程。起源于春秋战国时期，在两宋时期达到鼎盛，衰败于清代末年。随着现代生活水平的不断提高，传统的香道文化又重新被人们喜爱，作为一名中华儿女，我们应该积极了解并传承自己国家的传统文化。

（郑州市第四十二中学　陈艺星）

主题教育：探秘斗拱

一、设计理念

"探秘斗拱"属于劳动教育生产劳动领域的工业生产任务群，五年级学生初步具有使用简单工具拆装玩具的经验。本次的项目体验涉及历史、物理、美术、数学、劳动、科学等多学科知识，学生化身成小工匠，在真实情境中开启斗拱探秘之旅。按照规范流程和方法识读图纸、寻找部件、穿插对接、检查调整，力求每个步骤、每个环节都精准到位，从中体验古代劳动人民的智慧、工艺的精益求精和大国工匠精神。教师既关注学生收纳整理的良好劳动习惯，又关注学生解决问题的创造性劳动品质培育，通过河南省传统手工艺人的事迹，激发学生对工匠精神的敬佩之情。学校发挥周边劳动教育资源，将河南博物院1：1还原的斗拱模型带到了现场，同学们亲手触摸、亲自搭建，想象由它托举起的飞檐廊阁，惊艳中国传统建筑之美。教师重视学生在劳动过程中的讨论、思考和劳动后的分享反思，凝练问题解决的思路方法，形成对劳动的再认识。学生在主动做事中，培育积极的劳动精神，实现劳动育人。

二、劳动目标

（1）通过生活经验、观看视频等，了解斗拱的构造、建筑原理、制作过程及文物修复方法等，丰富相关知识，感受大国工匠精神和劳动人民的智慧结晶。

（2）能读懂相关的图纸，运用榫卯结构的知识搭建；掌握拼搭斗拱的关键步骤，并完成；正确理解搭建斗拱的意义，愉快地劳动，体验创造的乐趣。

（3）在搭建斗拱的过程中主动克服困难，积极探索，能够规范科学进行安装，体会其中蕴含的科学智慧和人类创造力。

（4）通过视频和亲身体验，感受劳动人民集体智慧的结晶，培育开拓创新、精益求精、追求卓越的工匠精神。

三、劳动重难点

重点：认识到斗拱的构造原理及涉及的跨学科知识。

难点：能读懂相关的图纸，掌握拼搭斗拱的关键步骤，规范科学进行安装，体会其中蕴含的科学智慧和人类创造力，感受劳动人民集体智慧的结晶，体悟工匠技艺的精湛。

四、劳动准备

（1）教师准备：古建筑模型教具宋氏四铺作斗拱、佛光寺柱头斗拱、南禅寺转角斗拱（图2-17）。

（2）学生准备：提前收集的相关资料、学习机。

（一）情境导入

【设计理念：基于学生的真实需求，通过课前调查初步认识斗拱这一中国古建筑构件；分享交流和讲解说明，进一步了解斗拱的基本原理及作用。激发学生搭建斗拱的兴趣，为下一步的劳动实践做好准备】

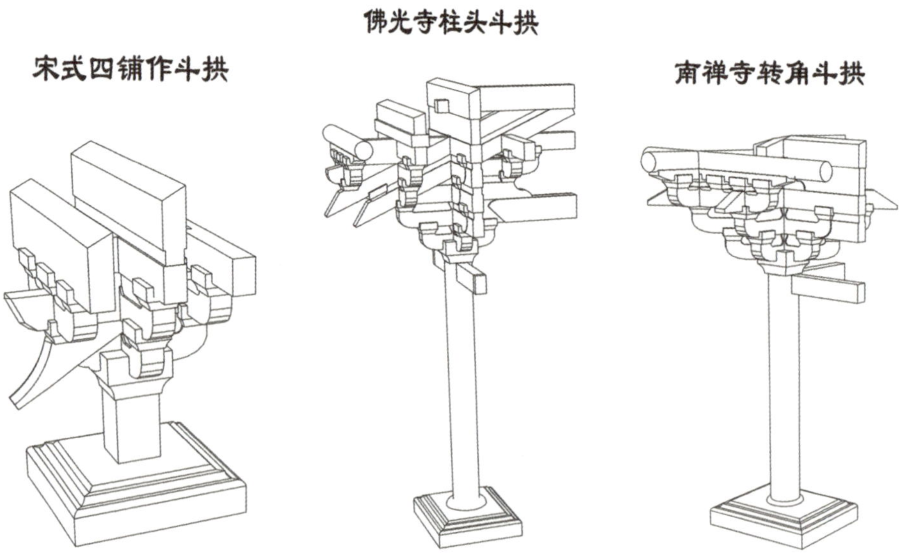

佛光寺柱头斗拱

宋式四铺作斗拱

南禅寺转角斗拱

图 2-17 教师准备

1. 谈话引出主题内容

教师通过谈话方式，引出城市中与斗拱有关的建筑或旅游过程中见到过的建筑，让学生有个初步认知。

2. 分享交流，开阔眼界

学生分享课前收集到的斗拱相关资料或已有经验中对斗拱的认识，教师小结。同时教师播放有关斗拱结构、原理、建造、修复等视频进行知识补充和丰富。

3. 讲解说明，探秘斗拱

（1）学生交流对斗拱有哪些新的认识。教师注重从以下三个方面进行引导。

第一，斗拱结构的原理、建造的精湛技艺，还有古代的智慧及大国工匠精神；第二，斗拱设计融合了中国的建筑美学、力学、数学、科学等多学科的知识；第三，文物修复涉及美学及工作人员的细致、认真的劳动精神。

（2）教师小结："同学们，一个小小的斗拱，没想到它能融合中国的建筑美学、力学、数学、科学等多学科的知识，可真是个复杂的大工程啊！那今天呢，我们的劳动课通过巧手搭斗拱的亲身体验去探索斗拱的奥妙、技艺和工匠精神。"

（二）劳动实践

【设计理念：本环节体现"以学生为中心"，基于学生真实的认知，给予学生初步体验的平台，提出有价值的需求和要解决的问题，从而更加有针对性、明确性地引领活动深入开展，而不是胡子眉毛一把抓。然后，再围绕如何成功搭建斗拱的问题，从学会读懂图纸开始培养学生解决问题的方法，教师再示范完成淬炼操作，共同提炼关键步骤，突破重难点，为下一步项目实践做好准备】

（1）小组合作，尝试搭建。要求2分钟时间组合三个小构件。

（2）发现问题，解决问题。

①发现问题。教师提出在搭建的过程中遇到哪些问题或有什么经验，学生进行分享交流。

问题1：有些组合凹凸部分不太好对接。

问题2：零件太多，不知道如何分辨。

②解决问题。

解决1：发挥组内男生力气大的优势，做好构件的对接。凹凸部分的组合需要反复练习。

解决2：对照图纸，认真观察，找准部件，做到有耐心、细心。

（3）教师示范，淬炼操作。

①识读图纸。教师让学生整体浏览说明书，学生分享交流说明书的内容是什么。

②根据学生初试，教师示范，提出让学生认真观察，在搭建过程中，了解步骤和要领。

教师让学生整体浏览说明书（图 2-18~图 2-20），学生分享交流说明书的内容是什么。

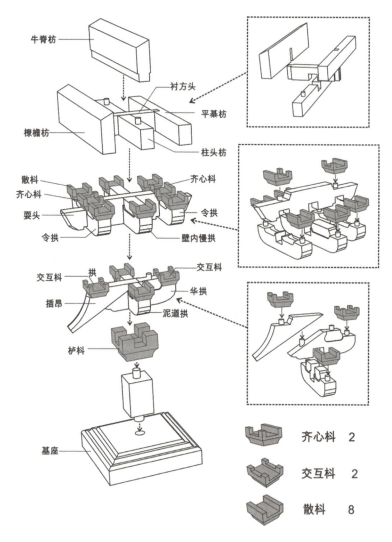

齐心枓　2

交互枓　2

散枓　8

图 2-18　宋式四铺作斗拱拼装说明

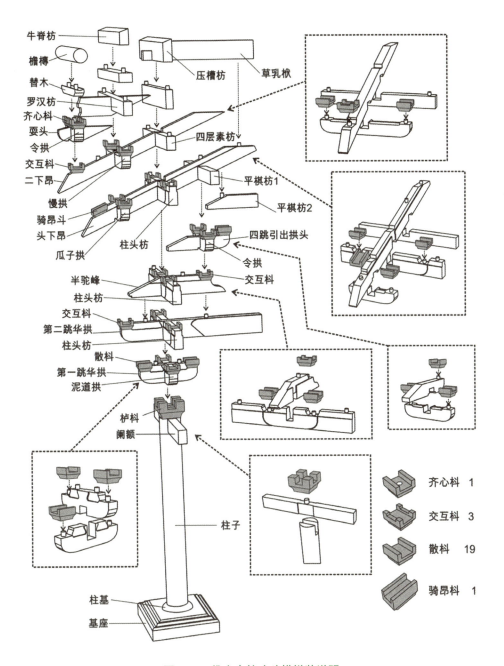

牛脊枋
橑檐槫
替木
罗汉枋
齐心枓
耍头
令拱
交互枓
二下昂
慢拱
骑昂斗
头下昂
瓜子拱
柱头枋
半驼峰
柱头枋
交互枓
第二跳华拱
柱头枋
散枓
第一跳华拱
泥道拱
栌枓
阑额

压槽枋
草乳栿
四层素枋
平棋枋1
平棋枋2
四跳引出拱头
令拱
交互枓

柱子
柱基
基座

齐心枓　1
交互枓　3
散枓　19
骑昂枓　1

图 2-19　佛光寺柱头斗拱拼装说明

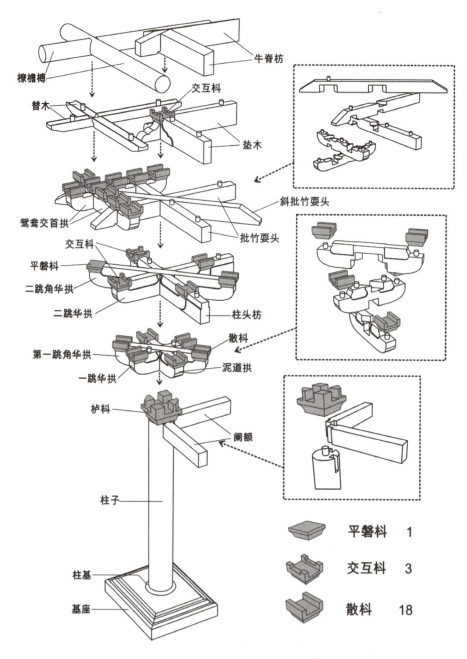

牛脊枋

橑檐槫

交互枓

替木

垫木

斜批竹耍头

鸳鸯交首拱

批竹耍头

交互枓

平磬枓

二跳角华拱

二跳华拱

柱头枋

散枓

第一跳角华拱

泥道拱

一跳华拱

栌枓

阑额

柱子

柱基

基座

平磬枓	1	
交互枓	3	
散枓	18	

图 2-20 南禅寺转角斗拱拼装说明

114

③教师总结，要识读图纸、找准部件、核对数量、做好对接，按照由下至上的顺序有序搭建（图 2-21）。

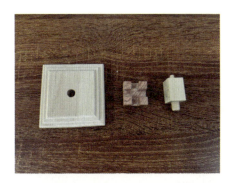

图 2-21 搭建过程

（4）师生共同提炼关键步骤。

（5）完成作品（图 2-22）。

教师小结："同学们，这就是我们提炼出来的关键步骤，先识读图纸→再核对数量→然后找准部件→做好对接→按照（从下至上）的顺序有序搭建→检查完善→完成作品。"

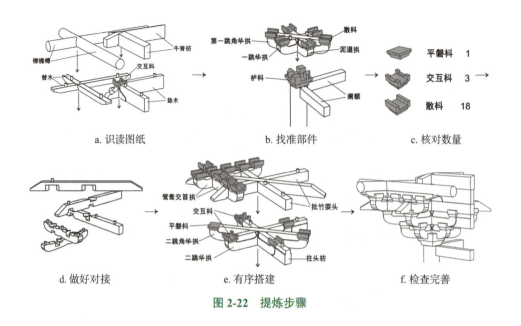

a. 识读图纸   b. 找准部件   c. 核对数量

d. 做好对接   e. 有序搭建   f. 检查完善

图 2-22   提炼步骤

（三）项目实践，搭建斗拱

（1）小组合作，共同搭建。

教师提出合作的要求：

①明确分工，完成搭建。

②出现问题，及时调整。

③及时上传作品进行投票。

（2）学生作品展示，现场测试。

在教师指导下，学生从斗拱的结构、连接、平衡性等方面现场测试本组斗拱是否发挥了作用。

（四）劳动评价

【设计理念：在反思交流评价的过程中，引导学生在亲历劳动后，体会劳动的成就感，引导学生总结、交流，互相学习，促进学生形成反思交流习惯。将反思交流与改进结合起来，使学生在劳动中获得成长，培育不怕困难、不怕失败的劳动精神】

（1）学生分享交流在搭建斗拱的过程中开心、难忘的经历。

（2）师生利用智慧课堂及时点赞评价。

（3）触摸博物院1∶1还原斗拱模型，体悟古人工匠技艺的精湛。

（4）"巧手搭斗拱"任务评价呈现，见表2-3所示。

表2-3 "巧手搭斗拱"任务评价量规

核心素养	主要表现	劳动小匠人					
		1组	2组	3组	4组	5组	6组
劳动观念	在搭建斗拱的过程中主动克服困难，积极探索，能够规范科学进行安装，体会其中蕴含的科学智慧和人类创造力						
劳动能力	感受劳动人民集体智慧的结晶。培育开拓创新、精益求精、追求卓越的工匠精神						
劳动习惯和品质	在搭建斗拱的过程中主动克服困难，积极探索，能够规范科学进行安装，体会其中蕴含的科学智慧和人类创造力						
劳动精神	感受劳动人民集体智慧的结晶。培育开拓创新、精益求精、追求卓越的工匠精神						

（五）榜样激励

【设计理念：从榜样的具体事迹中领悟他们的高尚精神和优良品质，明确要求学生在日常劳动实践中努力向榜样看齐。做好传承文化遗产，弘扬工匠精神的价值引领】

（1）教师播放视频，学生学习手工艺人的匠心精神和品质。

（2）学生谈感悟，再次升华劳动精神。

（3）教师小结："劳动人民的技艺和对精益求精的追求，值得我们敬仰和尊重，也正是有千千万万个这样的劳动者，不断地创造，持之以恒地坚持，发扬着工匠精神，才让我们的生活和社会变得更加美好！"

（六）总结与升华

【设计理念：感受劳动人民集体智慧的结晶。坚定文化自信，做好传承文化遗产、弘扬工匠精神的价值引领】

同学们，我国的古代建筑如长城、故宫、赵州桥、苏州园林等，我国现代建筑如中华艺术馆、中国国家博物馆、鸟巢等，这些都是出自大国工匠之手。创新是我们向前发展的重要力量，我们要坚定文化自信，让我们用勤劳的双手，创造更加美好的明天！

本节课的雏形是 2007 年观澜老师带领学生在河南博物院参观时，发现这里摆放有斗拱，认为可以开发成一节关于斗拱的构造、原理、美学及建筑上的造诣工艺等融合为一体的实践性课堂，通过指导学生现场观看视频资料、小组体验搭建、测试其牢固性等，进一步感受"一件文物就是一段历史""一件文物蕴藏着大国工匠精神"。于是，和院方商议这个思路后，决定由这里的讲解员现场指导学生参与体验。当时博物院提供 1∶1 的斗拱有四组，每次学生研究完文物后，就会"走进历史课堂"亲自动手搭建斗拱，感悟斗拱的坚固性、精湛的技艺及中国劳动人民的智慧。2019 年，随着国家越来越注重劳动教育，笔者了解到河南博物院"历史课堂"空间已取缔，倍感惋惜。于是，将其课堂形态"复原与改进"，突出当下的跨学科学习和大国工匠精神，依然由文化路第一小学团队打造，由张文老师执教，并在全市观摩推广。

（郑州市金水区文化路第一小学　张文　观澜）

新技术：创造星火航模

一、设计理念

"星火航模"项目属于生产劳动中的新技术劳动任务，此课程在 9 年级实施，涉及物理学、工程学、数学和设计等多个学科的知识。通过制作和操作航模，学生可以学习到相关的科学原理，加深对学科知识的理解与应用。航模往往需要学生进行团队合作，共同设计和制作航模。在这个过程中，学生可以体会到团队合作的重要性，培养领导力和沟通能力；通过完成航模制作和成功飞行，学生可以获得成就感，增强自信心，并在面对挑战时保持积极的心态。航模课程通常涉及国家的航空航天历史、技术和成就，通过学习航模，学生可以更加了解国家的航空航天事业，增强民族自信心和自豪感。通过航模课程，学生可以在实践中学习，培养创新思维和团队合作能力，激发学生对科技的热情，培养他们对科学研究的兴趣，感受科学精神、工匠精神和一丝不苟工作热情，感悟劳动创造世界、改造世界。

二、劳动目标

劳动品质：通过航模制作实践，逐步形成规范操作、精益求精、团队协作的劳动品质。

劳动能力：通过劳动，能够正确认识电机型号，航模的基本结构，能够完成航模组装。

劳动习惯和态度：经历设计、组装、调试航模的过程，逐步养成以科学的态度收集数据、寻求解决方案的态度；逐步养成不怕失败、反复尝试、不断反思与优化的学习习惯。

劳动精神：深化劳动体验，增强他们对科学和技术的兴趣，感受工匠精神、科学精神，感悟劳动创造世界、劳动最伟大。

三、劳动重难点

重点：通过劳动，初步学会航模的基本结构和工作原理，完成机身的制作和电子元件的组装，设计简单的操作指令。

难点：通过动手操作，能够对航模进行准确的调试，并收集整理飞行数据，优化电机动力和飞行感觉。

四、劳动准备

具体的劳动课程准备，如图 2-23 所示。

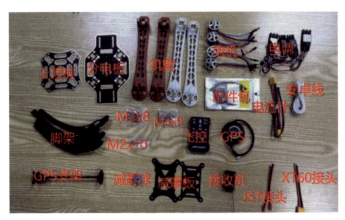

图 2-23　劳动准备

（一）情境导入

【设计理念：通过观看我国航空航天发展史及通过模型展示的形式，让同学们更加了解国家的航空航天事业，增强民族自信和自豪感，增强他们对科学和技术的兴趣，为国家的科技发展培养后备人才】

（1）教师播放宣传片，导入教学，激发学生的学习兴趣及爱国情怀。

（2）学生根据航模模型，结合自己已有的科学知识，同学之间交流相关知识。例如：空军发展史、各种机型的分类、飞机工作的原理等，教师根据学生的交流情况进行补充和总结。

（二）劳动实践

【设计理念：通过初步的模型制作，学生发现问题并总结经验，最后结合教师的指导建议在劳动实践中解决问题，能够完成航模的制作】

1. 教师示范

通过示范和微课，教师讲解航模组成部分、各部件的作用及其组装方法，学生初步观察航模的制作方法。

2. 航模机身的探究及体验

（1）教师展示航模电路板的焊接，学生能够正确完成电调、电源线和电路基板的焊接工作，焊接时需要注意防止焊点虚接及电源的正负极，如图 2-24。

（2）学会识别 CW/CCW 电机的区别和安装方式，航模机架结构及安装方法，通过微课小组合作完成电机、电调和机架的连接，如图 2-25。

（3）各个小组完成机架组装任务后对比展示，相互之间提出存在的问题，结合教师建议做好完善和优化工作。

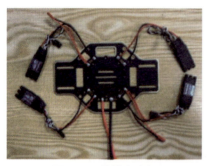

图 2-24　航模电路板

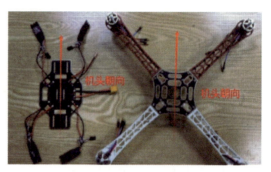

图 2-25　连接、安装

①电机正反转没有按照 CW-CCW-CW-CCW 顺序依次进行安装，无法实现飞行时的扭矩平衡问题。

教师提醒学生一定要注意观察电机型号，从右上第一个电机逆时针方向依次是 CW-CCW-CW-CCW，可以通过自锁螺旋桨二次检查。

②电机和电调的连线出现错误，通电后电机的旋转方向出现反转。

通过电机控制器对 4 个电机依次进行校正，出现反转需要对电机和电调中的 2 根连线进行对调。

（4）教师给出电子元件说明书及示范微课，学生小组交流讨论飞控、GPS 模块、遥控器的连接方式。

①在底中心板上安装 Naza 主控器、电源管理模块（PMU）及接收机。将电源管理模块（PMU）信号线一端接到主控器 X2 位置，如图 2-26。

教师指导学生注意观察各种接线柱之间的正负极要一一对应，可以根据杜邦线的防反插功能插入接口。

②接收机与主控器连接。取 5 根 3P 舵机线，从乐迪 R9D 接收机 1-5 端口接主控器 A、E、T、R、U 端口，切记一一对应。将 M1~M4 电调上的 3P 舵机信号线连接到主控器端 M1~M4，切记一一对应，这样才能保证电机和遥控器控制的功能能够一一对应。教师注意指导学生进行二次检查，如图 2-27。

图 2-26　安装过程

图 2-27　接收机与主控器连接

　　③主控的固定、GPS 和信号 LED 灯的安装。使用 3M 胶纸来固定主控器，并使其与飞行器机身水平面保持平行；主控器电调输出端应朝向飞行器正前方，并尽量将其安装在飞行器底板中心。使用 502 胶水组装 GPS 碳杆支架；把 GPS 底座安装在飞行器的上中心板 M4 机臂螺丝孔上，用 3M 胶纸把 GPS 固定在支架的顶盘上。（注意支架置于至少远离螺旋桨 250px 处）；将 GPS 盖上标有箭头指向飞行器机头的正前方，固定即可将 GPS 接线口接到主控器 EXP. 接口处。LED 安装在机尾 M3 机臂处，用 3M 胶纸固定好，接线口接到主控器 LED 接口处，如图 2-28。

图 2-28　连接、安装

3. 航模飞行参数调试和实地操作

（1）观察分析。教师使用教练机展示不同参数和姿态下航模多样的飞行方式和操控体验，学生能够熟悉航模在空中的不同姿态。

（2）软件调参。教师给出参考姿态数据，学生通过飞行模拟器调试出相对稳定飞行的姿态参数，并通过飞控软件保存配置。

（3）小组合作，通过 NAZA 飞控系统对本组航模进行调参，如图 2-29。

①教师讲解不同通道参数对航模姿态的影响，如俯仰、横滚的基本感度控制航模悬停期间的稳定程度，姿态感度控制航模在完成各项动作时的响应速度和快速平衡能力；感度太低会造成航模的坐标精准度降低，定点悬停、姿态调整速度慢；感度过高会造成航模自我平衡校正过于频繁，容易导致航模抖动失控。

②小组交流讨论，尽可能多地设置航模的空中姿态并能通过遥控器进行远程快速切换。教师引导学生尝试不同通道的开关设置来实现航模的定点、巡航、自动返航等功能。

③学生制作，教师巡视指导。

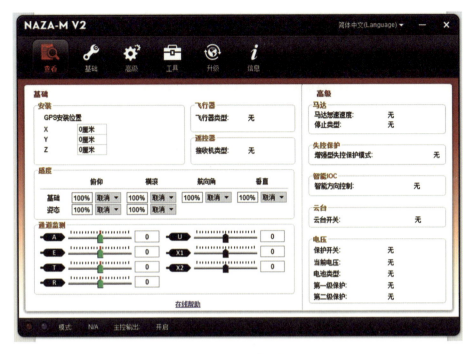

图 2-29 系统调试

4. 展示评价

（1）学生带着作品在操场进行飞行展示，本组成员对航模的基本结构、姿态模式、功能进行讲解。

（2）教师总结。在制作航模的过程中，同学们的科学知识和团队合作能力有很大提升，同时还着重培养了他们对科技事业的兴趣和爱国情怀。教师鼓励学生继续探索其他更多形式的航空航天模型，成为追求科学创新的小工程师。

（三）劳动评价

【设计理念：根据学生的劳动表现，通过劳动课程评价表（表3-4），结合

学生的劳动观念、劳动能力、劳动习惯和品质、劳动精神，评选出"劳动先进标兵""创新成果奖"等奖章】

表 2-4　科技强国——"星火航模"劳动课程评价表

郑州市金水区建业外国语初级中学　　　班级＿＿＿＿＿　　姓名＿＿＿＿＿

成绩内容	★★★	★★	★	自评	互评	师评	备注
劳动观念	具有正确的劳动价值观，制作航模的过程不仅是对耐心和技术的考验，更是深刻体会到我国航空航天事业发展的艰辛与不易。能理解科教兴国的战略意义，有努力学习、成长为国家人才的决心						
劳动能力	了解简单的航空模型，掌握劳动中涉及的相关科学知识，掌握劳动技能，学会简单的机械组装与电子调试，独立完成航模的制作						
	学会使用简单电板焊接、无刷电机控制、航模姿态参数调试、基本飞行姿态的操作方法						
劳动习惯和品质	对学习科学文化知识有热情，增强对科技事业的兴趣，具有动手能力和实践技能，能够运用科学知识和创新思维解决问题，具备团队合作精神和协作能力						
劳动精神	热爱劳动、积极进取的品德和勤奋努力的精神；面对困难和挑战时不气馁，积极进取，不断提升自己的能力和素质；培育浓厚的爱国情感						
	学生以实事求是的态度对自己和同伴参与劳动课程的学习进行客观的评价，完成评价表，结合多元评价的方式，评选出"劳动先进标兵""创新成果奖"等称号						

（四）劳动拓展

【设计理念：本次劳动课程制作的航模属于科学探索创新作品，拓展学生思维，与现代科技相结合，创新出更多的航模产品】

我国的科技创新不只在航模上，想让学生多了解、多接触中国的科学技术，可以对航模进行升级改造，使其更有科技感和实用性。如在制作的过程中加入超声波视觉定位；给航模加装图传功能，可以携带各种文字声音信息。在这个过程中同学们能够不断地增强自己的各项能力，不断为持续性的学习创作注入活力。

科学技术与日常生活的结合。在课程学习的过程中，学生学习了传统航模的制作方法。在日常生活中可以通过航拍美图分享、天空视角视频制作、无人机快速配送等方式，让更多的人了解科学技术在日常生活中的应用和我国科学技术的发展成就。让科学技术为我们的生活增添色彩。

（五）总结与升华

【设计理念：总结本节活动的主要内容，帮助学生梳理航模制作过程中的程序和注意事项；结合过程性评价给出同学们更多的肯定和表扬；鼓励科学创新和团队合作，让探索精神和爱国情怀伴随同学们成长】

教师小结："通过理论学习和实践操作，同学们对航模的制作和飞行原理有了更深入的了解。在制作过程中，大家积极参与，克服了种种困难，最终完成了属于自己的航模作品。同学们在制作过程中遇到了一些问题，大家都能积极思考，相互学习，不断改进自己的作品。通过本次课程，同学们不仅掌握了航模的制作技巧，还培养了团队合作意识和解决问题的能力，同时感受到我国科学技术的飞速发展。"

（郑州市金水区建业外国语初级中学　高攀　聂建亮）

职业体验：商业秘密之盈亏核算

一、设计理念

学校的劳动课程"发现商业的秘密"至今已经实施八届了，这也是一个典型的跨学科项目式课程，涉及语文、数学、美术、音乐、信息技术、综合实践等多个学科的知识与技能，是劳动课程中的职业体验。学生在中低年级开展过以班级或年级为单位的跳蚤市场，主要体验零售业带来的劳动乐趣，5~6 年级的大部分学生有着独立购买生活用品、学习用品、食品饮料的经历，对零售业有了更直接的体验。"发现商业的秘密"是对课程的升级整合，学生可以从批发、零售、营销、店铺布置、创意设计、售后服务等多个方面全方位地体验商业活动，增强学生的公共服务意识及与他人协同劳动的意识。

学期初，学生在教师的指导下开展各项准备工作，每年的 10 月底实施创业集市环节。在学校创设的接近真实的环境中，学生以团队的形式开展项目式场景化学习，通过一系列相互关联的活动内容，综合应用各学科的知识，发现并提出问题，分析并解决问题，通过自身实践，体验生活乐趣，提升生活能力，感悟生活智慧，获得综合素养的提升。本节课"盈亏核算"属于该课程实施后的反思提升部分，学生通过前期的采买售卖环节之后，会通过核算盈亏来验证自己的劳动成果和所感所悟。教师注重引导学生在现实生活中直接体验和参与，手脑并用，倡导"做中学""学中做"，达到知行合一、学创融通。

二、劳动目标

（1）学生能够在实践中体会到各行各业的辛苦与快乐，懂得劳动创造财富。

（2）学生能够学会观察数据表中与其对应的柱状图之间的关系，通过观察各班级创业集市上的收支数据表，能够学会简单的数据分析，并总结数据中的规律。

（3）学生能够透过数据，并结合自身经历初步总结影响商业盈利情况的因素，发现商业运行的秘密所在，以此进一步发展学生的财商。

（4）培养学生发现问题的意识，积极解决问题的态度，养成诚实守信、吃苦耐劳、团结合作的品质。引导学生养成正确的劳动价值观，懂得"君子爱财，取之有道"。

三、劳动重难点

重点：学生能够结合亲身经历和观察，总结出影响摊位的盈亏因素。

难点：通过数据分析，学生能够发现商业运行的秘密所在，进一步发展学生的财商。

四、劳动准备

（一）情境导入

【设计理念：直接切入本节课的主题，让学生明确学习任务】

教师：做生意必须会核算盈亏，方能判断商业规划是否成功，这个是最直接的方法。同学们怎样判断在这次商业活动中是否盈利？在整个市场中你们团队的盈亏情况如何？在亲身经历之后总结出了哪些商业的秘密呢？

（二）劳动实践

【设计理念：培养学生的数据意识，让学生能够在数据分析中发现问题、分析问题，找出盈利与亏损的原因】

（1）教师出示参与售卖活动的5~6年级每个班级的盈利情况的数据表（表2-5）。

表 2-5 发现商业的秘密数据分析

六年级	店铺数量	营业额/元	成本/元	净利润/元	利润比/%	五年级	店铺数量	营业额/元	成本/元	净利润/元	利润比/%
1班	13	3176	1949	1227	38.63	1班	12	2900	2663	238	8.21
2班	7	1482	811	671	45.28	2班	14	2826	1385	1441	50.99
3班	12	2992	1184	1808	60.43	3班	15	3932	1615	2317	58.93
4班	13	4309	1622	2687	62.40	4班	12	3972	1883	2144	53.98
5班	13	5121	2711	2410	47.06	5班	13	3149	2687	462	14.67
6班	13	4344	1841	2503	57.62	6班	14	3323	1233	2090	62.89
7班	15	6334	3306	3028	47.81	7班	15	4324	1015	3309	76.53
8班	11	2955	1614	1341	45.38	8班	14	3726	2050	1676	44.98
总计	97	30 713	15 038	15 675	51.04	总计	109	28 152	14 531	13 677	48.58

教师指导学生看懂数据图上的各组数据，包括营业额、成本、净利润、利润比及各班的开店数量。引导学生观察柱状图，知晓柱状图的高度与数据的关系。

（2）讨论交流：读懂上述数据，找出各项之最。

以小组为单位，观察数据，回答下列问题。

营业额最高：＿＿＿＿＿＿＿ 营业额最低：＿＿＿＿＿＿＿

投入最多：＿＿＿＿＿＿＿ 投入最少：＿＿＿＿＿＿＿

收入最高：＿＿＿＿＿＿＿ 收入最低：＿＿＿＿＿＿＿

利润比最高：＿＿＿＿＿＿＿ 利润比最低：＿＿＿＿＿＿＿

开店数量最多：＿＿＿＿＿＿＿ 开店数量最少：＿＿＿＿＿＿＿

（3）讨论交流：分析总结经验，发现影响盈亏的因素。

教师提出问题：透过数据，结合刚才总结的规律和自身的经营情况，你发现商业的秘密有哪些？

小组讨论，全班交流，教师引导总结。

（三）总结反思

【设计理念：引导学生学会从前面讨论的数据分析结论和总结的商业秘密中去对照自己的优势与劣势，尝试提出劳动过程中要面对的问题，感悟劳动者的不易，总结经商的策略和科学性】

教师：如果再给你一次机会参加这样的课程，你会有哪些改变？理由是什么？

预设问题及解决办法。

（1）备货过多、供大于求或者备货太少、供不应求，下次要适量备货。如往年作为顾客，在创业集市上发现饮料销售量很大，于是就以为今年也会大卖，但是今年的天气并不是很热，所以当天的销售情况一般，没有全部卖完，明年要提前看天气预报，根据气温调整；看到往年的美食和饮品比较受欢迎，选择了冷门卖小鱼和小乌龟，结果大受欢迎，刚开始一会儿就卖完了，明年如果还有机会，可能会增加数量。

（2）店铺位置影响了销量，希望下一次可以申请到地理位置更优越的店铺。相同的产品，价格也相差无几，由于地理位置不同，造成销量不同，距离梧桐大道中间位置的商铺生意普遍较好。

（3）营销手段影响了销量，下次将会丰富营销方法。有的店铺采用买一赠一，或者抽奖等方式，赢得了更多的顾客。

（4）宣传力度也影响销售情况，下次也会在开市前做广告宣传。有个别小伙伴，提前印制了小广告提前发放，广而告之自己的商品的品类、促销折扣等，提前锁定了一批顾客。

（5）这次备货比较紧张，货物准备成本价较高。下次备货要提前，找到价格更低的货源，以争取更高利润。

（6）小组合作不够默契，下次一定要制订出较细致的合作协议。有些小组是 AA 合作，小组里的有些成员带的货卖完了就直接离开摊位去逛市场了，没有帮助其他成员一同售货。

⋯⋯⋯⋯

（四）劳动评价

【设计理念：对学生的评价从劳动观念、劳动能力、劳动习惯和品质、劳动精神等四个方面进行评价（表2-6），肯定学生劳动的进步与收获】

表 2-6　劳动评价

评价要素	评价内容	评价等级
劳动观念	尊重劳动者，认可各行各业都有辛苦和快乐，都有其价值	☆ ☆ ☆
劳动能力	会核算自己商业盈亏，能进行简单的数据分析，并能发现数据背后隐藏的商业发展规律	☆ ☆ ☆
劳动习惯和品质	能够和同伴进行有效合作，在商业活动中做到诚实守信	☆ ☆ ☆
劳动精神	在实践中提升了财商，懂得诚实守信和君子爱财取之有道	☆ ☆ ☆

（五）总结与升华

【设计理念：在总结中，学生能够更加完整深入地理解劳动的意义】

教师：通过本次活动，同学们学会了分析简单的数据，还感受到了数据背后的力量。实践证明，同学们大胆实践、善于观察、认真思考就能够从中发现影响盈亏的主要因素。但是，我们也能够发现商业运行的规律并不那么规律，这就是为什么很多人在商海里浮浮沉沉，影响商业运行还有其他我们非直观看到的因素，今年赚了，明年未必赚，今年赔了，及时调整了方案也未必就一定能扭转乾坤，需要统筹谋划方有转机。这就是"机遇与风险并存，从商有风险，投资需谨慎"。

最后，大家要懂得，无论外界的影响因素有多少，诚实守信都是获得商业成功最基本的信条，不劳而获坐享其成往往蕴含着陷阱，一分耕耘一分收获，有付出才能有收获。

（郑州市金水区艺术小学　赵玮霞）

生产劳动：藏在人民币里的奥秘

一、设计理念

　　本活动是"纹样奇遇记"课程的第一单元"藏在人民币里的奥秘"的第一课时，课程是一门综合实践课，与历史、语文、数学、美术、道德与法治、劳动教育、科技等相结合，充分体现跨学科学习，培养学生将中华传统文化继承与应用到日常生活中，提高设计能力、实践创作与创新能力，让中华传统文化发扬光大。作为第一课时，重在让学生初步感知中国传统纹样的种类及不同的寓意，开阔视野，将古代纹样与现代生活中的器物进行联系，启发学生的创作思维，并能够简单地创作一份纹样作品，为后期的课程提供基础知识和思维。人民币具有一定的历史演变，蕴藏的不同纹样代表着不同的寓意和中国文化元素。虽然，随着网络时代的发展，支付方式上有所改变，但人民币依然在生活中广泛使用，也与小学生的日常生活紧密相连。以人民币为引，很容易激发学生的学习兴趣和欲望，选择主题，以小见大，为学生学习提供丰富的纹样。活动设计注重学生学习活动的前置，课中注重学生学习成果的交流，可以培养学生的自主学习能力和资料整理内化能力，让课堂活动不再是知识的"满堂灌"，而是自主交流和碰撞。通过人民币纹样的变化，让学生不仅了解更多的纹样，而且创造一个自己喜欢的纹样作品，打破了单一知识性学习，实现了知识的学以致用，通过动手实践和中国纹样的传承，学生将不同形式和方式的纹样文化表达出来，传承出去，创新呈现。

二、劳动目标

（1）通过收集人民币和有关纹样的图片、实物等，对中国纹样有个初步的认知和了解，激发学生对传统文化的兴趣。

（2）通过观察、分析和讨论人民币上的纹样，能够识别和描述人民币上不同类型的纹样，了解纹样的历史背景和文化内涵，培养学生的观察与分析能力、审美能力及对资料的内化能力。

（3）通过物品分析，了解纹样的图案的特征，如二次连续、四方连续、对称等设计方法，培养学生融会贯通、规划与设计思维，激发学生创作能力，跨学科设计思维和能力。

（4）通过实践创作，提高学生设计能力，实践创新能力，感受中华优秀传统文化的博大精深及影响力，培养学生的文化自信和对中国文化的热爱。

三、劳动重难点

重点：理解不同人民币里的纹样。

难点：如何将传统文化元素融入现代设计。

四、劳动准备

教师准备：人民币实物、PPT、纹样设计相关的图片和视频。

学生准备：人民币、收集纹样图片或实物、彩色铅笔、水彩笔、纸张、剪刀、胶水等美术用品；收集货币起源的资料，收集观察不同面额和不同版次的人民币，具有纹样的各种物品。

（一）展示人民币 情境揭示课题

【设计理念：本环节重在引出人民币上的纹样，而不是人民币的发展演变。其中，教师选择 20 元人民币的纹样作为引子，一是激发其他学生的兴趣，二是为其他学生汇报学习成果提供学习的方法，三是引导和潜移默化学生学习方式的多元性，如实地考察、跨学科学习、收集资料等】

（1）师生探讨，引出课题。教师展示手中不同面值的人民币，带学生进入生活情境。

（2）教师询问学生，是否观察到人民币上的纹样，这些纹样具有什么寓意和作用，激发学生探究的兴趣。

（3）教师出示人民币演变历史。通过课件与学生分享人民币的演变历史，并提出详细的专业知识会在初一历史学科学到，本次先作扼要了解。

（4）教师追问学生，是否注意到人民币上的精美图案，它们的寓意是什么，有什么特点呢。

（5）教师引导学生对课前的学习进行交流。学生代表汇报对 20 元人民币纹样的研究。教师对学生的学习情况（资料收集、到博物院进行实地考察、涉及语文课本中"桂林山水甲天下"的美誉）通过跨学科学习的方式进行总结与肯定，以引导和潜移默化学生学习方式的多元性。

（6）教师小结，并出示课题：看来，人民币上面的图案藏着不少奥秘呢。今天，就让我们走进人民币里的纹样奥秘，一起探索并能根据所学知识亲自设计和创造一幅纹样作品。

（二）交流学习成果 丰富纹样视野

【设计理念：这个环节涉及很多知识，为了避免教师单一"知识的讲述"，让教学活动有趣，学生又愿意参与，达成目标，故设计以小组为单位汇报课前收集到的资料，不仅提高学生自主学习能力、整理与内化资料的能力、汇报交流能力，还培养了学生形成有效的学习方法——利用学习单这一学习支架将学习内容进行归纳、提炼等，高阶思维得到发展】

（1）各小组根据课前学习单，选择一种面值的人民币再次进行内化整理，提示学生从人民币面值、涉及的纹样、蕴含的寓意、相关文化、现代生活的应用等方面进行交流，要求：分享的内容有侧重点，时间不超过2分钟。

（2）每个小组依次汇报，教师及时归纳纹样特点及其寓意。

100元人民币，里面不仅有几何云纹、朱雀纹，还有梅花纹样，背面图是人民大会堂。

50元人民币，有羌族的刺绣、菊花纹样，背面图是布达拉宫。

10元人民币，有缠枝纹、背面图是长江三峡。

1元人民币，有水波纹、金乌，背面图是三潭印月。

（3）教师展示不同版本的人民币和其他面值的人民币，补充相关知识，拓宽学生视野，并激发学生进一步探究的欲望。

（4）教师播放有关不同纹样的视频，学生谈感受。

（5）教师小结并提出驱动任务：中国传统纹样历史悠久，种类繁多，每一种纹样都赋予它不同的寓意。现在将自己喜欢的纹样图案进行创作，变成一件欣赏品和用品。

（三）实践创作　知行合一

【设计理念：这一环节是为后续的设计创作做足了充分的准备。先让学生互相欣赏带来的纹样作品，再到教师对作品的讲解，启发学生思维，开阔思路，总结创作方法。然后，规划简单的设计理念和图案，明白任何一幅作品的创作都需要提前合理科学地规划，融合美术、历史、语文、数学等学科知识和素养，养成学习、创作思维，做事有思路】

（1）分析纹样物品，总结出创作方法。学生在小组内分享带来的纹样物品特点，了解纹样种类，欣赏美感的同时探讨其设计方法。例如，书签、丝巾、书本、春联、纸巾、抱枕、餐盘、盖碗、咖啡杯、茶垫、盒子、剪刀、桌布、古风桌垫、床单、袜子、五帝铜钱、中国结、屏风、戏服、帽子、袜子、手套等，以及艺术品等。学校戏剧社团的学生穿着花木兰、穆桂英人物的戏服，解说云间、衣身上的纹样特点和寓意。

（2）教师展示讲解自制手提袋设计特点。教师介绍设计理念及方法：结合大河村博物馆仰韶彩陶纹样的历史、精美的纹样，设计出一款具有深厚文化的手提袋。作品用到了几何纹、人面纹、动物纹、植物纹等种类，还用到数学二方连续、四方连续。在颜色上使用了红色、黄色、蓝色、绿色等，对比色、邻近色进行绘制，使画面对比鲜明又和谐统一。两面图案设计不一样，更加突出个性化。

（3）教师引导学生交流，启发学生创作方法，师生共同总结出本次创作的方法。如下：

设计理念：根据材料特征选择纹样造型。

图案设计：规划与设计出纹样的排版方式。

色彩搭配：笔法细腻，颜色和谐统一。

作品完成：具有欣赏价值的纹样作品。

（4）学生拿出设计方案表，先进行底稿的策划和设计。

（5）学生交流方案，教师指导并提出建议，明确活动设计。

（四）作品展示　交流感受

【设计理念：本环节设计有三个亮点，一是学生通过丰富的材料包，自主选择，开阔学生的视野和思路；二是作品完成后学生根据三个方面进行展示与交流，引导学生进一步梳理设计过程中的所想所得所获，帮助学生养成科学的设计思维和总结反思能力；三是给予每一个学生充分展示作品和互动的机会，打破原有课堂只有两三个学生作品展示惯例，让每一位学生都有"展示""讲述""与他人互动"的机会，提升表达与交流能力等；给学生一个展示的舞台，让他们的身心得以舒展】

（1）教师提供学习材料包，有卡纸、扇面、方巾、长条布、橡皮、一次性蛋糕盘、书签、布袋、拨浪鼓、手摇鼓、圆筒杯子、白色 T、帽子等，教师提出可以一个人完成，也可以小组共同创作一幅作品，并明确作品完成后，要从以下几个方面进行作品展示：

①作品的设计理念；

②是否遇到问题，是如何解决的；

③作品是否具有欣赏价值和特色。

（2）学生进行实践创作，教师及时给予指导。

（3）教师提示学生将完成的作品展示到展示区，并给其他同学介绍一下创作的灵感和过程，要求学生将手中的评价星送出去。

（4）教师为星数最多的作品颁发学校收藏证书，并让具有代表性的作品创作者按照最初提出的三个方面进行讲解展示。

（5）生生互评，教师及时给予评价，肯定优点，提出努力方向。

（6）学生根据"藏在人民币里的奥秘"项目评价表进行自评和互评。

（五）拓展延伸 活动评价

【设计理念：“拓展”指在原有的基础上，增加新的东西，是质量的变化，而不是数量的变化。因此，在设计时不宜过多，需要精而少选择内容，带领学生进入更深刻的情景感悟，引发学生思想的升华；延伸，通常用于描述在某一方向或领域上的延长、扩展，开阔学生视野，启发学生思维，进一步激发学生兴趣和持续性探究欲望；这两个词放在一起，既要体现内容上“质”的飞跃，还要体现一定的“广度”和“宽度”，往往这个环节对学生来讲是最喜欢的，因为它可以开阔学生视野，带给他们新的认知和视角】

（1）教师播放有关故宫建筑、苏州园林、敦煌壁画等图片，介绍中国传统纹样的应用范围。如北京故宫建筑里的纹样、苏州园林精美的纹样、甘肃敦煌里的纹样，等等。国外的一些品牌 logo 都来自中国纹样的灵感。

（2）学生交流感受。教师小结：我们应该将传统纹样发扬光大，展现老祖宗的智慧，为我们美好的生活所用、所创造，让这份独特的美，经久不衰！

（六）活动总结 主题深化

【设计理念：课堂总结，对课程设计者来讲，并不难。有一点需要注意：就是教师的语言，需要体现一定的文化内涵和思想高度。就像写文章一样，需要前后呼应，也就是和活动目标呼应，同时还要点化主题，深化主题，思想情感点燃还是很有必要的】

教师总结：通过这节课的学习，我们不仅了解了人民币里藏着的奥秘，还开阔眼界欣赏了其他纹样的美。在这样的情境下，我们开展了一次丰富的跨学科学习体验。同学们通过动手实践，创作了一幅幅寓意吉祥美好的纹样作品。

希望同学们可以继续研究中国纹样乃至中国其他的传统文化，将其创新和应用到生活中去。

课前学习单见表2-7。

表2-7 "藏在人民币里的奥秘"课前学习单

面值	纹样或画面	相关图片	寓意	文化内涵	在生活中的应用或创造（可文字也可图片）

项目评价见表2-8。

表2-8 "藏在人民币里的奥秘"项目评价

评价项目	评价要素	★★★	★★	★
活动态度	收集资料	广泛收集大量与人民币上的纹样相关的资料，了解人民币上的纹样、蕴含的寓意、相关文化、现代生活的应用等方面素材，且资料翔实准确，能为创作提供丰富灵感与有力支撑	能收集一定数量相关资料，资料来源较广，有一定参考价值，对创作有一定启发	仅收集少量基础资料，多为常见内容，对创作帮助有限
	任务完成	高质量完成作品，作品构图完美、造型精准、色彩协调统一，完全符合纹样创作要求，细节处理极为精细	按时完成任务，作品无明显失误，构图、造型、色彩等方面基本符合要求，细节处理较好	未能按时完成，作品存在构图失衡、造型偏差、色彩冲突等问题，离要求差距较大
艺术创作	设计理念	设计理念新颖独特，将传统与现代元素巧妙融合，纹样选择具有典型性，主题鲜明深刻，能引发强烈共鸣	有清晰设计理念，较好结合多种纹样元素，主题明确，能让观众理解设计意图	设计理念模糊，元素拼凑感强，主题不突出，难以理解设计核心

续表

评价项目	评价要素	★★★	★★	★
艺术创作	实践创新	熟练运用所选材料与多种技法，制作过程流畅，作品质感、形态等效果出色，展现高超技艺	能较好运用材料和一两种主要技法，制作过程较顺利，虽有小瑕疵但不影响整体效果	对材料和技法掌握生疏，制作过程有误，作品粗糙，效果不佳
	问题解决	遇到问题能够不气馁，具有主动解决问题的能力	遇到问题需求助老师或同学的帮助，才能解决问题	主动解决问题的能力和方法有待提高
项目展示	展示交流	作品在创作设计中排版、色彩搭配等多方面极具创意，大胆创新，令人眼前一亮	在展示交流环节有创新想法，能讲解出作品的设计思路，展示效果佳	创意不足，设计常规，与常见作品无明显差异，缺乏亮点，展示效果一般
	分析评价	能全面、深入、准确地分析自己和他人作品的优缺点，评价客观公正，建议具有建设性与可操作性	能分析作品优缺点，评价较合理，建议有一定参考价值，能为作品改进提供思路	对作品分析浅显，评价不准确，建议缺乏针对性与有效性，难以助力作品提升
	文化认同	深刻理解人民币纹样所承载的文化价值和历史意义，在创作过程中通过各种细节充分表达对传统文化的热爱和尊重，主动向他人传播相关文化知识，展现出强烈的文化自豪感	对人民币纹样有较深的认同感，创作中积极体现文化元素，认可文化传承的重要性，愿意在交流中分享自己对文化的理解	文化认同感较弱，对纹样的理解仅停留在表面，创作中较少主动体现文化内涵，对文化传承的重视程度不足
	工匠精神	在创作过程中始终秉持严谨认真的态度，对每一个细节都能精雕细琢，追求作品的完美无缺，不断反复改进作品，直至达到自己的最高标准，展现出坚韧不拔的毅力和对艺术精益求精的追求	创作态度比较认真，能关注到细节，在他人鼓励下对作品进行多次完善，努力提升作品质量，体现出一定的耐心、细心	创作态度不够认真，忽视细节，对作品的完成比较敷衍，缺乏追求卓越的精神

（郑州市金水区教育发展研究中心　观澜

郑州冠军中学　李小瑞　雷雪娜　曾晖）

传统工艺：洛阳拓印

一、设计理念

"领略非遗之美，学习传拓技艺"一课以《义务教育劳动课程标准（2022年版）》为指导，以劳动学科核心素养为导向，聚焦劳动教育树德、增智、强体、育美的综合育人价值。课题选自第四学段（7~9年级）传统工艺制作——传拓。学生已初步具备传统工艺制作经验，对历史、美术等学科有所了解。

本课程设计既符合劳动任务群相关要求，又契合洛阳地域文化特色，以传拓为劳动项目，使学生感受传统工艺作品中蕴含的人文价值和工匠精神，树立传承中华优秀传统文化的观念，初步养成精益求精、追求品质的劳动精神。

二、劳动目标

（1）通过传拓技艺学习，学生在真实情境、劳动练习中，逐渐形成对传拓、传拓传承人、传拓成果等方面的认识，形成对传统技艺的尊重和热爱；了解传拓传承者的不易，理解传统技艺对于传承民族文化的重要意义，形成尊重普通劳动者、懂得劳动创造美好生活的劳动观念。

（2）学生了解传拓技艺基本特点，熟悉传统技艺制作的基本技能和方法，并能根据劳动项目任务需要，综合运用传拓制作的五个规范步骤，正确使用传拓所需工具，发挥设计能力、制作能力和团队合作能力，完成自己的传拓作品。

（3）在传拓技艺学习过程中，培养学生安全劳动、规范劳动、有始有终的良好劳动习惯，养成自觉自愿、耐心细心、团结合作、精益求精的劳动品质。

（4）通过传拓技艺实践，锻炼学生劳动实践能力，锤炼劳动意志人格，淬炼劳动卓越品德，真正培养认真细致、精益求精、追求卓越的工匠精神，感受作品中蕴含的人文价值，培养学生对于传统技艺和传统文化的热爱。

三、劳动重难点

重点：掌握传拓技艺的基本技巧。

难点：通过传拓技艺提升学生的劳动素养、审美能力及学生认知特征的重构。

四、劳动准备

教师用具：装裱好的拓片、刻字青石板、打刷、棕刷、拓包。

学生用具：收纳箱（刻字青石板、瓦当、拓包、打刷、棕刷、墨汁、喷水壶、剪刀、卡纸、直尺、宣纸）、相框。

（一）教学过程

【设计理念：通过建构生活中真实的劳动需求，以小观大，见微知著，突出劳动的社会性和实践性。劳动源于生活，劳动创造美好生活，凸显传拓技艺的重要性】

（1）教师创设劳动生活情境"工作中文件资料缺少怎么办？"引出"复印"

一词，显示科技便利。由此提问思考，古人如何"复印"文字材料，追溯古代的"复印"技术——传拓。

（2）教师借助多媒体技术，展示传拓作品图片、视频资料，激发学生兴趣。

（二）劳动实践

1. 传拓技艺学习

（1）教师通过一个短片让学生初步了解什么是金石传拓；讲解传拓的分类：干拓和湿拓。

（2）让学生将收纳箱中的工具有序摆放在桌面上，教师介绍工具及使用方法，如图 2-30。

刻字　　瓦当　　拓包　　打刷　　棕刷　　墨汁　　清水　　宣纸

图 2-30　传拓的工具

（3）教师带领学生分步骤学习传拓的五个环节：上纸、打纸、上墨、捶拓、揭拓。

由于石块是平铺在桌面上，教师演示时学生不容易观察，教师提前录制好微视频让学生观看，教师每展示一个视频学生就完成一个步骤的学习，教师在学生学习过程中巡视指导。

第一步：上纸。用鬃毛刷由上而下或由内而外刷平，以赶走空气，使纸与碑面（瓦当）密合，不出现气泡或褶皱，如图 2-31。

图 2-31　碑帖上纸

第二步：打纸。用打刷由上而下垂直用力逐渐打实，使图文凹入。敲打时力量需均匀，不轻不重，如图 2-32 和图 2-33。

图 2-32　碑帖

图 2-33　瓦当

在学生完成打纸这个工艺环节后，由于纸张比较湿，在等待纸张干的过程中，教师插入一段周总理与龙门二十品拓片的故事，给学生普及龙门二十品知识和学习周总理廉洁自律的高尚人格魅力。

第三步：上墨和捶拓。待宣纸的干湿程度七至九成干时，纸略泛白，方能上墨，拓包上墨后上下来回渐次密集捶打，一般上三至五次墨，每次墨量适中，至全部画面皆上色即可，如图2-34。

图 2-34 上墨和捶拓

本环节是作品成败的关键环节，教师巡视指导学生，上墨完毕后要等待墨汁和纸张变干再揭拓，等待期间给学生播放1分钟左右的短视频。本视频选自上海博物馆第三代传拓技艺传承人李孔融，通过视频让学生了解传拓这个职业，以及了解拓印不同器物选择的工具也有不同。

第四步：揭拓。在拓本八至九成干时揭下，放置自然晾干，如图2-35。

作品完成后，将拓片平铺在桌面上；整理桌面的工具到收纳箱，保持桌面干净整洁，工具在收纳箱中整齐摆放。

在全部技艺学习完成后，教师要在学生在收纳整理的过程中进行适当点评，让学生养成良好的劳动习惯。

图 2-35　揭拓

学生作品展示，如图 2-36。

图 2-36　学生拓片作品

2. 拓片装裱

（1）教师让学生欣赏装裱好的传拓作品，如图 2-37，并提出如何让自己的拓片作品更有艺术价值。学生进行小组讨论，在此期间教师给学生发放相框、卡纸、剪刀等工具。

（2）小组成员合作完成对作品的设计，并对制作的拓片进行装裱，如图 2-38。

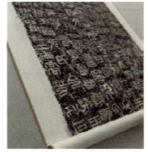

图 2-37　装裱好的传拓作品

图 2-38　学生装裱后的传拓作品

（3）拓片装裱后，教师组织传拓作品推介会，小组派代表从传拓的文化背景、小组作品的特色、作品的艺术价值及小组的劳动付出四个方面推介自己的文创产品。

3. 劳动项目评价

学生对比传拓劳动评价量表进行自我评价（表 2-9），并分组进行交流，教师及时进行总结点评，加深学生对生产劳动创造价值的理解。

表 2-9　劳动评价量表

评价目标	评价标准	自我评价	组内评价	教师评价
树立正确劳动观念	1. 正确认识劳动创造价值、创造美好生活的道理			
	2. 尊重劳动，尊重传统手艺传承者			
	3. 树立劳动最光荣、劳动最崇高、劳动最伟大、劳动最美丽的思想观念			
具有必备劳动能力	1. 掌握基本的传拓知识和技能，正确使用常用的传拓工具			
	2. 能运用智力、创造力，独立完成传统技艺作品			
	3. 具备团队合作能力，对作品进行装裱			
	4. 根据劳动需要，综合运用工艺知识进行设计，合理选择相应的技能，进行传拓拓展创作			
养成良好劳动习惯和品质	1. 能够自觉自愿、安全规范、坚持不懈参与传拓实践，形成吃苦耐劳的品质			
	2. 珍惜劳动成果，养成良好的劳动习惯，如收纳与整理，清洁与卫生等			
培育积极劳动精神	1. 领会"幸福是奋斗出来的"内涵与意义			
	2. 继承优秀的传统技艺，形成对民族文化的深刻认同和自豪热爱			
	3. 弘扬新时代精益求精、开拓进取的工匠精神			

（三）拓展延展

播放一段鱼拓的视频，本视频选自河北省张家口市涿鹿县非物质文化遗产鱼拓传承人赵建明传承的传统鱼拓技艺，借此拓宽学生对传拓这项传统工艺认知的视野，并学会欣赏美、发现美、设计美和创造美。

（四）课堂总结

教师：洛阳市不仅是一个地方，更是承载着一段历史、一种文化、一种情结。这里的每一粒沙尘都蕴藏着千年的历史，每一朵花都诠释着古人的匠心与智慧。洛阳市地处华夏腹地，黄河之滨，居天下之中，它是九州腹地，十省通衢，它是武则天心仪的神都，洛阳坐拥三项六处文化遗产，85 座博物馆，40余万件馆藏文物，无不彰显着厚重的文化底蕴。洛阳市有太多太多优秀的传统文化需要同学们来传承和发扬，通过本节传统工艺——制作拓片的学习，大家一定要在劳动中养成精益求精、追求品质的劳动精神，将一项技艺做到极致，一定能成为这个领域的专家，这就是我们的大国工匠精神。

（五）课后反思

本节劳动课基于工序过程开展，在进行传拓技艺的劳动教学中，引导学生建构情景模式，发展形象思维；体验制作细节，培养发散思维；撷取文创元素，生成创新思维。同时，也聚焦培养学生劳动核心素养，通过链接传拓历史资料，提高学生对传统文化的理解；丰富多样的传拓方式，提升了学生的审美判断；搭建展示平台，组织创意推广，培养学生的文化自信。

学生通过传拓技艺的学习，形成懂得、理解、尊重的劳动观念；发展收纳、设计、创造等的劳动能力；养成安全、规范、合作的劳动习惯和品质；培养精益求精、认真细致、追求卓越的劳动精神，感悟中华民族传统手工艺的魅力所在。

洛阳市作为十三朝古都，有着丰富多样的传统手工艺和非物质文化遗产技艺。在漫长的历史发展过程中，各种传统技艺以独特的设计、制作、试验、淬炼等劳动过程，彰显劳动价值的难能可贵，并形成洛阳地区多彩的劳动特色文化。在装裱环节，以"传拓"为载体，进行洛阳文创推广，也从侧面印证，劳动以美为媒介，以文为产品创造价值和财富。劳动源于社会需要，我们应思考实现传拓技艺的产教融合，如"传拓＋博物馆""传拓＋文创设计"等，创新传拓技术组成和传播手段，让劳动内涵更丰富，劳动育人更具社会性。通过各种传统技艺劳动实践，传承中华优秀传统文化，发扬匠心精神，培育劳动新人。

传拓技艺的劳动实践，是中国传统手工艺的一个劳动缩影。随着时代进步，数字化、信息化、科技化程度的纵深发展，传拓技艺的"慢"劳动愈显珍贵。《大中小学劳动教育指导纲要（试行）》指出，继承优良传统，彰显时代特征。要求在发挥传统劳动、传统工艺项目育人功能的同时，紧跟科技发展和产业变革，准确把握新时代劳动工具、劳动技术、劳动形态的新变化，创新劳动教育的内容、途径、方式，增强劳动教育的时代性。

（洛阳市洛龙区教师发展中心　张玲）

家用电器的使用与维护：电风扇维护

一、设计理念

"家用电器我保养之养护电风扇"属于《义务教育劳动课程标准（2022 年版）》十大任务群"日常生活劳动中的家用器具的使用与维护"。此项目以劳动学科核心素养为导向，聚焦劳动教育树德、增智、强体、育美的综合育人价值。

课题实施在 4 年级进行，教师指导学生掌握家用器具的使用方法，培养学生具有家用电器使用的安全意识和初步的器具保养意识；使学生主动分担家务，协助参与家庭环境卫生清洁，初步学会简单的劳动技能，塑造基本的劳动素质。

二、劳动目标

（1）劳动态度。了解家用电器存在的安全隐患，明确家用电器使用不当会给人们的生活、财产及生命安全等带来危害和灾难，提高学生对正确使用家用电器重要性的认识；养成主动承担家务劳动的习惯，感受劳动创造美好生活、为家庭出力的自豪感。

（2）劳动能力。了解常用家用电器的基本功能及如何阅读相应的说明书，初步掌握电风扇的使用方法及拆洗养护的方法。

（3）劳动习惯及品质。学习常用传统式电风扇的保养方法，通过对简单的家电的拆洗过程，锻炼学生的动手能力和生活自理能力，养成用后及时清理、收纳到位的良好劳动习惯和掌握基本的家务劳动技能。

（4）劳动精神。具有细心、耐心、科学的劳动态度，持之以恒的劳动信念；做事有始有终，不怕困难；感受劳动中的规律、有序，劳动带给人类的美好生活；体悟劳动最光荣，劳动的创造性。

三、劳动重难点

重点：掌握拆洗电风扇的方法。
难点：能够学以致用，掌握其他家用电器的清洗工作。

四、劳动准备

教师准备 PPT 课件、微课操作视频、电风扇、拆洗工具；每个学生小组准备一台电风扇。

（一）教学过程

1.活动一：图片导入，创设情境

【设计理念：让学生对家电有初步的认识，为后面的使用和维护做铺垫】

（1）教师以图片进行导入（图 2-39），展示家用电器的种类（风扇、空调、冰箱、抽油烟机、微波炉），家用电器带给人类的美好生活保障，明确本课的主要研究对象——家用电器的保养。

（2）学生通过图片识别不同种类的家用电器，并说出其作用和使用方法。

图 2-39 家用电器

2.活动二：认识功能，学会使用

【设计理念：强化学生对电风扇功能的认识，并能在具体的情境中进行实践】

（1）教师现场准备好电风扇，先让学生说一说在家是否亲自试用过，需要注意哪些事项；教师对学生的回答进行肯定。

（2）教师播放微课视频展示其操作界面，讲解其按键、按钮的作用和使用方法。

（3）学生实践。

环节1：学生观看微课视频，接着进行实操演练。

学生根据屏幕出示的指令要求进行完整的风扇操作，如将风扇调到三档，并摇头；将风扇调到二档，不摇头；将风扇定时到一小时后自动关闭。

环节 2：学生参加"保养闯关"。

学生根据教师提供的情境选择恰当的风量、风类，并进行现场实践操作。

3.活动三：亲手拆洗，进行维护

【设计理念：学生进行分享，教师进行指导，让学生在已有经验基础上再次进行劳动技能的提升，体验劳动过程中需要的细心，耐心，掌握劳动的规律】

教师提出，五一假期学校布置的劳动任务是在家帮助父母对家里的电风扇进行维护，让学生交流拆洗过程和感受。

（1）学生上台讲解与交流清洗电风扇的步骤，并谈谈劳动中的感受。

①学生讲解清洗电风扇需要用到的工具及如何使用，如图 2-40。

图 2-40　螺丝刀及可调节扳手的用途

②学生讲解整个拆洗步骤。

第一步：手动拧下外围固定物（图 2-41①）。

第二步：用螺丝刀将螺丝拆掉（图 2-41②）。

第三步：把电风扇网罩取下（图 2-41③）。

第四步：把固定扇叶的螺丝去掉（图 2-41④）。

第五步：取下扇叶（图 2-41 ⑤）。

第六步：清洗扇叶（图 2-41 ⑥）。

第七步：晾干扇叶并按照拆卸步骤原路组装。

①　　　　　②　　　　　③

④　　　　　⑤　　　　　⑥

图 2-41　电风扇拆洗步骤

（2）教师引导学生从拆洗的过程、劳动的态度进行评价；并引导其他学生谈一谈拆洗的感受和注意事项；教师随机评价。

（3）教师对学生假期能够完成劳动任务情况进行小结。

4. 活动四：小组进行电风扇的拆洗养护

【设计理念：让每一位学生都进行操作与体验，在小组成员互相交流和经验基础之上进行操作，掌握和熟练技能，深度感受劳动的科学性与严谨性】

（1）学生以小组为单位进行拆洗，教师进行巡视发现问题及时指导。

（2）学生以小组为单位交流是否拆洗成功？在拆洗的过程中，遇到哪些问题？是怎么解决的？

（3）教师及时点拨和肯定。

5. 活动五：延伸拓展

【设计理念：让学生将自己日常所学到的物理知识与生活实践相结合，促进学生动手动脑的探索能力的发展】

教师：今天我们课堂上拆洗的电风扇是一种比较老式的电风扇，零部件和功能都相对简单。其实现在我们市面上售卖的比我们家中所使用的一些制冷设备更加多样、先进，如空气循环扇、冷风机等。

拆洗冷风机步骤。

①所用工具：刷子、肥皂、手套、毛巾。

②拆洗步骤。

第一步：拆掉滤网（图2-42a）。

第二步：用水打湿滤网（图2-42b）。

第三步：用肥皂把滤网刷干净（图2-42c）。

第四步：把清洗好的滤网装回（图2-42d）。

第五步：用毛巾把外观擦干净（图2-42e）。

第六步：大功告成（图2-42f）。

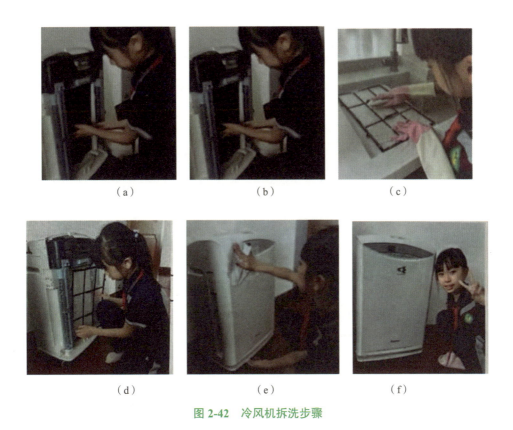

（a）　　　　　　　（b）　　　　　　　（c）

（d）　　　　　　　（e）　　　　　　　（f）

图 2-42　冷风机拆洗步骤

6. 活动六：正确使用家电，做好安全防护

（1）教师指出，家用电器是我们现代生活中必不可少的物件，但是家用电器在给我们带来便利和舒适的同时，也潜藏着危险。如果我们在生活中没有操作得当、适时维护，很可能会带来不好的后果。

（2）学生讨论并举例说明，风扇因保养和使用不当产生的危害和风险。

①长期不间断地使用电风扇，会导致零部件过热从而有引发火灾的危险。

②在使用电风扇过程中，如果孩童因为好奇心驱使去触摸扇叶，容易发生流血事件。

7. 活动七：劳动评价目标

【设计理念：学生通过量表进行自我评价（表2-8），并分组进行交流，教师及时进行总结点评，加深学生对劳动的理解，感悟劳动创造美好生活】

表 2-8   劳动评价量表

评价方向	评价标准	自我评价	家长评价	教师评价
劳动观念	1. 能否正确认识劳动创造价值、创造美好生活的道理？			
	2. 能否体会到父母在日常家庭生活中的辛苦？			
劳动能力	1. 掌握基本的常用家电使用技能			
	2. 在家电维护过程中，动作恰当，拆卸熟练，保养有效			
劳动习惯和品质	1. 能够自觉自愿、安全规范、坚持不懈参与家庭劳动，帮父母分担			
	2. 珍惜劳动成果，养成良好的劳动习惯等			
劳动精神	1. 领会"幸福是奋斗出来的"内涵与意义			
	2. 弘扬新时代精益求精、开拓进取的劳动精神			

8. 活动八：课堂总结

教师：同学们，随着科技的发展和生活水平的提高，各类家用电器纷纷进入我们的生活，而且家用电器的种类越来越多，功能也越来越强大。学会正确使用和维护这些家用电器，已成为我们生活中的一个重要内容。只有安全并规范地使用家用电器，并定期对其进行保养，才能发挥其最佳性能，延长它们的使用寿命。如果操作不当，不但容易损坏家用电器，还可能引发危险。所以了解常用家用电器的基本功能，掌握家庭常用小电器的使用方法，了解家用电器存在的安全隐患，学习常用家用电器的保养方法，锻炼我们的劳动素养对我们来说非常有必要。同学们在体验和学习了相关内容以后，也应该在日常生活中多多参与家务劳动，帮助父母承担一部分责任，用自己的双手和大脑去创造美好生活。

（郑州市金水区纬一路小学　张楠　陈娇艳）

第三章

劳动教育
评价设计

劳动教育评价简析

评价是获取关于学生表现的信息时所使用的各种方法的总称，包括获取学生学业有关信息的所有方法（观察、表现或项目评价、纸笔测验），也包括对学生学业进行价值判断的过程。评价所回答的问题是："个人的表现如何？"❶ 新课程理念下的评价观，评价是反馈、建议，促进学生发展的重要途径。"评价不仅要关注学生的学业成绩，而且要发现和发展学生多方面的潜能，了解学生发展中的需求，帮助学生认识自我，建立自信，发挥评价的教育功能，促进学生在原有水平上的发展。"❷ 可见，我们需要建立评价体系。

那么，劳动教育课程的评价应该体现哪些原则？可以通过哪些方法进行评价？如何设计？如何考量呢？笔者建议如下。

一、评价原则

教育评价是一项科学的复杂的工作，必须以一定的评价原则来指导教育教学活动。根据劳动教育的课程特性，评价应该体现发展性原则、过程性原则、科学性与客观性相结合原则、开放性原则等。

---

❶ ELLEN W. 有效的学生评价 [M]. 国家基础教育课程改革"促进教师发展与学生成长的评价研究"项目组，译. 北京：中国轻工业出版社，2003：25.

❷ 靳玉东. 探究学习 [M]. 成都：四川教育出版社，2015.

（一）发展性原则

《义务教育劳动课程标准（2022 年版）》指出，劳动课程要培养的核心素养，即劳动素养，主要是指学生在学习和劳动实践过程中逐步形成的适应个人终身发展和社会发展需要的正确价值观、必备品格和关键能力。"发展"意味着每一个学生在原有基础上都有进步、成长、进阶等，是一种全面发展。"每个学习者的确是一个非常具体的人。他有自己的个性，这种个性随着年龄的增长而越来越被一个由许多因素组成的复合体所决定。这个复合体是由生物的、地理的、社会的、经济的、文化的和职业的因素组成，而这些方面对于每一个人来讲，都是各不相同的。当我们决定教育的最终目的、内容、方法时，我们又如何能够不考虑这一点呢？"[1] 传统的教育评价没有意识到这一点，忽视了学生潜能的激发，以一时的表现给予学生评价。劳动教育培养的是学生劳动素养的提升，重视的是基于学生过去的能力，同时更关注学生在当下劳动过程中的体验与实践的获得，着眼于带给他们未来的发展。我们要更加关注学生的发展性，体现对学生的人文关怀，发挥评价的激励和改进功能，以促进学生全面发展。

（二）过程性原则

"教育研究的过程评价包括两类：一类是整个研究结束后对研究过程进行全面系统的反思，另一类是在整个教学过程中随时审视考察，以便及时发现并预测过程中潜在的问题。"[2] 劳动教育更加强调学生在劳动过程中的亲身体

---

[1] 联合国教科文组织国际教育发展委员会 . 学会生存——教育世界的今天和明天 [M]. 比较教育研究所，译 . 北京：教育科学出版社，1996：195-196.

[2] 裴娣娜 . 教育研究方法导论 [M]. 合肥：安徽教育出版社，2002：36.

验和实践、问题的解决、"学中做""做中创"，引导学生从现实生活实际需求出发，亲历情景、亲自操作、亲身体验，注重引导学生通过设计、制作、实验、淬炼、探究等方式获得丰富的劳动体验，习得知识与技能，感悟和体认劳动价值，培育劳动精神。可见，在注重结果的同时更要关注过程，没有高质量的过程就没有高效率的结果。只有平时评价和终结性评价相结合，才能更有效地促进学生劳动素养和劳动精神的形成，落实劳动教育的独特教育价值。

（三）科学性与客观性相结合原则

评价要建立在科学的基础上，有科学的依据，采用科学的方法，在确定评价标准时，要充分考虑评价指标本身的科学内涵和操作方便实用，方法上力求科学、配套。❶ 教师在评价过程中要统一标准，公平公正，不主观臆断或掺杂个人感情，把科学性与客观性结合起来。

（四）开放性原则

劳动教育主题有十大任务群，学习场域可以是室内、室外、工厂、农场等比较开放的场地；学习方式也比较灵活，有种植、维修、养殖、设计等多种方式；可利用的资源也比较丰富，如专业人士的指导、家长的积极参与、社区人员的支持等；这些都决定了多元的评价取向标准，体现出评价需要开放性。其一，评价内容和目标的开发性；其二，评价主体的开发性；（其一、其二会在下文"评级的设计"中详细陈述）；其三，评价资料的开发性，可以将学生参与劳动的过程性记录表、照片、劳动感受、家长点评等作为学习评价的资料；其

---

❶ 靳玉东.探究学习 [M].成都：四川教育出版社，2015.

四，评级结果呈现的开发性，如学生可以展示最终的劳动作品，也可以将劳动过程和结果制作成劳动视频进行展示，可以采用现场制作等多种多样的方式，展示学生的创造性成果。

二、评价方法

评价的方法有很多种，如口头评价、评价表、调查问卷、访问、座谈、现场展示、活动测评等，教师应该根据需求灵活应用，可以多个方法结合应用，以有效地为学生提供学习的支撑和评价的方法，以促进学生的进一步发展。

三、评价设计

设计劳动活动过程中对学生的评价时，我们首先需要考虑"评价什么"？可以参考以下几点。❶

（1）最有用的评价形式是什么？

（2）评价是正式的还是非正式的？表现为基础的还是真实性的？

（3）评价工具和学习目标是什么关系？

显而易见，任何一份评价设计必须是科学的、可行的、易操作、多元化的，利于学生发展的，而并非一张试卷定结果；要结合本学科特征体现出核心素养或者围绕本次活动的目标去设计。关于劳动教育课程评价，它关注学生的实践性和亲身体验，关注学生在过程中的成长，关注学生劳动素养的提升等。

劳动教育评价的设计应该体现五个维度。在结合劳动态度、劳动能力、劳动习惯与品质、劳动精神四个方面基础上体现五个维度。

---

❶ 靳玉乐.探究学习 [M].成都：四川教育出版社，2005.

①是否体现学生经历活动的完整性。

②是否渗透学生跨界融通地劳动体验。

③是否关注学生的真实践、真发展。

④是否形成有创造性的劳动成果。

⑤是否实现劳动蕴含的精神价值。

实现"一项目一评价"。在具体的设计中，我们要根据不同的劳动项目或者活动，设计不同的劳动评价内容，实现"一项目一评价"，体现科学性、针对性、增值性，避免引起学生评价过程的模糊不清或者评价目的不够明确。例如，在农业生产劳动方面，我们可以侧重学生科学的劳动知识与技能的应用，不怕脏不怕累的品质；在家用器具使用与维护方面，可以侧重学生对涉及的学科知识的理解与应用，规范安全拆卸与保养，培养一丝不苟的精神；在动物养护项目中，侧重学生掌握培育的科学方法，养成观察的好习惯，具有耐心与坚持不懈的精神；在新技术体验与应用方面，可以侧重对新技术的掌握与应用，在体验中感悟劳动者的智慧和劳动创造世界；在整理与收纳方面，可以侧重学生劳动思维的提升，科学性和创造性的培养，感受父母的辛苦，养成自己的事情自己做的习惯和品质等；体现评价内容的多维度和独特性。

参与评价主体多元化。除了教师，还可以邀请家长、社区人员、专家等进行评价。他们可以从不同的角度为学生提供有关学习和发展状况的信息，有助于学生更加全面地认识自我。❶ 如整理与收纳中整理书柜、整理床铺，还有烹饪与营养，家用器具的使用与维护等劳动任务，涉的具体项目都需要在家实践与完成，这个时候家长就是主要的评价者，能够真实地给予学生评价。如志愿服务项目，学生要走进养老院、社区、公园等实践场域，评价者的参与必定

---

❶ 靳玉东. 探究学习 [M]. 成都：四川教育出版社，2015：190.

需要这些场所的人员从他们的角度和感受对学生进行比较科学的评价，帮助学生进一步完善和改进。

总之，评价设计中，只有综合考虑评价者、评价维度、评价项目、评价主体特征等要素，才能体现出学生在劳动教育过程中的表现是什么、怎么样、如何继续发展，从而有效提升学生的劳动素养。

四、评价反馈

评价反馈这一环节也非常重要，应该从哪些方面进行总结反馈呢？首先，从谁将在这个评价中受益进行思考寻找答案。❶

（1）评价是否有利于给学生提供他们进步情况的很好的反馈？

（2）是否有利于确认他们的强项，增强他们的自信心，给他们提供上进的动力？

（3）评价是否有利于帮助教师改进他们的教学方式，从而有利于更多学生的进步？

（4）评价是否有利于为家长提供有关学生优势和弱势的信息，以使家长更好地配合教师，挖掘学生的潜力？

（5）评价是否有利于专家搜集资料，改进相关方面的滞后因素，促进教育的发展？

可见，"评价"可以让学生、教师、家长、专家都得到不同角度的受益，也就是说，可以从一份评价表中看到多个信息，从而进行判断与诊断。在这里，只从学生和教师的角度对所有信息进行汇总分析与反馈。

---

❶ ELLEN W. 有效的学生评价 [M]. 国家基础教育课程改革"促进教师发展与学生成长的评价研究"项目组，译. 北京：中国轻工业出版社，2003：123-127.

从学生角度看，可以通过过程性评价、终结性评价等，看到自己的优势，成长的地方，发现需要努力的地方，激发他们的自信心和成就感，从而充满期待有意识地去提升。

从教师的角度看，通过学生的评价结果，反思诊断自己的教育教学。其一，归纳学生存在的共性问题，分析自身的问题，是指导的问题还是教学的问题；其二，思考设计的评价标准是过高还是过低，通过与其他学校教师交流，询问学生进行了解，得出结果，及时进行调整。

从家长角度看，应该根据评价结果，看到孩子的强项，从而激励孩子继续发扬和创造；针对不足，可以给孩子提供更多的实践机会和平台，培养孩子成为全面发展的人。

只有重视评级，才能真正促进学生持续性地成长与发展。

现代生产：腊叶标本的制作（生物）

一、评价内容

现代生产：腊叶标本的制作。

二、评价年级

7 年级。

三、评价说明

从年龄特点来看，7 年级学生好动、好奇、好表现，带着好奇心观察世界，以好奇心探求知识。腊叶标本的制作就是将植物制成标本，是一次将知识学以致用的科学性、实践性、研究性、创造性的劳动项目。腊叶标本以压平、干燥为制作核心，工艺简单，成品美观，七年级学生具有一定的劳动能力，也积累了一定的生物知识，这为腊叶标本的制作提供了有利条件。通过压平、干燥等操作，提升学生的劳动能力、观察能力、创新能力，培养严谨的科学的劳动习惯。通过成品展示，使学生感悟劳动的充实，分享收获的幸福。在此基础上，设计了腊叶标本制作学员评价表（表 3-1）。

表 3-1　腊叶标本制作学员评价表

项目	评价指标	评价标准			自评	互评	师评
		优秀	良好	继续努力			
过程性评价	劳动体验	采集标本：主动认真采集标本，标本的采集完整、健康，连着根部及其他器官，能更好地展现植物形态特点。采集时记录详细，及时挂上吊牌，标本装入采集袋	采集标本：能认真采集标本，标本的采集完整，连着根部及其他器官，能较好地展现植物形态特点。采集时能进行记录，及时挂上吊牌，标本装入采集袋	采集标本：能在教师的指导下进行标本采集，标本的采集大致完整，连着根部及其他器官，大致能较好地展现植物形态特点。采集时能进行简单记录，标本装入采集袋			
	劳动态度	修剪摆放：结合生活实际，设计精美的腊叶标本排列方案，对标本进行修剪及摆放整理，积极进行标本的美化以及场景应用的创新	修剪摆放：根据讲解，可以设计腊叶标本排列方案，对标本进行修剪及一定整理，能进行一定的标本的美化以及场景应用	修剪摆放：经教师的提示，能结合生活实际，可以设计简单的腊叶标本排列方案，对标本进行修剪和摆放			
	劳动能力	压制换纸：能积极主动准备材料，查阅资料，理解腊叶标本的相关知识，给标本铺上吸水纸，用标本夹夹住，每天换干燥的吸水纸 1~2 次，直至标本全部干燥；积极与同伴交流合作，在有序完成腊叶标本的制作上进行探索实践，具备优秀的劳动创新能力	压制换纸：能查阅资料，了解腊叶标本的相关知识，听从老师的指导，努力学习并给标本铺上吸水纸，用标本夹夹住，每天换干燥的吸水纸 1~2 次，直至标本全部干燥；能与同伴交流合作，在可以完成腊叶标本的制作上进行探索实践，具备一定的劳动创新能力	压制换纸：能在教师的督促下准备材料，查阅资料，在教师的指导下了解腊叶标本的相关知识；在教师或家长的鼓励和帮助下，给标本铺上吸水纸，用标本夹夹住，能换干燥的吸水纸 1~2 次，直至标本基本干燥；能与同伴沟通，分享自己的创意			

项目	评价指标	评价标准			自评	互评	师评
		优秀	良好	继续努力			
终结性评价	劳动成果	腊叶标本的制作符合规范标准，很好地保持植物颜色形态，标签全面，制作美观形象，信息准确，无错别字	腊叶标本的制作基本符合规范标准，较好地保持植物颜色形态，标签基本全面，制作形象，信息基本准确	在教师和家长的指导下，腊叶标本的制作大致符合规范标准，基本保持植物颜色形态，有标签，信息大致准确			
	成果展示	能主动用文字、视频、图片等多种方式展示腊叶标本，对标本运用科学合理的语言进行讲解，表达流畅，思路清晰	能用文字、视频、图片其中一种方式展示腊叶标本，对标本用合理的语言进行讲解，表达基本流畅，思路基本清晰	能在教师和同学鼓励下，在班级向他人展示作品，能大致描述作品，用文字、视频、图片其中一种方式展示腊叶标本			
	劳动精神	能将参与过程进行及时记录、反思和总结；能将成果制作成美篇并发表公众号，进行展示和分享，有一定影响力。下一步可以创新方式方法，制作系列腊叶标本绘本等	能将参与过程进行及时记录、反思和总结；能将成果进行展示和分享，下一步可以尝试制作美篇或公众号	能将参与过程进行及时记录和总结；能将成果进行展示。下一步可以尝试讲解腊叶标本的制作			

综合评价：13~18 个最终等级为优秀，5~12 个最终等级为良好，5 个以下最终等级为继续努力。

（郑州市第七初级中学　闫凯　王圆）

学科劳动：设计与创新彩陶纹样（美术）

一、评价内容

学科生产劳动：设计与创新彩陶纹样。

二、评价年级

8 年级。

三、评价说明

　　彩陶纹样反映了仰韶文化的社会生产生活，人们在日常劳动过程中注重观察，并将这些生动形象的纹样描绘在陶器上，形成了自己的"日历"。学生通过走进大河村遗址博物馆，体验陶器坯体成型的制作方法并在上面设计精美的纹样图案，使学生具备一定的动手实践能力、观察能力、创新能力，树立劳动创造美好生活的观念。

　　结合 8 年级学生特点，走进大河村遗址博物馆——对仰韶文化中的彩陶纹样进行调查研究，以激发学生探索仰韶文化中彩陶纹样的兴趣为目标，多学科结合组织劳动实践活动。依据以生为本、重视劳动实践为原则，逐一进行活动前寻找纹样、活动中设计纹样、活动后展评纹样为评价目标，达到诊断调整师生活动的可行性，激励学生参与劳动实践活动的积极性，学生交流参与劳动实践的成就感，使学生感悟劳动的快乐与充实。现开发学科劳动项目"设计与创新彩陶纹样"，特制订以下各个阶段的过程性评价量规。

（一）古迹寻踪，寻找纹样

郑州市大河村遗址博物馆位于郑东新区西北侧、连霍高速与中州大道交叉口东南隅，是河南省第一座史前遗址博物馆。在寻找的过程中，使学生树立劳动观念，提升劳动能力，培养学生领会劳动创造幸福生活的真谛。此活动的评价表见表3-2。

表3-2 "古迹寻踪，寻找纹样"评价表

指标评价	评价标准			自我评价	小组评价	教师评价
	★	★★	★★★			
树立劳动观念	能在教师的指导下，对彩陶纹样进行简单了解，认识到劳动的光荣性	纹样是由先民们在劳动中不断总结创造出来的产物，能够正确认识劳动创造价值	彩陶是高温烧制而成，色彩鲜明、造型独特，是在不断探索与打磨中创作出来的劳动产物，在活动过程中形成吃苦耐劳的精神品质，树立劳动创造美好生活的观念			
具备劳动能力	通过查找地图，能探寻大河村遗址的地理位置	通过资料收集查阅，不仅了解大河村遗址的地理位置，还能收集并记录相对丰富的资料，具备一定的劳动能力	通过查阅期刊文献、书籍资料和发掘报告，不仅能实地考察大河村遗址的地理位置，还了解其历史发展脉络，理解彩陶文化的魅力，具备区域认知力与劳动实践力，具有较强的劳动能力			

续表

指标评价	评价标准			自我评价	小组评价	教师评价
	★	★★	★★★			
培育劳动精神	彩陶纹样表达了先民们对自然的观察和热爱，在活动中，领会劳动创造幸福生活的真谛	彩陶纹样反映了各个历史文化时期人们不同的审美观念和精神世界，彩陶工艺由简单到成熟，经过数万年的探索，能领会先民们的精益求精、开拓进取的工匠精神	先民把纹样绘制在陶器上，形成自己的"日历"，以保证农业的顺利进行，在活动中，实用和美观性并存，我们要继承和发扬这种优秀传统文化，形成对民族文化的深刻认同感和自豪感			
寻找纹样评价	6~9 个星等级为优秀，3~6 个星等级为良好，1~3 个以下星等级为继续努力					

（二）古迹寻踪，设计纹样

大河村彩陶纹样是先民们根据自己的想法从无到有创造而成，这些纹样是他们原始劳作生活的真实反映，也是对生活总结感知的产物。我们探究陶器的制作方法，设计纹样图案等一系列实践活动，旨在培养学生动手实践能力、创新能力、设计应用能力，增强学生间友好配合，互相帮助，提高团队合作意识（表 3-3）。

（三）古迹寻踪，展评纹样

纹样，源于星空，归于大地，行于中华，意为仰韶，是中华民族几千年历史诞生的瑰宝。通过展览、讲解等一系列宣传推广活动，实现对传统彩陶纹样的继承与创新，学生以细腻的描绘和深邃的内涵，为观众带来一场视觉与心灵的双重盛宴，感受劳动带给生活的美好和创作的成就感（表 3-4）。

表 3-3 "古迹寻踪，设计纹样"评价表

指标评价	评价标准			自我评价	同学评价	教师评价
	★	★★	★★★			
劳动体验——制作陶器	能在教师的指导下了解陶器成型的过程，知道操作步骤，能够简单记录陶器制作方法	初步体验陶器坯体成型方法：采用泥条盘筑法。将泥料先搓成泥条，以螺旋式的方法由下而上盘筑成器，同时用陶拍拍打使器物内外接缝处抹平，先做器底后筑器壁。初步完成陶器的简单制作，造型美观欠佳	熟练掌握陶器坯体成型方法：并经过高温烧制，使其不易脱色，形成精美陶器作品，制作工艺较成熟，制成的陶器器型规整，厚薄均匀，具有较高的欣赏价值			
劳动能力——设计纹样	经教师提示，能结合前期大河村遗址博物馆的观察与记录，可以在陶器上绘制简单的单独纹样，完成纹样设计初稿，具备一般劳动能力	根据教师的指导与讲解，可以在陶器上对纹样的初稿进行完善与加工，能够用概括、夸张、想象等方法设计出二方连续和四方连续纹样，具备较高的劳动能力	能主动将设计出的精美纹样装饰到陶器上，设计的纹样具有创新性与美观性，美化生活，感受劳动带来的乐趣，体现创新意识，具备很强的劳动能力			
劳动习惯和品质——合作程度	在制作陶器和设计纹样的过程中，交流较少	在制作陶器和设计纹样的过程中，能参与小组合作，独立完成作品，效果一般	在制作陶器和设计纹样的过程中，小组成员友好配合，互相帮助，有团队合作意识，制作出高质量的作品			
设计纹样评价	6~9 个星等级为优秀，3~6 个星等级为良好，1~3 个以下星等级为继续努力					

表 3-4　"古迹寻踪，展评纹样"评价表

成绩内容	★	★★	★★★	自己评	同学评	教师评
劳动成果——展示纹样	能将制作好的陶器纹样作品布置展览，空间布局不佳，视觉效果一般	能够制作好的陶器纹样作品进行分类布置展览、合理布局、主题突出，视觉效果良好	能够制作好的陶器纹样作品进行合理布展、色调和谐统一、层次分明，空间的视觉效果丰富多样			
劳动能力——推广纹样	在教师和同学鼓励下，能够向身边的同学进行讲解与宣传彩陶纹样，表达基本流畅，思路基本清晰，宣传推广能力一般	能将制作好的宣传推介手册、陶器等作品对家人、同学、朋友等人群进行彩陶纹样的推广与宣传。语言组织能力较强，思路相对清晰明确，宣传推广能力良好	能积极利用校园广播、校内外展览、自媒体平台等多种途径对彩陶纹样进行解说、宣传与推广，扩大彩陶文化的影响力，宣传推广能力强			
劳动观念——劳动态度	活动过程中比较依赖教师，独立活动能力差。初步体会劳动对日常生活的重要性	在活动中，以模仿为主，自主创新能力不高。能在力所能及的劳动实践中体会劳动的艰辛和快乐	活动中头脑灵活，思维敏捷，纹样作品很有创意，自主创新能力很强。形成喜欢劳动、积极参加劳动的态度			
展评纹样评价	6~9 个星等级为优秀，3~6 个星等级为良好，1~3 个以下星等级为继续努力					

（郑州冠军中学　张新　李小瑞　雷雪娜　曾晖）

公益劳动与志愿服务：奉送爱心早餐

一、评价内容

公益劳动与志愿服务：奉送爱心早餐。

二、评价年级

7 年级。

三、评价说明

7 年级学生活泼好动，有热情，有爱心，具备一定的生活自理能力，可以使用基本的厨房工具，具备独立制作或参与协助制作饭菜、分发饭菜、处理餐后卫生的能力，在劳动中有一定的吃苦耐劳的精神。学生对于公益劳动和志愿服务比较认同，但主动参与意识不强；学生具有参与公益劳动和志愿服务的需求，期待通过公益劳动和志愿服务提升自身综合素养。本次劳动关注如何提升学生的整体活动设计能力、厨房操作能力和团队合作能力，使学生养成尊重普通劳动者、珍惜劳动成果、崇尚劳动的观念，懂得劳动创造美好生活，树立劳动最光荣的意识，感知甘于奉献的劳动精神，提升社会责任感。

活动中，将公益劳动和志愿服务与社区服务结合起来，引导学生主动发现社区环境中存在的实际问题，从而引导学生进行劳动方案的选择和劳动过程的规划，并能深刻分享劳动体验，感悟志愿服务带给自身的奉献感和成就感，特制订评价量表（表3-5）。

表 3-5　评价量表

核心素养	评价项目	具体细则	自评	互评	教师评
劳动观念	理解劳动价值	能认识到奉送爱心早餐的基本意义；理解奉送爱心早餐对社会风气起到的积极促进作用；能主动倡导奉送爱心早餐的行为			
劳动能力	明确任务	能全面了解奉送爱心早餐任务的目的、要求、成果形式、评价标准；能详细列出所需流程，并预估所需时间；能根据实际情况对项目进行任务分解			
	劳动准备	能准确了解、熟悉并准备或协助准备好早餐制作所需要的食材、餐具、流程，盛放早餐用到的碗具，食用早餐用到的桌椅和碗筷等；能根据现场的实际情况对上述准备工具进行合理调整；能够在餐后进行垃圾的整理，工具回收			
	制订计划	能够统筹各种资源，在活动开始前有制订计划的意识；确定完善的早餐奉送任务的程序和步骤，形成合理的早餐奉送流程；能在计划当中给出备选方案以备不时之需			
劳动习惯与品质	组织实施	按照制订的早餐奉送计划，高效有步骤地开展奉送活动；能在保证安全、高效的同时，经历完整的早餐奉送过程；能够合理安排爱心早餐奉送团队的集体工作，在活动中起到示范引领作用			
劳动评价	交流评价	学生用语言、文字、图片、视频等多种形式，记录自己参与早餐奉送活动的过程和心得；能够将活动总结制作每篇，并在班内传递积极参加公益活动的精神；能够成为注册志愿者，在日常活动中积极参加志愿服务活动			

核心素养	评价项目	具体细则	自评	互评	教师评
劳动分享	我的劳动心得	劳动图片粘贴处			
	家长评语				
	评定等级	"优秀""良好""合格"			
		评定说明：总星数达到 50 颗及以上评定为优秀；34~50 颗评定为良好；21~35 颗评定为合格			

通过本次社区服务让学生熟悉公益劳动与志愿服务组织、实施的流程，具有运用相关的劳动知识与技能服务他人、学校、社区的基本能力。让学生在社区服务过程中，理解个体劳动与学校、社区发展之间的关系，培养责任感，提升以自己的劳动关心他人、服务他人的公共服务意识，让学生在公益劳动与志愿服务中，提升参与社区建设的自豪感与幸福感，进而在劳动中精益求精、追求品质，牢固树立勤俭、奋斗、创新、奉献的劳动精神。

（郑州市第八中学　黄晓杰）

农业生产：芝麻加工坊研学

一、评价内容

农业生产劳动：芝麻加工坊研学。

二、评价年级

5~6 年级。

三、评价说明

"芝麻'变形记'——芝麻加工坊研学"内容，来自学校劳动教育课程"解锁芝麻的 N 个秘密"第二单元"芝麻的加工与收获"的劳动任务。本案例重点聚焦农业生产劳动，在真实的劳动情境中学生对芝麻加工坊进行研学参观，学生在劳动实践、总结反思中掌握芝麻深加工的流程工艺，体验并参与芝麻产业链的全过程；学生在调查研究芝麻的加工方式、创新用途等劳动实践中，感受精益求精的工匠精神，深刻体会"幸福是奋斗出来的"的内涵和意义。

依据《义务教育劳动课程标准（2022 年版）》，结合农业生产劳动素养指标要求，特制订评价量规（表 3-6 和表 3-7）。

芝麻"变形记"——芝麻加工坊研学记录单

第一关：可以将芝麻做成哪些美食？对进行芝麻深加工的意义是什么？

第二关：深加工以后的芝麻变成芝麻油、芝麻酱的过程是什么？请你用思维导图的形式画出来。

第三关：学贵有疑。对于芝麻的深加工，你还有哪些疑问？通过本次研学活动，你的疑问得到答案了吗？

你的疑问：

你的收获：

第四关：看到芝麻加工坊的工作人员的工作场景和精神面貌，你有何感受？

表3-6 "芝麻加工坊研学"记录单过程性评价量规

评价方面	具体内容	自评	师评
劳动观念	能够清楚地说出三种以上有关芝麻的美食，并熟知芝麻深加工的意义		
	能够通过芝麻坊的实地研学、调查研究、加工创造的过程，在劳动实践中懂得团结与合作		
	感受劳动创造的意义与价值，树立劳动最光荣、劳动最崇高、劳动最伟大的观念		

评价方面	具体内容	自评	师评
劳动能力	在研学过程中能够使用芝麻坊常用工具与基本设备，独立采用一定的技术、工艺与方法，完成加工芝麻油芝麻酱的任务		
	能够用图文并茂、思维导图等各种形式展示出制作过程，形成熟练动手能力		
	能够在劳动中展现实际操作的能力与探索发现、解决问题的能力		
	在劳动过程中学会自我管理、团队合作		
劳动品质和习惯	在参观芝麻加工的过程，熟知工作人员的辛劳，深感劳动成果的来之不易		
	在研学过程中能够认真刻苦地完成劳动任务，养成良好的劳动行为习惯		
劳动精神	能够将传统工艺与技术劳动相互结合，感悟劳动最伟大的精神		
	能够团结合作，学会劳动，创造劳动		
	熟知"以辛勤劳动为荣，以好逸恶劳为耻"的精神教育		
总评			

表 3-7　"芝麻加工坊研学"总结性评价量规

评价方面	具体内容	教师	伙伴
科学有据	在研学记录单中体现考察的过程与结果，做到真实、科学、有理有据		
表述有理	清晰、有条理介绍项目成果，并提出合理建议		
艺术美观	作品形式丰富、图文并茂，能体现芝麻加工坊古法压榨的特色		
总评			
劳动展示			

（郑州市金水区第二实验小学　任彩凤　冯华　梁雪瑞）

学科劳动：安塞腰鼓动作创编（体育）

一、评价内容

生产劳动：安塞腰鼓动作创编。

二、评价年级

5 年级。

三、评价说明

5 年级学生处于小学高段，具有较强的好奇心、模仿力和初步的自主学习、创新能力，同时开始具备一定的自我约束力和团队协作意识。学生已了解腰鼓的基本知识，熟练掌握基本动作（丰收步、缠腰过裆、踢跳步），初步掌握升级动作（凤凰三点头、缠腰对打、路鼓）。基于此，本阶段学生应进一步提升以下劳动能力及劳动素养：通过参考苏教版 6 年级上册《语文》课本中《安塞腰鼓》课文，加深对腰鼓艺术及其文化意义的理解，学习与传承腰鼓艺术的价值，认识到劳动不仅是技能磨炼，更是文化传承的重要途径；着重考查学生对腰鼓动作的技能掌握程度，以及独立解决问题、创新编排的能力；关注学生在学习过程中的专注力、毅力、团队协作能力等方面的培养；倡导学生勇于创

新，敢于在传统艺术中融入个人见解与时代元素，展现新时代小学生的劳动精
神风貌和劳动智慧。

具体的评价量表如表 3-8 所示。

表 3-8　评价量表

核心素养	评价项目	评价标准			自评	互评	师评
		★	★★	★★★			
劳动观念	尊重传承	了解安塞腰鼓的文化地位，对动作创编产生兴趣	理解创编动作是对传统艺术的尊重与传承，积极参与创编活动	深感责任重大，主动研究腰鼓文化，积极展示传播创编成果			
	价值认知	通过口头或书面形式，表达参与腰鼓动作创编对自己创造力和团队合作能力提升的认识	参与班级或校内活动策划，讨论并实施如何通过腰鼓表演提升班级凝聚力	组织一次小型的腰鼓文化分享会，邀请其他班级或家长参加，展示创编成果，阐述创编活动对个人成长的意义			
劳动能力	动作创编	能在教师指导下，模仿并简单改编 1 个既有腰鼓动作	独立构思新颖动作元素，与传统动作有机融合，形成 2 个腰鼓动作	创新性地设计一套完整腰鼓动作序列，兼具艺术性与技术难度，展现个人风格			
	问题解决与反思	遇到动作不流畅等困难时，能列举出可能原因	能自主分析创编难点，并列出解决方案	针对创编过程中遇到的困难，组织小组讨论，制订改进方案并执行			
劳动习惯与品质	探究精神	对新动作勇于尝试，乐于接受指导与建议	主动了解学习腰鼓动作，勇于提出独特创想	始终保持对腰鼓艺术的热情与好奇，持续创新，引领团队进步			

核心素养	评价项目	评价标准			自评	互评	师评
		★	★★	★★★			
劳动习惯与品质	协作与沟通	在小组练习中，轮流担任小队长，确保每位成员都能理解当天的练习内容和目标	利用课余时间组织小组会议，收集成员对当前创编作品的意见，共同商讨并决定至少两个改进点	在团队遇到分歧时，能主持有效会议，引导成员理性讨论，最终达成共识，并成功整合不同意见，优化创编成果			
劳动精神	创新精神	在创编中尝试使用非传统大鼓鼓点	在动作设计中引入日常生活等的趣味元素	设计实施一次"腰鼓＋"的跨界融合，如与街舞、现代舞融合，探索新的表现形式			
评定等级	"优秀""良好""合格"						
	评定说明：总腰鼓数达到 55 个及以上评定为优秀；40~54 个评定为良好；21~39 个评定为合格。						
劳动感言							

（郑州市金水区农科路小学国基校区　石雅红　孙轶雯）

烹饪与营养：健康品饮毛尖茶

一、评价内容

烹饪与营养：冲泡毛尖茶。

二、评价年级

5 年级。

三、评价说明

"健康品饮毛尖茶"为海燕出版社 5 年级上册《综合实践活动》中的一课。5 年级学生在之前的学习与生活中具有一定的生活能力，掌握使用家庭常用小电器的方法，如使用煮茶水用的水壶、掌握安全用电的技巧、学会整理桌面、掌握基础的整理与归纳技能。此课旨在学生已有的能力基础上进行提升，学生通过本课的学习掌握品饮毛尖茶的步骤，了解品饮毛尖茶对身体的益处，践行健康饮食，同时树立乐于为家人服务的劳动观念，初步形成家庭责任感。"健康品饮毛尖茶"结合了传统茶文化与现代健康理念，旨在通过劳动实践，让学生了解和体验茶叶的品饮过程，从而培养他们的劳动技能、劳动习惯及对传统文化的尊重和热爱。

按照综合实践活动"确定活动主题—制订活动目标—设计活动方案—准备活动资源—实施活动计划—开展活动反思—设计活动作业—归档活动资料"的步骤，我们确立"茶之品、茶之源、茶之具、茶之益"四个活动课题，展开探索，查找毛尖茶相关资料，了解品茶、饮茶的步骤，准备茶具，展开劳动实践活动。

为使学生感受中华传统茶文化的魅力，课堂上讲解泡饮毛尖茶所需要的茶具，学习泡茶步骤、品饮礼仪。调查问卷在学习活动之后进行，重点在于了解学生泡茶技巧及要点的掌握，对学生在实践操作中的表现进行评价。该问卷针对知识与技能、过程与方法、情感态度和价值观等方面的目标进行测验。针对测评结果，一方面，教师能够更加明确学生在学习掌握过程中不够扎实的地方，在下一阶段的学习过程中能够有针对性地提升；另一方面，学生也能够进行自测，对于实践活动过程发现自身优势并及时反思。

四、评价设计

"健康品饮毛尖茶"学习效果调查问卷

亲爱的孩子们，我们针对"健康品饮毛尖茶"课题进行了初步探索，经过学习，你有什么收获？请用 3~5 分钟的时间完成以下调查问卷。

1.毛尖茶属于（　　　）。

A.黄茶　　B.白茶　　C.绿茶

2.以下描写选项中描写信阳毛尖的是（　　　）。

A.外形比较细直、圆润光滑，茶叶全身遍布着白毫

B.外形细扁微曲，状如雀舌，带有金黄色鱼叶

C.呈半球形螺旋状，叶面隆起明显，似绸缎的光滑釉质

3. 茶道六君子中茶漏的用处是（   ）。

A. 置茶时放在壶口上，以导茶入壶，防止茶叶掉落壶外

B. 量取茶叶，确保投茶量准确

C. 盛放茶艺用品的器皿茶器筒

4. 以下泡茶的方法中，错误的是（   ）。

A. 放置茶壶时，壶嘴对着客人

B. 冲泡茶叶时，需要高提水壶向茶壶内注水，上下提拉水壶，反复三次，表示一种敬礼

C. 茶水添的不要过满

5.【多选】以下选项中属于品茶礼仪的是（   ）。

A. 鞠躬礼   B. 伸掌礼   C. 寓意礼

6.【多选】在实践活动过程中你觉得（   ）得到了提升。

A. 问题解决   B. 服务意识   C. 团队合作

D. 责任担当   E. 实践创新

7. 通过《健康品饮毛尖茶》主题活动，你觉得你有哪些收获？

8. 中国茶文化源远流长，内涵丰富，我们能用什么方法来弘扬中华茶文化呢？

（郑州市金水区经三路小学   王迎华   焦福梅   马瑞）

劳动周：1～6年级劳动周活动

一、评价内容

劳动周："1~6年级劳动周活动"评价。

二、评价年级

1~6年级。

三、评价说明

根据1~6年级学生年龄特征设计劳动周评价体系，全员参与，班班展示，有教师、家长作为多元评价者。

四、评价设计

1~6年级劳动周评价表（表3-9）。

表 3-9 1~6 年级劳动周评价表

年级	比赛项目	材料准备	比赛方法	评判标准	评判等级
1 年级	手系"蝴蝶花"	一双干净的带鞋带的鞋子	每班选择 6 名同学组成比赛小组，听到哨声，开始系鞋带，完成的同学站直起立，让教师检查。最先完成的小组获胜	1. 小组 6 名同学必须全部完成 2. 鞋带必须是蝴蝶结形状，长短适宜，不拖拉地面，即为合格	按照小组完成的先后顺序，评定为一等奖 2 名，二等奖 2 名，优秀奖若干名
2 年级	指尖"落花生"	大量带壳花生	每班选择 6 名同学组成比赛小组，听到哨声，开始剥花生，十分钟内，花生米的总数量最多的小组获胜	1. 花生米必须颗粒完整、不破损 2. 花生米与花生外壳分开放置	按照小组剥出花生米的总数依次排名，评定为一等奖 2 名，二等奖 2 名，优秀奖若干名
3 年级	书本"穿花衣"	彩色牛皮纸、书本	每班选择 6 名同学组成比赛小组，听到哨声，开始包书皮，完成的同学站直起立，让教师检查。最先完成的小组获胜	1. 小组 6 名成员全部完成包书皮 2. 书面整洁、无多余的折痕，四角方正。翻开书页，书皮不散开，即为合格	按照小组完成的先后顺序，评定为一等奖 2 名，二等奖 2 名，优秀奖若干名
4 年级	创意"小裁缝"	针、棉线、大块花布、剪刀、黄豆若干（提醒学生保管好针线，注意用针安全。）	每班选择 6 名同学组成比赛小组，听到哨声，开始缝沙包，30 分钟后，缝沙包最多的小组获胜	缝制的沙包缝合完整，四角方正，配色美观，针脚细密、不漏豆子，即为合格	按照小组缝制的沙包总数依次排名，评定为一等奖 2 名，二等奖 2 名，优秀奖若干名

年级	比赛项目	材料准备	比赛方法	评判标准	评判等级
5年级	厨艺"大秀场"	小番茄、黄瓜、青辣椒、盘子、砧板、水果刀等	每班选择6名同学组成比赛小组，听到哨声，开始操作。操作方法： 1. 把小番茄竖切成两等份，作为金鱼身体 2. 横着切下另一个小番茄的两端，作为金鱼眼睛 3. 把黄瓜切成段，在纵剖成两半，然后切成月牙形薄片，作为鱼鳍 4. 黄瓜片摆放后要稍加分离 5. 依次摆放金鱼的身体、眼睛、鱼鳍等 6. 重复上述步骤，在盘子上围成"金玉满堂"图案	1. 作品整体造型美观，层次清晰，比例得当，结构合理，色泽鲜美，设计合理，主题突出，寓意深刻，器皿清洁，刀工细腻，用刀安全，场地干净整洁 2. 作品整体造型美观，构思新颖，有创意，切雕精细，用刀安全，场地干净整洁。 3. 作品搭配合理，种类丰富，颜色协调，自然，用刀安全，场地干净整洁	一等奖设置2名，二等奖设置2名，优秀奖若干名
6年级	饺子"圆舞曲"	面团、饺子馅、砧板、筷子、擀杖、围裙、厨师帽等	环节一：快手包饺子每班选出6名同学组成小组参加比赛，要求在固定时间（暂定20分钟）内，完成包饺子任务，比赛结果从数量、大小均匀、卫生状况、团队协作四方面评比	1. 数量（50分）：以规定时间内完成饺子数量多少进行评比，以50个为基准分，每超过一个得一分，少包一个扣一分，露馅不得分 2. 大小均匀（20分）：饺子大小均匀，且恰到好处，既不过大也不过小 3. 卫生状况（10分）：参赛学生穿着干净整齐，手洗干净，包饺子过程干净卫生 4. 团队协作（20分）：团队参与度强，分工协调、繁简适当	根据评选标准的得分情况，评出一等奖2名，二等奖2名，优秀奖若干名

年级	比赛项目	材料准备	比赛方法	评判标准	评判等级
6 年级	饺子"圆舞曲"	面团、饺子馅、砧板、筷子、擀杖、围裙、厨师帽等	环节二：创意包饺子每班选出 6 名同学组成小组参加比赛，要求在固定时间（暂定 20 分钟）内，完成包饺子任务，比赛结果从外形花样、大小均匀、卫生状况、团队协作四方面评比。	1. 外形花样（50 分）：饺子形态美观，花样多且匀称洁净，缝口紧密。以规定时间内完成饺子样式多少进行评比，以 5 种为基准分，每超过一种得 5 分，少包一种扣 5 分，露馅不得分 2. 大小均匀（20 分）：饺子大小均匀，且恰到好处，既不过大也不过小 3. 卫生状况（10 分）：参赛学生穿着干净整齐，手洗干净，包饺子过程干净卫生 4. 团队协作（20 分）：团队参与度强，分工协调、繁简适当。	根据评选标准的得分情况，评出一等奖 2 名，二等奖 2 名，优秀奖若干名

各年级内容如下。

评价内容：手系"蝴蝶花"（系鞋带）。

评价年级：1 年级。

评价说明：在 1 年级阶段，学生通常处于认知发展的早期阶段，对世界充满好奇与探索欲望。劳动教育的重要性在于培养他们树立积极的劳动态度，提升动手能力及观察能力，培养合作意识和团队精神。通过手系"蝴蝶花"这一劳动项目，学生可以通过实际操作感受到劳动的快乐与成就感，促进细致性和自主性的发展。

1 年级学生已经初步具备了基础的劳动认识，能够意识到劳动的必要性和社会价值。然而，他们需要进一步提升自己的动手能力和细致性，以确保任务完成得更加准确和精致（表 3-10）。

表 3-10　手系"蝴蝶花"（系鞋带）活动评价设计

评价指标	初级（未达标）	中级（达标）	高级（优秀）
劳动目标明确性	不能理解手系"蝴蝶花"劳动目的，缺乏对劳动的认识	能够简单描述手系"蝴蝶花"的劳动目的，对劳动有基本认识	明确理解手系"蝴蝶花"的劳动目的，能够清晰表述对劳动的认识
技能掌握程度	无法独立完成手系"蝴蝶花"，缺乏基础技能	基本可以独立完成手系"蝴蝶花"，但细节处理有待提高	熟练独立完成手系"蝴蝶花"，展现出良好技巧和细致处理
劳动态度与细心程度	缺乏耐心、专注和细心程度	基本表现出耐心、专注和细心，但注意力易分散	具备耐心、专注和细心，注意细节并保持整洁，避免错误
劳动价值认知	对劳动的价值和意义模糊，缺乏深入认识	能够简单说明劳动的价值，并有初步认识	清晰描述劳动的价值，理解劳动对自身和社会的重要性

通过对这些方面的评价，可以帮助学生不断提升自己的劳动能力和素养，培养出积极的劳动态度和合作精神，为他们未来的成长和发展奠定坚实基础。劳动教育不仅是学习技能，更是培养学生的综合素养和人格品质，让他们在劳动中找到乐趣，体验到劳动的意义和价值。

评价内容：指尖"落花生"。

评价年级：2 年级。

评价说明：在 2 年级阶段的学生通常已经具备了一定的认知能力和动手能力，开始逐渐建立对劳动的认识和价值观。通过参与指尖"落花生"这一劳动项目，学生在实际操作中不仅可以培养手眼协调能力，还能启发他们对劳动的理解和重要性的认识，促进他们形成积极的劳动态度和价值观。

在 2 年级评价中，需要侧重以下方面进行评估：学生是否能够清晰描述指尖"落花生"这项劳动的目的和意义，以及对劳动的认识程度；技能掌握程度：学生是否能够独立完成指尖"落花生"任务，并展现出良好的手指灵活性和操作技巧；考查学生在任务中表现出的耐心、专注和细心程度，以及处理任务时是否注重细节和精致性；评估学生是否能够与同伴合作，有效沟通与协作，共同完成指尖"落花生"项目；检验学生对劳动的理解程度和对劳动所带来的意义和价值的认知（表 3-11）。

表 3-11　指尖"落花生"活动评价设计

评价指标	初级（未达标）	中级（达标）	高级（优秀）
劳动教育目标	未理解花生分选的重要性，无法描述其意义	能简单描述花生分选的目的和意义，意识尚不够深刻	能清晰描述花生分选的目的和重要性，意识明确
花生颗粒完整度	大部分花生米破损、碎片较多，无法有效筛选	部分花生米颗粒有破损，但大多数完整，能进行基本筛选	所有花生米颗粒完整，无破损，能完全筛选出碎片
分选花生与外壳	未能有效分开花生米与外壳，混杂在一起	能基本分开花生米与外壳，但存在少量混杂	能清晰分开花生米与外壳，几乎无混杂
劳动态度与合作	缺乏耐心和细心，对劳动过程缺乏积极态度	在劳动中表现出一定耐心、细心和积极态度	表现出耐心、细心、积极态度，并能良好与同伴合作

通过评价，可以帮助学生发现自身在劳动能力和素养方面的优势和不足之处，进而提升自己的动手能力、团队合作意识和劳动态度。此外，也有助于引导学生正确认识劳动的价值，激发他们对劳动的热情，培养他们独立解决问题和团队合作的能力，为他们未来的学习和生活奠定坚实基础。劳动教育旨在培养学生的全面发展，让他们在劳动中体验成功的快乐，树立勤劳、自信与创造的人生态度。

评价内容：书本"穿花衣"。

评价年级：3 年级。

评价说明：在 3 年级阶段，学生已经具备了一定的劳动认识、能力和劳动价值观。他们正处于认知能力迅速发展、好奇心强烈的阶段，对待劳动可能已经有了初步的理解和体验。在"穿花衣"的劳动项目中，重点提升以下方面的劳动能力和劳动素养：通过参与"穿花衣"项目，学生可以进一步培养细心、耐心的品质，提高处理细节的能力，确保工作质量和完成任务的正确性；项目需要学生进行小组合作，这有助于培养学生的协作意识、团队精神和沟通技巧，共同协调完成任务，促进合作意识和团队凝聚力的培养；"穿花衣"可能需要一些创意和发散思维，让学生尝试不同的方法和途径来创造，激发他们的创造性思维和解决问题的能力；通过参与劳动项目，学生能够体会到完成任务的责任感和成就感，培养自我管理、自律自信的好习惯，懂得承担起自己的责任，通过参与"穿花衣"项目，学生可以体验到劳动的乐趣和成果带来的满足感，培养对劳动的认可和欣赏价值，树立正确的劳动观念（见表 3-12）。

表 3-12 "穿花衣"活动评价设计

评价指标	初级（未达标）	中级（达标）	高级（优秀）
细致耐心	在装饰书本时，是否细心处理每一件物品	能否耐心等待并按照指导逐步完成书本装饰	能否精心布置书本，保持作品整洁精致
团队合作	能否与同学密切合作，共同实现书本装饰目标	在团队中有积极的沟通和协调能力	能否带领团队有效合作，共同完成书本装饰任务
创造思维	能否尝试不同的装饰方式和材料	具备一定的创意，创造出独特的书本装饰作品	能否提出创新的设计理念，使书本装饰更具个性化和艺术性
责任担当	能否按时完成自己分内的任务	对自己的任务负责，确保作品达到基本要求	能否主动承担额外任务，协助他人完成书本装饰

评价指标	初级（未达标）	中级（达标）	高级（优秀）
欣赏价值	能否欣赏自己和同学的作品，感受到自豪和成就感	对书本装饰过程中所获得的乐趣和团队合作的重要性有一定认识	能否从装饰书本的经验中，培养出对美的热爱和审美能力

在这个阶段，学生逐渐明确劳动的重要性和意义，提升细致耐心、团队合作、创造思维、责任担当和欣赏价值等劳动能力和素养，有助于他们全面发展、促进社会适应能力的提高，培养积极健康的人格品质和劳动态度。因此，"穿花衣"这一劳动项目对于3年级学生的成长与发展具有重要意义，将对其未来的学习和生活产生积极影响。

评价内容：创意"小裁缝"（缝沙包）。

评价年级：4年级。

评价说明：在4年级这个年龄阶段，学生已经拥有一定的劳动认识、能力和劳动价值观基础。通过参与缝制沙包这样的劳动项目，我们可以着重提升学生的综合劳动能力和劳动素养。在这个项目中，学生将进一步培养手工技能、团队协作精神和责任意识，同时加深对劳动的理解和尊重。

重点在于引导学生通过缝制沙包这个实际项目，提升以下几个方面的能力和素养。

首先是技能方面，4年级学生需要进一步提高自己的缝纫技巧，包括掌握更多复杂的缝纫方法、提高针线操作的精准度和速度。他们还可以尝试不同的缝制风格和装饰方式，培养创造性思维和审美能力。

其次是团队合作能力，学生可以在整个缝制过程中与队友密切合作，相互支持，共同完成任务。通过分工合作、互助分享，将进一步提高团队协作、沟通交流和决策协商能力。

此外，学生应当加强自身的责任担当和细心耐心品质。他们需要严格按照要求完成每一个步骤，注重细节，确保作品质量。这有助于培养学生的自律性、细致耐心和自我管理能力。

最重要的是，通过缝制沙包这个劳动项目，学生可以进一步加深对劳动的理解和尊重。他们会意识到劳动的价值和意义，体会到劳动的快乐和成就感，培养出勤劳、坚持不懈的品质，形成珍惜劳动成果、尊重他人劳动的良好品质。

突出劳动教育目标：培养学生热爱劳动、尊重劳动、勤劳节俭的工作态度；提高学生的手工技能和创造性思维；培养学生的团队协作能力和责任意识；加深学生对劳动的理解和价值观（表 3-13）。

表 3-13 创意"小裁缝"（缝沙包）活动评价设计

评价指标	初级（未达标）	中级（达标）	高级（优秀）
缝纫技巧	能基本使用针线进行简单缝制	能灵活运用多种缝纫方法，提高针线操作精准度	能独立完成复杂的缝制工艺，具有一定的创新能力
团队合作	对分工合作、互相帮助有基本理解	能有效沟通协调，积极参与团队合作	在团队中发挥领导作用，引导团队顺利完成任务
责任感和细致耐心	完成任务时较注意细节，具有较强的责任心	能保质保量地完成任务，注重每一个环节	对任务严格要求自己，确保每个细节完美无缺
劳动价值观	学生对劳动的意义和重要性有初步认识	能意识到劳动的价值和意义，乐于劳动	具有深刻的劳动价值观，珍惜劳动成果、尊重他人的劳动

通过这样的劳动项目评价设计，可以帮助学生在技能、团队合作、责任感、耐心细致和劳动价值观等方面得到全面提升，为他们的成长和未来发展打下坚实基础。

评价内容：厨艺"大秀场"。

评价年级：5 年级。

评价说明：在 5 年级这个年龄阶段，学生已经具备一定的劳动认识、能力和劳动价值观。通过参与制作水果冷拼盘这样的劳动项目，着重提升学生的综合劳动能力和劳动素养，促进他们在实践中培养创造力、合作精神和责任意识。

这个项目的重点在于引导学生通过制作水果冷拼盘，提升以下几个方面的能力和素养。

首先，创造性思维和审美能力的培养。学生将通过设计和搭配不同种类的水果，锻炼他们的审美眼光和创造力，培养对美的欣赏能力，并学会将水果巧妙地组合在一起，展现出视觉和味觉上的美感。

其次，团队合作和沟通能力的提升。在制作水果冷拼盘的过程中，学生需要与队友密切合作，相互协调分工，提高团队协作和沟通能力。通过共同努力完成一个美味的制作，他们将感受到团队合作的重要性和乐趣。

此外，学生还应加强自身的细致耐心和责任担当。他们需要仔细处理每一份水果，注重细节，确保整个冷拼盘的美观和品质。这有助于培养学生的耐心、细致和对任务完成的责任感，提高他们的自我管理能力。

最重要的是，通过制作水果冷拼盘这个劳动项目，学生将进一步加深对劳动的理解和尊重。他们会体会到劳动的乐趣和成就感，认识到劳动对于生活的重要性，培养出勤劳、坚持不懈的品质，塑造出珍惜劳动成果、尊重他人劳动的良好品质（表3-14）。

表 3-14 厨艺"大秀场"活动评价设计

评价指标	初级（未达标）	中级（达标）	高级（优秀）
创造性思维和审美能力	能简单搭配水果，展现基本审美能力和创造性思维	能巧妙运用各种水果色彩和形状进行组合，呈现出美感	能独立设计出复杂多样的水果冷拼盘，突出审美特点和创造力
团队合作和沟通能力	在小组内完成任务，具备基本的分工合作能力	积极参与团队讨论，有效沟通协作，达成共识	在团队中担任重要角色，引领团队高效完成任务

续表

评价指标	初级（未达标）	中级（达标）	高级（优秀）
细致耐心和责任担当	完成任务时较注意细节，具有较强责任心	能精心处理每一份水果，确保整体质量	对任务严格要求自己，确保作品完美无缺
劳动价值观	对劳动价值和意义有初步认识	能意识到劳动的重要性，珍惜劳动成果	具有深刻的劳动价值观，尊重劳动和享受劳动的乐趣

突出劳动教育目标：强化学生对劳动的认识和价值观，培养尊重劳动、勤劳创造的态度；提升学生的创造力和审美能力，通过制作水果冷拼盘培养艺术和设计的意识；培养学生的团队合作精神和沟通能力，促进同学们在共同劳动中协调合作；加深学生对耐心、细致和责任的理解，提高自我管理和自我激励能力。

通过这样的劳动项目评价设计，可以帮助学生在创造力、团队合作、细致耐心、责任感和劳动价值观等方面得到全面提升，为他们的成长和未来发展打下坚实基础。

评价内容：饺子"圆舞曲"。

评价年级：6 年级。

评价说明：在 6 年级这个年龄阶段，学生已经有了一定的劳动认识、能力和劳动价值观。通过参与包饺子这样的劳动项目，我们可以进一步提升学生的综合劳动能力和劳动素养，培养他们的实践能力、团队合作精神和责任担当意识。

包饺子这个项目可以重点关注以下方面的能力和素养提升。

首先，手工操作和技能培养。学生在包饺子的过程中需要掌握将馅料包入饺子皮、捏合成形的技巧，培养他们的手眼协调能力和手工操作技能。这有助于提高学生的精细动作能力和耐心，锻炼他们的手部灵活性和敏捷性。

其次，团队合作和沟通能力的强化。在包饺子的过程中，学生需要与同伴合作分工进行，相互协作完成任务。他们需要沟通交流，协调配合，培养团队合作精神和学会如何在集体劳动中发挥自己的作用。

此外，包饺子也能培养学生的创造力和想象力。他们可以尝试不同的包法和馅料搭配，发挥自己的创意，体验创造的乐趣和成就感。这有助于激发学生的创新意识，培养他们的想象力和创造性思维。

最后，通过包饺子这个劳动项目，可以帮助学生进一步树立劳动的价值观和尊重劳动的态度。他们会体会到劳动的辛苦和快乐，认识到劳动对于生活的重要性，培养出勤劳、坚持不懈的品质，形成珍惜劳动成果、尊重他人劳动的好习惯（表3-15）。

表 3-15　饺子"圆舞曲"活动评价设计

评价指标	初级（未达标）	中级（达标）	高级（优秀）
手工操作技能	能将馅料包入饺子皮并捏合成形，基本操作正确	能顺利包出形状完整、大小均匀的饺子，操作熟练	包饺子动作娴熟，饺子皮馅料比例恰当，包法多样灵活
团队合作和沟通能力	能在小组内完成简单分工，基本协调合作	积极参与团队讨论，有效沟通协作，各司其职	在团队中主动承担重要角色，引领团队高效完成任务
创造力和想象力	能按照传统包饺子方式完成任务，稍作变化	尝试不同包法和馅料搭配，展现一定创意	创新包法、独特口味，展示出独特的创造性思维
责任感和细致性	较为注意细节但有所遗漏，对工作负责有待提升	能仔细处理每一个饺子，保证整体质量	对任务严格要求自己，确保每一个饺子都做到完美无缺
劳动价值观	对劳动具有一定认识，能够珍惜劳动成果，尊重劳动	能意识到劳动的重要性，乐于分享劳动成果，尊重他人劳动	具有深刻的劳动价值观，善于总结工作经验，乐于帮助他人

突出劳动教育目标：培养学生勤劳、坚毅的劳动品质，培养他们热爱劳动、尊重劳动的态度；提升学生的实践动手能力，培养他们的创造力和想象力；

培养学生的团队合作精神和相互协作能力，促进同学们在集体劳动中形成默契；强化学生的责任感和细致性，培养他们对工作负责、注重细节的意识。

通过这样的劳动项目评价设计，学生在手工操作、团队合作、创造力、责任感和劳动价值观等方面能够得到全面提升，为他们的成长和未来发展打下坚实基础。

（郑州市金水区文化绿城小学　宋曼）

新时代教育成果丛书

丛书主编 郭艳丽 李 益

观 澜 主编

劳动课程
——如何规划 如何融合

如何发展?

下册

知识产权出版社
全国百佳图书出版单位
—北京—

图书在版编目（CIP）数据

劳动课程.下,如何规划？如何融合？如何发展？/ 观澜主编.—北京：知识产权出版社,
2025.4.—（新时代教育成果丛书/郭艳丽，李益主编）. — ISBN 978-7-5130-9965-3

Ⅰ.G633.932

中国国家版本馆 CIP 数据核字第 2025DW5120 号

内容提要

2015 年颁布的《中华人民共和国教育法》明确规定，要坚持"教育必须与生产劳动和社会实践相结合"，学习、创作、实践的过程都是劳动的过程。也如成尚荣先生所说，综合实践活动、劳动教育、社会实践、研学都是劳动；学生在综合性、实践性、生成性的课程中最能实现全面发展。本册为学校及教师提供了综合性课程的融合规划、开发与实施范式，提炼出成果模式，解决了课程如何持续发展的问题，为广大教师提供了思路，开阔了眼界，指引了方向。

责任编辑：郑涵语　　　　　　　　责任印制：孙婷婷

新时代教育成果丛书

郭艳丽　李　益　主编

劳动课程（下）——如何规划？如何融合？如何发展？

LAODONG　KECHENG (XIA) —— RUHE　GUIHUA? RUHE　RONGHE? RUHE　FAZHAN?

观　澜　主编

出版发行：**知识产权出版社** 有限责任公司		网　　址：http：//www.ipph.cn	
电　　话：010-82004826		http：//www.laichushu.com	
社　　址：北京市海淀区气象路 50 号院		邮　　编：100081	
责编电话：010-82000860 转 8569		责编邮箱：laichushu@cnipr.com	
发行电话：010-82000860 转 8101		发行传真：010-82000893	
印　　刷：三河市国英印务有限公司		经　　销：新华书店、各大网上书店及相关专业书店	
开　　本：720mm×1000mm　1/16		印　　张：8.75	
版　　次：2025 年 4 月第 1 版		印　　次：2025 年 4 月第 1 次印刷	
字　　数：132 千字		总 定 价：120.00 元（全两册）	

ISBN 978-7-5130-9965-3

目　录

第四章
综合实践活动

实践教育

——区域推进综合实践活动的二十五年蜕变

一、课程背景

综合实践活动课程作为国家课程改革的亮点和一以贯之的理念，撬动了课程育人和学习方式的变革，具有独特的育人价值。河南省郑州市金水区作为国家首批课程改革实验区，自 2001 年起就常态实施，逐步提出"生命·未来"的教育思想，构建"实践育人"模式，尊重学生生命和成长规律，关注学生成长过程，解决校本化课程繁多、内容单一、学科知识割裂、实践性不强等问题，形成融合性、实践性课程，为培养健康成长、实践创新的未来接班人奠定扎实的基础。

25 年来，金水区制订了四个"五年计划"，以"1246"为路径，即围绕总目标，依据《1~9 年级学生能力发展指标》《综合实践活动课程教师素养》为两大抓手，细化《大中小学劳动教育指导纲要（试行）》总目标；通过四大举措，汇聚专家智慧、深耕课程等提质；创新教师评职称福利、纳入督导等六大保障，整体推进，培养学生形成正确的价值观、实践观、人生观和世界观。

目前 80% 以上学校有专职教师；在《人民教育》《基础教育课程》《中国教育学刊》等杂志发表文章；出版书籍 20 多部，由国内资深专家宋乃庆、成尚荣、张华、余文森、郭元祥等作序；金水区 20 多所学校被评为河南省综合实践活动样本校；6 所学校教学成果获国家级成果奖；金水区及本区学校的成果多次在全国会议上交流，并被《中国教师报》、河南电视台等多家媒体报道；学生研究态度和成果被时任教育部副部长的陈小娅赞许。

二、解决的主要问题

（1）区域缺乏专业化、系统化的课程资源，需要由"零散"走向"系统"。

（2）教师不了解具备哪些知识、能力和素养才能胜任这门课程。

（3）保障机制不健全，导致课程无法持续性发展。

三、解决问题的过程

（一）探索"无人区"，摸着石头过河，实现从"无"到"有"拓荒者目标（2001—2005 年）

根据《义务教育课程方案（2011 年版）》要求，指导学校结合资源，自主开发，将理论应用于实践，探索课程实施方法，解决课程如何开发和常态实施问题，引领示范与推动。

（二）初步定向，给出综合实践活动行动指南（2006—2010 年）

出台《金水区综合实践活动课程实施规范指南》，引领学校整体规划，走向课程规范，解决"课如何上""上什么""怎么评"等问题，深耕课堂发展。

（三）举旗树标，编制《1~9 年级学生能力发展标准》，打造区域品牌（2011—2015 年）

印发《进一步加强综合实践活动课程实施的指导意见》，走向内涵发展，编制《1~9 年级学生能力发展指标》，开展每年一届的研究性学习成果评比活动，深耕学生能力发展。

（四）纵深推进，由粗放式课程建设向规范化课堂教学发展（2016—2021 年）

结合 2017 年《中小学综合实践活动指导纲要》，进一步重构课程架构，建立跨学科模型，既有历史传统又有时代发展，解决课程迭代发展，体现融合。

（五）凝练成果，进行推广（2021 年至今）

借助省市教研部门及"观澜名师工作室"，将区域模式进一步推广、应用与验证，辐射到省内外学校、教研部门等，推动基础教育课程改革。

四、解决的方法

（一）汇聚智慧：让专家成为"领跑者"

曾邀请成尚荣、郭元祥、顾建军、张华、余文森、杨培禾、黄琼等专家进行课程理论、跨学科设计等培训，邀请宋乃庆教授多次指导课程实施与成果凝练。站在国内知名专家的肩膀上，丰富理论、实践研究、科学发展。

（二）出台政策：深耕课程设计

相继出台区域《进一步加强综合实践活动实施的指导意见》《关于综合实践活动课程的实施指南》；通过校本研修、课堂展评等实践研究，研发《1~9年级学生能力发展指标》《综合实践活动课程教师素养》标准；通过区域、学校、社会资源协同的多次"举措"，构建"实践多"的课程体系；建立课程、学生、教师"三评"体系等课程推进策略，分别探索并构建 70 多项的劳动课程实践经验、22 项跨学科模型、33 个对课程解读的实践经验、33 项"以学生为中心"的活动设计、33 项项目式学习成果、9 个非遗项目的实践成果、100 多项活动主题等，形成区域课程资源共享。同时从 2013 年起，开展每年一届的研究性学习活动，让学生从校内走向社会；从 2017 年起，政府加大社会实践资金投入，满足全区五、六、七年级的五天封闭式活动等，促进学生健康成长、全面发展，落实核心素养。

（三）创新教研：打造高质量师资队伍

通过创新"5+1"教研体系，即开展每月至少一次"行之实"教研活动、学校中层课程领导力培训等教研方式，加上"观澜名师工作室"，共同打造一支业务精湛、充满活力，具有创新能力的教研共同体。

（四）创建资源：开发数字课程资源

"观澜名师工作室"带领团队建立联盟项目，与安阳、洛阳、杭州、昆明等地市教师一起研发课程。目前"探秘葫芦文化""中医启蒙：从百草到养生"综合性、实践性的"双师课堂"的电子课程已被河南科学技术出版社推广到省内外。"传统纹样""茶文化""布老虎""扎染""鼎立中原"等课程正在持续开发中。

五、成果创新点

（一）建立"生命·未来"的文化哲学理论

通过 25 年的深入持续探索，建立"生命·未来"的文化哲学理论，在综合实践活动课程中关注学生身心成长过程和未来发展。打破单一学科壁垒，突破当下学科割裂、重知识轻实践、脱离真实情境、忽视素养发展等难题，让知识综合应用到生活和社会中，合作探究、解决问题、重构思维、实践创新，与自然、社会、世界建立紧密联系，知行合一，为适应和创造未来的学习与生活打下扎实的基础。

（二）研究理论视角新

我们研发的《1~9 年级学生能力发展指标》《综合实践活动课程教师素养》标准，细化《大中小学生劳动教育指导纲要（试行）》总目标，解决学生"如何学""学得怎样"，教师"如何教""教得怎样"等难题。从 2013 年起，通过开展每年一届暑假学生的研究性学习活动新举措，充分为学生打造了广阔的实践平台和空间，共获得 4000 多项研究成果，市级奖项年年位于首位，11 项成果在全国教育会议上展示；同时将社会实践、研学、跨学科模式推广到郑州市 57 所实践基地，仅 2016 年就服务了 100 多万学生的实践成长，使学生的综合能力和核心素养得到叠加式发展。

（三）区域保障机制新

区域从 2001 年起，设置专职教研员，保障课程专业引领；从 2009 年起，创新教师保障机制，增设多项可以评职称的条目，设置教师可以评综合实践活动类别的职称，解决教师福利待遇和持续性发展问题；通过建立项目联盟校、典型示范引领、教研部门每周两次固定下校调研等，促进课程高质量发展。

六、课程成果及影响力

（一）学生发展多元有个性

学生仅暑假期间的研究成果就有 4000 多项，参与人数 1 万多人次，出版的学生研究成果《看见学习　看见成长——项目化学习实施与评价》已 3 次印刷，3 所学校在创新设计大赛上获得国家级奖项，7 项学生的团队成果项目获国家级奖项，13 所学校的学生研究成果在全国会议上推广；多项活动被河南电视台、"中华网"媒体等报道。2007 年学生在河南博物院自主研究时，时任教育部副部长的陈小娅与学生深度交流，并称赞学生"很会研究，研究成果也很丰富"；与教师交流时，她说："活动非常好，希望学校继续开展下去。"

（二）区域科学发展有成效

课程顶层设计科学有效，影响力极强。我们出版的《亲历实践》《综合实践活动 60 问》《让非遗会说话》《让知识回家》《劳动教育课程实施与评价》等 20 多本书，被推广到北京、上海、广州、南京、广西等 20 多个城市，图书由宋乃庆、成尚荣、余文森、郭元祥、张华、柳袁照等专家作序推荐；在《人民教育》《基础教育课程》《中国教师报》《中国教育学刊》等刊物发表 20 多篇文章；区域成果多次在全国会议上交流，辐射 40 000 万余人；刘坚、成尚荣在全省会议上对区域成果给予肯定与称赞。

（三）学校树立课程品牌

各学校贯彻国家政策，依照区域文件，基于 SWOT 分析，制定科学可行的《综合实践活动课程规划》，常态实施，形成"一校一品"，6 项案例入编教育部案例集，6 所学校课程成果被评为全国优秀课程成果，近 20 所学校被评为河南省综合实践活动样本校。金水区文化路第一小学、四月天小学等 10 所学校经验在全国会议上交流。当代教育家成尚荣对即将出版的涉及 38 个学校成果的"新时代课程成果丛书"进行高度点评。

（四）教师专业成长迅速

目前，80% 以上学校有专职教师，共计 90 余人。毕瑞霞、张丽红等 10 余人获国家级优质课奖；张力伟、崔超等多名专职教师走上领导岗位；杨丽君、焦福梅等专职教师成为省级骨干教师；仅 2023 年，评上综合实践活动中小学一级教师 3 人，高级 6 人。"观澜名师工作室"成员将经验推广到商丘、周口、安徽、徐州、杭州、西宁、重庆、厦门等地，并协同乌鲁木齐、昆明、深圳等地名师共发展，推动基础教育课程改革。

（郑州市金水区教育教师研究中心　关春霞）

中医药文化课程

——培养学生健康的生活

一、课程背景

郑州市金水区经三路小学开展的"中医药文化"课程，以了解身边的中医药为学习内容，同时结合劳动实践，让学生在实践中感受中医药在人们生活中的作用。为了给学生创造便利的学习条件，学校与河南中医药大学第三附属医院建立联系，邀请中医专家进课堂，为学生带来专业的中医药学知识，建设浓郁的中医药特色校园文化。师生在学习、了解中草药的过程中，结合语文、美术、信息技术、劳动、科学等学科，开展种植、养护、收获、分享等多种劳动项目，通过"做中学""学中做"亲手实践、亲身体验，发展学生的劳动精神。

自 2020 年课程实施以来，学生学习中医药的热情高涨，在参加的各级各类赛事活动中获得了一些荣誉。"中医药文化进校园的探索实践"活动成果参加第六届中国教育创新成果公益博览会，备受关注。中医药文化成为经三路小学的一张名片。

二、解决的主要问题

（1）学生对中医药知识的需求。

（2）建设跨学科的中医药文化课程体系。

（3）提供学生实践的平台。

三、解决问题的过程

（一）第一阶段：借助专业力量，传播中医药文化（2020—2021 年）

学校根据学生需求，从零星实践活动入手，借助专业力量传播知识。2020年初，学校借助河南中医药大学第三附属医院专家团队的力量，通过"钉钉"线上课堂进行"中医小讲堂"活动，借助中医专家进行健康生活的讲授。

（二）第二阶段：建设中医药文化课程体系（2021—2022 年）

学校建设河南中医药大学中医文化教育实践基地，开发中医药课程。学校建设"百草园"中草药种植基地和"小郎中"中医药馆，并将美术、体育、语文等学科率先纳入中医药文化的课程开发中，建设中医药文化课程体系。

（三）第三阶段：进行中医药文化课程推广（2022 年至今）

学校梳理中医药文化课程体系，进行中医药文化课程推广。融入陶行知先生"生活即教育"的理念，将中医药文化和学校的劳动、德育、体育、美育等课程进行融合，构建"五育融合"的中医药文化课程体系并进行推广。

四、实施的方法

（一）学校开设必修课程

学校通过两种方式开展课程建设，一是配置综合实践活动专职教师，通过课堂进行方案制定、方法指导、总结交流等，开展中医文化教学；二是课程渗透到各个学科教学中，体育学科教师负责开发八段锦，美术学科教师负责标本的制作，音乐学科教师负责音乐疗法的渗透等，实现学科的融合。

（二）积极探索中医药文化特色实践活动课程

校园内开辟"百草园"中草药种植基地和"小郎中"中医药馆，为学生提供多种中医药文化教育场所。学校从小学语文、美术、体育、综合实践和劳动教育几个学科入手，探索中医药文化特色实践课程，在课程中，不仅能在学习中培养学生的核心素养，还有助于增进学生对中华优秀传统文化的了解和认同，坚定中华优秀传统文化自信。

（三）校内知识探索和校外实践活动相结合

课程将中医药文化与劳动技能相结合、社会与生活相结合，借助河南农业科学院社区开展的"淑霞靓汤""农艺园""节目美食"等厨房劳动，组织学生参与社区联动，为学生提供开放、多元的劳动教育实践活动。学生将校内制作的中药香囊、养生茶饮，通过校外实践活动送给他人，丰富学生的社会实践体验（图4-1和图4-2）。

图4-1　中医启蒙：制作山楂丸　　　　图4-2　中医启蒙：义卖养生茶实践活动

五、成果创新点

（一）建立田园 + 中医场馆实践基地

"百草园"中草药种植基地、"小郎中"中医药馆为学生探索中医药文化提供了开放性的课堂，使学生沉浸在真实的学习场所中，学生在"种、养、收"中药的过程中，体悟劳动的乐趣，逐步养成劳动习惯和品质。

（二）将课程纳入课堂 + 研学

学生在中药房学习制作大山楂丸，在寒食节制作艾草青团，在深秋收获时节到焦作陈家沟亲身体验挖山药，学生在真实的生活情境中亲身经历各种活动，获得真实体验，感受生活及教育。

（三）构建学科融合的课程体系

学校联合语文、科学、美术、体育等相关学科，打破单一学科壁垒，开展跨学科学习，实现"五育融合"。语文学科开展"中医名家故事""中医药发展历程"主题学习，科学学科开展"中药种植和节气""中药搭配知多少"主题学习，美术学科开展"中药扇面画""中药图谱"主题学习，体育学科开展"少儿八段锦"主题学习等，中医药文化的丰富多样性通过各个学科的实践活动展现并传递给学生。

六、成果及影响力

（一）学科和中医药文化融合的课程框架形成

以劳动教育和综合实践活动课为主阵地，联合语文、科学、美术等相关学科，通过线上＋线下、校内＋校外多场域融合实施。从目标、内容、实施、评价等层面入手，构建完整的课程体系，促进学生德智体美劳全面发展。

学校的综合实践活动课程"了不起的中医药"，被评为河南省中小学综合实践活动课程建设优秀成果二等奖。学校参与主编的《中医文化》入编河南科学技术出版社出版的"让非遗会说话"丛书。综合实践"健康品饮毛尖茶"作业设计，获得河南省义务教育阶段作业设计优秀案例一等奖。

（二）学生形成健康生活理念

学生明白"药食同源"的道理。学生明白生活中处处是中药，对中华优秀传统文化认同感增强；学生通过在郊外挖野菜、烹制野菜的实际参与，发现大自然蕴含的无限生机，体验劳动的快乐。学生在做传统健身操的过程中，能感受到身心平和安静的惬意，逐步接受并且喜欢做少儿八段锦、五禽戏，并从中感受快乐。焦福梅老师执教的综合实践课"身边的中药"获河南省优质课二等奖，教学设计入编"梧桐树"系列丛书《不一样的课堂》并出版。学生参加"金水区能力生根暨研究性学习成果评比活动"，成果"厨房里的中药"获得一等奖。李晓燕老师的活动案例"春风吹来野菜香"入编"梧桐树"系列丛书《劳动教育课程实施与评价》并出版。

（三）成果推广受到广泛关注

2022年，学校以"传承中医药文化，领悟自然生长之美"为主题在第六届中国教育创新成果公益博览会卫星会议上进行分享，广受好评。2023年，学校携带"中医药文化进校园的探索实践"的阶段成果在珠海举办的第六届中国教育创新成果公益博览会上进行汇报交流，备受关注。

中医药文化活动课程在经三路小学开设并实施了三年，教师在课程开发方面和活动组织方面有所提升，学生在实践中感受到人与自然的和谐相生，在劳动中理解了尊重自然、敬畏自然、适应自然的道理，学生、家长也受益良多。

马瑞老师说："通过学习，我感到综合实践活动的特点就是把学生的主体性放在第一位，重在培养学生的动手实践能力，让学生主动获取知识，从而提高学生应用知识和解决问题的潜力。在活动中，学生是最大的受益者，在好奇心和求知欲的吸引下，他们会主动获取知识、查询信息，长期如此可培养学生良好的学习习惯。综合实践活动为学生打开了想象的翅膀，也为他们搭建了展示自我的平台。"

六（3）班张泽森说："我们学习中医药的相关知识，中医药文化作为中华优秀传统文化，是我们的文化宝藏。其实我们身边的很多常见食材、植物都是中药，在我国古代就有'药食同源'的说法。我们在实践活动课上制作中药卡片、中药画、泡中药养生茶、做中药养生美食，同时感受中医药文化的魅力。"

河南京源科学技术研究院刘勤文［六（7）班周乐钦妈妈］说："我深深地感受到中医药文化走进校园，不仅能播下传承中华优秀传统文化的种子，还能增强孩子的健康意识，从小养成正确的生活习惯。通过接触中医文化知识，让孩子们把中医药文化带进家里。孩子从小明白起居有常、饮食有节，从小懂得做自己健康的第一责任人，使全民丰富了文化知识，提高了身体素质。"

（郑州市金水区经三路小学　张仁杰　焦福梅　马瑞）

学科融合下的综合实践活动课程改革

——"布老虎"课程的实践与探索

一、课程背景

郑州市金水区四月天小学高度重视中华优秀传统文化的教育，着力培养具有"生长力、学习力、审美力、行动力、创造力"的四月天"星光少年"。

自 2011 建校以来，学校一直常态化开展综合实践活动课程。学校始终坚持"暖己暖人暖天下"的教育理念，努力通过创设温暖环境，构建温暖课程，塑造温暖教育者。为进一步推动中华优秀传统文化创造性转化、创新性发展，不断发掘大豫文化，将非物质文化遗产代表性项目——布老虎，作为学校特色品牌课程常态化开展。

非遗"布老虎"课程着眼于转变学生的学习方式，注重"以学生发展为本"；注重学生自主学习、自主探索。通过多学科融合的教学探索方式，加强学生核心素养的培育。

学生设计制作的布老虎及周边文创产品多次参加各级各类艺术展示活动，2022 年 5 月，学校荣获第六届中国教育创新成果博览会首届"致敬中华优秀传统文化"项目全国一等奖。

二、解决的主要问题

（1）教师在开发、利用校内外课程资源方面还不够充分。

（2）综合实践活动课程缺乏深度和广度。

（3）综合实践活动课程架构横向活动形式多样，纵向上呈现零散状态，年级与年级的衔接不够紧密。

三、解决问题的过程

（一）初探阶段（2011—2015年）

从课外活动入手，在无经验的情况下，鼓励教师从自身学科特点入手创造综合实践活动课程，设置兼职综合实践活动课程教师，增强学生和教师对综合实践活动课程的重视程度。

（二）规范开展阶段（2016—2018年）

以考察探究系列活动为主，开展一系列学科主题活动，并在不同学科中抽调教师组建专门综合实践活动课程教研组，规模化开展综合实践活动课程。

（三）实践探索阶段（2019—2020年）

从跨学科入手，横向上做到活动形式的多样化。整合学校现有综合实践活动课程并将其归类，进行更加深度的教研与操作应用。

（四）成果推进阶段（2021年至今）

从系统化课程入手，将零碎课程主题进行融合，年级与年级的衔接更加紧密。大力推广非遗"布老虎"课程，并通过非遗市集、综合实践活动工作坊等进行推广宣传。

四、实施策略的方法

（一）加强教师培训

学校采用专家引领的方法，定期请福建师范大学余文森教授团队、非物质文化遗产代表性传承人张艳等专家对教师进行专业化的培训。坚持每周三下午集体教研，提高教师的课程设计和教学管理能力，从而更好地引导学生参与实践活动。

（二）扩大课程范围

基于学科内融合、学科间融合、学科与生活融合，对交叉重复、与生活脱节等内容进行了融合。动员多学科教师结合自身学科特点对课程进行开发，保证课程形式多样化，与美术、劳动、信息技术等多学科融合，结合地域文化和特色，开发出更具有特色的综合实践活动课程。

（三）建立多元化的评价机制

在课程的开展过程中采用"小组活动手册＋积分表"的形式进行课堂评价，采用自我评价、互评、家长评价等多种方式，从多个角度对学生的实践成果进行评价。采用小组的形式、"积分表＋奖章墙"的双重评价模式，让学生在每次活动中保持新鲜感和积极性。

五、成果创新点

（一）课程内容创新

综合实践活动课程在内容上更加注重学生的实际需求和兴趣爱好，通过引导学生参与各种跨学科实践活动，如社会实践、科技创新、文化体验等，培养学生的实践能力和综合素质。

（二）项目成果表达方式创新

非遗"布老虎"课程采用"用非遗来表达非遗"的思路进行推广，发挥创意融合泥塑、剪纸、快板及一系列的布老虎衍生文创，将传统文化与现代艺术相结合，设计制作布老虎手提包、钥匙链、帽子、手机壳等更能符合现代大众的审美。

（三）开发课程共享资源

课程在"观澜名师工作室的指导下，出版《让非遗会说话》丛书，为学校教师提供了引进模式，同时开发名师课程，将课程广泛推广。

六、成果及影响力

（一）学校层面

经过多年的沉淀与积累，非物质文化遗产代表性项目——布老虎，在四月天这方沃土生根发芽，茁壮成长。学校定期举办"布老虎非遗市集"，将学生设计的布老虎周边衍生文创产品通过流行的市集形式进行推广（图 4-3、

图4-4）。虎年时在全校范围内征集布老虎红包 IP 形象设计，全校每位学生都得到了由他们自己设计的虎年红包，"布老虎"真正走到了学生面前，成了学生最好的朋友。

图 4-3　老师讲解热塑片制作方法 　　　　　图 4-4　非遗布老虎展位

非遗布老虎课程及艺术实践工作坊开展以来，多次参加参展省市级艺术节活动，于 2023 年 11 月 18 日，受邀亮相第六届中国教育创新成果公益博览会。

（二）教师层面

教师研究热情高、成长快、观念新、专业强，形成了"伙伴式、合作型"研究共同体。教师辅导学生创造出符合四月天特色的布老虎标志，用"非遗表达非遗"，通过探究式学习深入了解了布老虎的历史文化和制作工艺，让布老虎走进校园，迸发出更强生命力。

（三）学生层面

通过参与非遗"布老虎"课程，学生的实践创新能力、动手能力和审美情趣及对传统文化的认同感在潜移默化中得到提升。

2021 年 7 月，"布老虎"项目团队学生利用暑假，参加北京师范大学中国教育创新研究院举办的全国第六届教育公益博览会"首届致敬中华优秀传统文化项目学习成果"总决赛，并获得一等奖，在全国 161 支总决赛队伍中脱颖而出，荣获最高荣誉，得到评委老师高度肯定和赞赏。

五（5）班申铎逸的家长申紫龙，提到孩子通过学习非遗"布老虎"课程，收获了宝贵的团队合作经验及动手能力，表示这是孩子难得的成长体验。

2023 届毕业生王明涵现就读于河南省实验中学，也曾是非遗"布老虎"课程"葵宝队"的一员。她将非遗"布老虎"课程在学校继续传播，回来探望母校时也展示了脍炙人口的布老虎宣传快板，活学活用，给学弟学妹们做了良好的榜样，也体现出了综合实践活动课程下的孩子是活泼好动、善于思考、懂得感恩的。

不仅如此，通过创新，一只只活灵活现的布老虎被赋予了新的生命。学校每个学期进行非遗"布老虎"课程成果展示，邀请家长参与其中，将课程得以推进的同时，让更多的人了解非遗文化，感受传统艺术的魅力，以学校教育为支点，营造人人知晓非遗文化、人人热爱非遗文化、人人传承非遗文化的浓厚氛围，层层推进，实现从校内到社会再到全国的推广。

（郑州市金水区四月天小学　黄彦松　李亚）

因地而生，基于地域化的
综合实践活动课程实施与探究

一、课程背景

郑州市金水区农科路小学始建于 1996 年，位于东风渠畔，毗邻河南省农业科学院、河南省林业科学院、郑州市动物园，学区范围涵盖多个大中专院校，环境资源丰富。学校地处市中心，生源质量、家庭教育及发展存在多样性，学生家长整体素质较高，参与学校教育的愿望迫切，其中不乏各行各业的一些专家型家长，如农业科学院的博士、交通警察、消防员、高校教师等，都是极其宝贵的课程资源，可担任学校的课程志愿者，从而丰富学校课程内容，提升课程品质。

自 2001 年 7 月课程改革以来，学校加强综合实践课程教师队伍组建与培养，从前期的班主任兼职指导活动，到现在由 1 位副高级教师带领 8 位专职教师组成专业课程团队进行课程实施与研究。结合学校周边社区资源省农科院、省林科院、省博物院、市动物园、花花牛乳业有限公司等进行课程开发，形成独特的课程体系，使每个年级既有固定活动主题又有机动内容。

本成果参与河南省《综合实践活动课程指导》《劳动与技术》《创新始于劳动 魅力源于技术》《亲历实践》《综合实践活动 60 问》《不一样的课堂》等教材与书籍的编写，获得国家级、省级、市级、区级优质课 20 多节。

二、解决的主要问题

（1）通过校本化课程可以根据学校的特点和资源进行定制活动内容，使课程更加贴近学校和学生实际情况，完善学校课程结构，提高活动的质量和效果。

（2）通过校本化实施，指导教师如何结合国家义务教育课程方案，实现课程的综合性、实践性，从而打造品牌效应，进行"样本"推广。

三、解决问题的过程

（一）初探内容（2001—2010 年）

在无经验的情况下，依据核心素养要求，考虑学生兴趣、生活经验和可利用资源，同时思考可实施性与教育意义，确定活动实施目标与主题。

（二）根据《指南》要求，基于学校文化，制定课程实施规划（2010—2014 年）

根据区域指南，充分考虑实际情况及活动特点，如综合性、开放性、实践性等，制定学校的课程规划。

（三）组织与整合，强化课程实施价值（2014—2017 年）

深挖周边资源，助力课程校本化实施，充分发挥学生主观能动性，提高学生实践能力。

（四）构建多元评价体系，促进学科素养达成（2017年至今）

评价应以学生实践活动为基础，关注学生的实践能力与创新精神的发展。

四、实施策略的方法

（一）打造课堂文化

"课程在本质上是一种社会文化的选择"，而综合实践课是学生获得共同成长与发展的主渠道和综合课凝聚力形成的最有效促进因素。从打造自主、开放、多元化的课堂文化入手，优化课程活动文化，丰富课程活动，创新课程形式，强化课程精神文化，引导学生实践全新意识和成就感。

（二）特色活动品牌化

为了使课程成熟化、活动品牌化，学校组织了丰富的活动来体现学校综合实践活动课程特色。

1.课程资源体系化

在课程资源开发稳步实施的基础上，怎样使活动向纵深发展是学校一直在思考的问题。学校现有的品牌课程有"小创客易物节""快乐足球""魅力蹴鞠""舌尖美食——咸鸭蛋"。2017年在学校领导班子大力支持下及综合实践活动组全体教师的积极组织下，4月份的综合实践活动月正式启动，其中六年级组织的"小创客易物节"为特色活动月拉开了帷幕，同时举行的还有五年级的"鸭蛋节"、四年级的"风筝节"和三年级的"风车节"，活动课程也在实施的过程中不断改进方案。

2.特色社团丰富化

学校综合实践活动社团"巧手吧"自2013年成立以来，以培养学生动手能力为宗旨，通过"古代发饰寻传统""千变万化蝴蝶结""美丽花朵俏绽放""可爱动物翩翩来""创新设计展风采""摆摊销售献爱心"六个单元课程内容的开发与实施，结合纸艺、布艺、花艺、立体贴画等工艺特点与相关技法，增长学生的相关知识、提高学生的动手操作技能、丰富学生的课余文化生活。

（三）设计跨学科主题学习，强化学科整合

《义务教育课程方案（2012年版）》中指出，要强化学科内知识整合，发挥课程协同育人功能。基于此，学校成立了由各学科骨干力量组成的"综合课程中心"，鼓励教师结合自身学科特点，依托综合实践与研学活动，统筹设计综合课程和跨学科主题学习。如：在活动中穿插不同学科内容、方案设计与组织、科学探究、自主访谈、实地考察、绘制设计、动手制作、活动记录及反思等。

五、成果创新点

（一）整合不同学科内容，设计跨学科主题活动

综合实践课程需要整合不同学科内容的知识和技能，包括科学、技术、工程、艺术和社会科学等。通过制订综合性的学习计划，使学生能够将不同学科的知识和技能结合起来，以解决现实生活中的问题。基于此，学校成立了由各学科骨干力量组成的"综合课程中心"，鼓励教师结合自身学科特点，依托综合实践与研学活动，统筹设计综合课程和跨学科主题学习。

（二）挖掘周边优质资源，开发博物馆课程

我们地处河南，有着得天独厚的地理文化优势。河南是中华民族和华夏文明的重要发源地，地下文物数量全国第一、地上文物数量全国第二，是全国文物大省。学校又紧邻河南博物院，所以课程中心的教师们在对博物院进行充分的调研后，由美术学科教师牵头，设计研发了名为"亘古河南 豫见文物"为主题的博物馆课程。

（三）探究六循环模式，设计课程实施框架

探究过程是师生共同生成课程的过程，在众多模式中学校主要采用探究六循环（图4-5），通过实践活动获得新的体验与发展。

图4-5 六循环模式

具体实施过程如下：

第一环节是进入探究。教师需要做的是提出问题，激发学生的好奇心，激活学生已有的经验，师生共同完成生成单元探究计划。

第二环节是探究发现。教师需要做的是充分准备各类教学资源，确定合理的教学策略，满足差异化学习的需要，通过任务单呈现学科研究方法；学生需要做的是充分利用学习资源，运用不同的学习方式，例如，做实验调查、外出研学，以及利用学校专家资源。

第三环节是梳理建模阶段。教师需要做的事是引导、指导学生共同建立分类标准，引导异同比较、推断出结论与进入探究阶段填写的内容表进行比较，鼓励学生思考新发现。

第四环节是深入探究。这一阶段是建构理解、知行合一的关键，学生在新情境下进行独立探究，通过反思建构个人理解，通过行动展示理解的过程。

第五环节是建构理解，教师需要做的事情是给出反思引导。学生需要做的就是反思所学，反思学习的方法。

第六环节是知行合一，也是最后一个环节。教师帮学生创造学习行动的机会，提供引导性的问题；学生用行动表现理解，通过展演以所学知识和行动影响周围的人。

六、成果及影响力

（一）学校综合实践课程资源开发取得成效

农科路小学形成了"一校一品"样态，综合实践课程资源开发取得成效。有效解决综合实践活动课程无适用教材、无资源、无指导方法的问题。本成果参与海燕出版社出版的《综合实践活动课程指导》一书的编写，参与河南科学技术出版社出版的《劳动与技术》教材的编写，参与知识产权出版社出版的《综合实践活动60问》一书的编写，参与《不一样的课堂》一书的编写，参加综合实践活动第八届、第十届全国年会，受到与会专家的好评，为本成果的进一步完善提供了理论支持。

（二）教师专业成长快速

综合实践活动课程成就了教师。在课程资源开发实施的过程中，学校组织指导教师参加国家、省、区、市各级教育部门组织的多种活动，多位教师获得国家级、省市级奖项：2018年，毕瑞霞老师执教的"魅力蹴鞠"获得河南省优质课二等奖；2018年，"我爱我校"在第四届"真爱梦想杯"全国校本课程设计大赛中获得优秀奖；2019年，宋雅丽老师和毕瑞霞老师辅导的"探究不同配方对咸鸭蛋蛋黄出油变沙的影响"项目在郑州市中小学生研究性学习成果评比中获得一等奖。

美术老师杨明洁说："自从参与了课程研究以来，我觉得自己面前又打开了一扇门，让我的视野更开阔，特别是带领学生活动的时候，我们一起观察文物、查阅资料、与人交流探讨。活动结束后感觉收获颇丰，同时也改变了自己的教学思路。"

（三）学生发展多元化

学校创设多种活动主题，培养发展学生的发现与解决问题能力。在"亘古河南 豫见文物"走进博物院课程中，学生来到河南博物院了解相关文物，学生的实践创新能力得到叠加式成长（图4-6）。

图 4-6　学生的多元化发展

五（7）班的王梓琪同学说："每次参加综实活动，都让我感到非常激动，因为他和其他学科不一样，活动中遇到的许多问题都是我们努力想办法解决的，真是'山重水复疑无路，柳暗花明又一村'，让我觉得自己是最棒的！"

（四）社会力量协同共进

综合实践课程实施以来，学校始终把合理开发校区周边课程资源、校本化课程建设作为综合实践课程的重点工作。学校综合实践活动课程培养了全面发展、实践创新的农科少年，吸纳了不少家长的加入，让更多的孩子享受优质教育。家长与孩子共同研究与实践，积极协助，建立了良好的"三位一体"协同发展机制。

六（2）班家长王彦娟说："孩子参加这样的活动后，他的学习劲头更足了，原来放学回家总是先玩再写作业，现在孩子就自觉地查资料、写作业、干家务，自己的事情自觉主动地完成，就像变了个人一样。"

（郑州市金水区农科路小学　孙永亮　毕瑞霞）

二十四节气

——基于"五育融合"的课程育人体系探究

一、课程背景

"二十四节气"是我国古人根据节气与农耕关系的观察，总结出天象变化与季节、气候、植物生长之间的变化规律，体现了人与自然和谐共处的"天人合一"的哲学思想。因此，融合自然、精神和文化属性于一体的节气文化具有独特的课程资源价值。黄河路第一小学在 2020 年开发了"斗转星移节气"课程，以学习体验和实践劳动为主题的课程，让学生为传统文化自豪的同时，锻炼了动手实践的能力和收集整理资料等能力，在活动过程中感受二十四节气的魅力，从而亲近自然，热爱生活，弘扬中华优秀传统文化。

课程以民间习俗、节气文化、节气养生等为主，关注学生在学习体验和实践劳动的同时，感知节气的魅力，从而提升学生的人文素养实践能力。

近年来，节气课程围绕传统文化、农耕文化、节气文化等开展了丰富多样的活动，在活动中逐步形成自成一套的文化体系。学校已开展节气相关活动多达 52 次，参与学生率达到 100%，新闻推送量达到 87 篇之多。2023 年"斗转星移节气"获得了郑州市校本课程建设一等奖。

二、解决的主要问题

（1）构建可持续性实践的二十四节气课程。

（2）避免单一的课程实施方式。

三、解决问题的过程

（一）"节气课程"初探（2000年以前），从中华传统文化中孕育出节气课程雏形

自2000年以来，随着国家课程改革的深化，校园文化变得更加丰富和多元，传统文化逐步走进校园，结合黄河文化，教师带领学生开始初探二十四节气知识。

（二）"节气文化"课程发展（2000—2021年），从小主题活动中逐步完善传统文化的主题内容与评价

随着传统文化的逐步深入，2020年节气课程组正式成立，它从诗词文化、民间习俗、保健养生、科学探秘等领域，开展丰富多彩的活动。

（三）"节气文化"课程深化（2022年至今），从课程层级化中实现"跨学科"学习，构建"融合式"传统文化课程

随着节气课程的逐步深入，在学科渗透中，通过二十四节气实现全学科育人，形成学校品牌文化并逐步推广，让学生从不同方面感受二十四节气的魅力。

四、解决的方法

（一）"节气文化"课程主题丰富化

根据节气的相关文化，成立节气诗词研究小组，围绕不同的节气，开展多样的节气诗词诵读活动。课程的实施途径由学校两位专职的综合实践活动教师利用课堂＋课外形式常态开展。

（二）"节气文化"课程实施阶梯化

围绕传统节气文化，根据学生年龄阶段，接触节气文化的方式等进行了深入的研究，以多主题、系列化的方式，呈现了多样的节气文化成果。如：低年级学习节气歌、节气诗词、节气知识等；中年级在学习知识的基础上开始尝试动手制作相关的画报、手工等作品，将对节气的认知流淌在学生心灵手巧的作品之中；高年级重点在于实践，以"舌尖上的美食"为主题，开展多样的劳动实践活动，立春吃春菜、雨水吃南瓜、清明吃青团……（图4-7）

图4-7 学生作品

（三）"节气文化"课程走向多学科融合化

课程的多元融合，最终走向"大项目制"学习模式，在教师的指导下，学生围绕一个"大项目"开展探究性学习。学校结合学科融合，以"吟诵"为主题的语文学科类活动、"手工"为主题的美术类活动（图4-8）、"节气美食"为主题的劳动实践活动……

图4-8 "手工"主题的美术类活动

五、成果创新点

学校开展了多主题、多学科渗透的节气课程与活动，提升了学生的综合实践能力，如"诵节气之韵、唱节气之律、绘节气之色、观节气之变、享节气之乐、书节气之魂"，从学科角度不断开发学习内容，引导学生利用自己所长，通过不同形式表现心中的"二十四节气"。

六、成果及影响力

（一）建构融合式课程实施体系

学校在实施中深度挖掘课程资源，结合时代特点，赋予课程更多文化内涵和魅力。通过挖掘节气中各方面的教育价值，体现人、社会、自然的内在整合，运用语文、体育、美术、音乐、科学等课程，寻找切合点将节气的教育价值融合到科学、健康、语言、艺术、社会五大领域，充分凸显了综合实践活动的综合性，提升了学校课程的深度发展。

（二）助力教师课程开发及实施

教师在课程的开发与实施中，不断加深对中华传统文化的理解，并以多主题、系列化的方式，呈现多样的节气文化成果。教师的目光从"教"转向学生的"学"，从对节气的观察分析，挖掘和筛选课程资源建构新的经验，提升教师开发课程的能力及实施的能力。

（三）培养了学生对传统文化的感知力

学校开发"五育融合"的"二十四节气"课程，以节气为美育的切入点，将中华优秀传统文化全方位融入思想道德教育、文化知识教育、艺术体育教育等各环节，带领学生领略中华优秀传统文化的魅力，夯实学生文化底蕴，增强学生民族自豪感。

（四）赢得了家长、学生的广泛认可

节气课程组的郝焕杰老师说："在和孩子们一起进行节气活动时，也是认识世界、认识自然、认识生命的过程，我也读懂了二十四节气，它体现着向善向美向暖的情怀。"

五（6）班的赵紫阳同学说："通过学习二十四节气，我才知道我们的祖先是多么的聪慧，他们利用气候、动物等特征来识别天地万物的变化，尤其是和我们的生活息息相关，现在我也知道要根据节气来调整自己的起居了。太不可思议了！"

三（4）班刘晨曦的爸爸这样说："和孩子一起学习传统文化，现在的孩子很少有能近距离感受季节的变换，大自然在各个节气的变幻过程，雨雪霜降、露的凝结、雪的形成……节气课程让孩子们短暂地脱离钢筋混凝土的城市生活，用心感受大自然的绽放和枯萎，有机会还是要带孩子在老家农村体验生活。感受大自然风起云涌、雨雪滋养、蛙鸣蝉鸣、虫鸟归巢，品尝气节风味美食，体验民俗童趣。"

（郑州市金水区黄河路第一小学　常秀丽　邱晓丹）

非遗项目

——构建新时代课程育人方式改变的实践研究

一、课程背景

郑州市金水区新柳路小学始建于 1936 年，是一所历史悠久的学校。从 2016 年开始，历经 8 年开设了非遗传承和动手实践方面的课程，形成了"汉服文化""木版年画""生活中的扎染""中国结""玩风筝""春暖花开"等课程，旨在引导学生在课程中丰富体验、提升学科核心素养。

"汉服文化"课程通过引导学生用彩纸折叠设计汉服小样，根据汉服小样打板、缝制，制作成形式多样的汉服作品。"生活中的扎染"课程旨在指导学生利用日常生活中的果皮、蔬菜、茶叶梗等原材料制成扎染的染料，进行扎染创作，做成扎染作品。丰富的非遗创作元素和题材，提升了学生作品的表现力，提高了学生的创新力，拓展了学生的设计思维，激发了学生对中华优秀传统文化的热爱与继承。通过教师的不断探索和实践，"探'秘'汉服"课程参加郑州市校本教研推进会，获得与会领导、专家的一致好评；李莉芹老师执教的"玩风筝"课程获金水区"希望杯"一等奖。

二、解决的主要问题

（1）课程内容广阔交叉，需要通整融合。

（2）课程保障薄弱，不能满足教师业务持续发展。

（3）课程常态化开展，形成学校课程品牌。

三、解决问题的过程

（一）规范普及（2016—2018 年）

根据学校常态实施需求，建立相关机制，落地学校。

（二）凝练能力标准，深化课程内涵（2018—2020 年）

结合《义务教育课程方案（2011 年版）》，深化课程经验，建构模型进行创新。

（三）通融整合，打造品牌（2020—2023 年）

根据《义务教育课程方案（2022 年版）》，学校结合校情、师情、生情、社区资源，自主开发，打造品牌效应，进行课程推广。

四、解决的方法

（一）资源协同发展

学校进一步探索与挖掘周边蕴含的丰富课程资源，如大河村遗址、黄河大观，以及学校周边城镇化建设的地域特色，使学生浸润中原文化及郑州商文化，为学生提供丰富的认识社会、了解社会、走进社会的实践性课程，不断丰富课程实施方式（图4-9）。

图4-9 特色活动

（二）课程常态

通过区教研员下校听课、教研指导、课堂展评等途径，确定课程主题、课型模式；学校依托校本课程每周五下午第一节课走班固定的时间，积极开发、实施非遗课程，从而拓展教师能力。课程建构课堂、师生评价体系，让课程有依循、有效落地，真正实现"教—学—评"的一致性。

（三）依托校本研修，提升教师业务水平

学校定期召开课堂教学特色研讨会，借助研讨会开展单元整体教学的研讨，确定教学设计、课堂模式、作业设计，探索本学科普适性教学模式，总结出有效的校本研修形式。每周进行至少一次由主管领导参与的主题教研活动，解决教师在教育教学中遇到的问题，从而提升教师业务水平，提高课程质量。

五、成果创新点

（一）实施路径创新

本课程坚持"五育"并举，采用"国家课程＋校本课程"相结合的方法，通过"立足学情—问卷分析—筛选课程—实施课程"四步走路径开发课程，为学生个性充分发展创造空间，帮助学生体验生活并学以致用。

（二）学生的培养目标创新

本课程旨在促进学生对自我与社会和自然之间内在联系的认识与体验，提升学生的研究能力、创新能力及良好的个性品质，发展学生综合实践能力，提升学生的核心素养。结合学生实际，确定了"汉服文化""木版年画""玩风

筝""中国结""生活中的扎染"等活动主题。经过多年的实践，共有 22 名学生、5 项研究性学习成果荣获市级奖。

六、成果及影响力

（一）学校课程丰富多样

学校开展了与非遗相关的丰富的系列课程，考察探究类有"有服章之美，谓之华——探秘汉服""木版年画的传承与创新情况的调查"，设计制作类有"生活中的扎染""中国结""玩风筝"。丰富多彩的课程提升了学生的交往协作能力、动手实践能力和创新能力。

（二）教师专业成长快速

教师的活动规划与管理能力不断提升。通过改变教学方式、课程方式，综合实践活动课程成就了教师。教师具有了较强的课程开发能力、探究能力、实践能力和创新能力。在教师不断努力下，在研究性学习成果大赛中，共获 9 个一等奖、6 个二等奖、5 个优秀小组奖；学校荣获金水区第八届中小学生能力生根及研究性学习成果评比优秀单位。

（三）学生发展多元有个性

学生动手实践能力提升，学生参与其中，激发了学生的学习兴趣，提高了他们的动手实践能力；调查研究能力、设计能力、创新能力在多次的尝试与操作中得到提升。学生在一个主题的活动后，会进行组内分享或是班级分享，这样他们的信息整合能力就得以提升。

总之，多年的综合实践活动课程，让教师、学生、家长都收获了许多。2018年8月入职的教师李莉芹说，在这几年的教学中，她慢慢掌握了综合实践活动课特殊的教学方法，融入了课程中，自己和课程一起成长。2020年6月，学校在第六届中小学能力生根暨研究性学习成果评比活动中荣获金水区二等奖；2021年4月，学校在金水区第十五届"希望杯"课堂教学展评活动中荣获一等奖；2023年9月，学校在郑州优质课教学评比活动中荣获二等奖。

四（6）班学生刘子豪说，在积极参与"探秘汉服"活动中，自己勇于实践、敢于创新，通过搜集资料、准备素材、小组合作、实践探究等活动，了解汉服知识和汉服文化。在活动中，不仅提高了学生设计水平和审美水平，更增加了学生民族自信和对中华传统文化的喜爱。

杜晨旭的家长杜军说，他认为综合实践活动非常重要。通过这些活动，他发现孩子逐渐变得自信、独立、积极向上，不再害羞，能够主动与同学、朋友交流合作，也变得勇于接受挑战，从不轻易放弃。综合实践活动课锻炼了她的实际动手能力和解决问题的能力，可以帮助孩子发展更全面的能力和素质，这对她今后的发展非常有益。

（郑州市金水区新柳路小学　郭艳丽　周曦　李莉芹）

第五章
劳动教育

"五育融合"

——打造劳动教育新样态

一、课程背景

郑州群英中学加强劳动与学科融合的研究，努力做到以劳树德、以劳增智、以劳强体、以劳育美、以劳创新，把劳动教育贯穿立德树人的全过程，编织出全面立体的"一核心三途径七任务"的劳动育人新模式。"一核心"，即"培养德智体美劳全面发展的社会主义建设者和接班人"。"三途径"，即结合学校育人特色，开辟"阳光农场""墨智空间"作为劳动教育实施的主要途径。此外借助学校开展的志愿服务活动，探索劳动教育与综合实践活动课程融合实施路径。"七任务"，即基于"阳光农场""墨智空间""志愿服务"三条路径，对应实施劳动教育七大任务群。其中"阳光农场"是劳动教育实施主途径，基于"阳光农场"，实施"生产劳动""整理与收纳""烹饪与营养""家用器具使用与维护""传统工艺制作"任务群；借助"墨智空间"带领学生体验 3D 打印等新技术，实施"新技术体验与应用"任务群；与"志愿服务"相结合，融合实施"公益劳动与志愿服务"任务群。

随着面向全体学生的劳动教育扎实推进，学校获得河南省首批"五育并举实验学校"、第三批"河南省中小学劳动教育特色学校""郑州市劳动教育教学实践典型学校""郑州市中小学劳动教育特色学校"等荣誉称号。2023 年学校代表团参加河南省首届中小学生劳动技能大赛，取得优异成绩。

二、解决的主要问题

（1）教师对劳动教育的内涵了解较浅显，没有足够的能力单独开设课程。

（2）劳动教育课程较为单一，不能满足学生全面发展需要。

三、解决问题的过程

（一）初步探索阶段（2015—2016 年）

学校对当前劳动教育存在的问题进行广泛调查梳理后，依照相关文件精神及具体细则，成立课程规划小组，初步拟定劳动教育发展方向及课程目标。规划"阳光农场""墨智"空间的建设，为今后开设课程提供场地资源。

（二）系统实施阶段（2017—2021 年）

基于劳动教育空间建设，学校不断规划劳动教育板块，持续完善劳动教育课程体系，初步开辟"阳光农场"、"墨智"空间、"志愿服务活动"三条劳动教育实施途径。

（三）经验推广阶段（2022 年至今）

梳理建构劳动教育课程体系，形成有形成果，树立良好的榜样示范作用。接待省、市等参观代表团前来参观，积极参加省、市级竞赛活动，并取得良好成绩，起到一定的辐射借鉴作用。

四、解决问题的方法

（一）每周以社团形式开展课程

为了实现每一位学生都参与课程，学校倡导教师根据自己的特长和爱好，申报课程并招募学生，利用两节课的社团时间全员参与，内容上与信息技术、校本课程、综合实践活动相统整，实现跨学科学习。

（二）专家指导促进理论提升

学校与东北师范大学教育学部签订定向合作协议，由教育学部课程与教学相关领域的学者为学校教师进行系统培训，让教师对课程与教学有更深入的理论学习。借助金水区搭建的平台，与华东师范大学、河南师范大学合作，开展课程培训，明确学校课程总目标，提高教师教学、开展劳动教育的理论水平。

（三）平台搭建提供活动场地

在综合图书楼顶楼修建总面积为 1600 平方米的"阳光农场"，打造以农业生产劳动、传统工艺制作、烹饪等为主要内容的劳动教育基地；在四楼建造"墨智"空间，以 3D 打印、编程等新技术体验及落实劳动教育（图 5-1 和图 5-2）；借助学校组织的社会服务活动、公益活动，如"守护黄河母亲河""交通秩序小卫兵"等活动，融合实施劳动教育"公益劳动与志愿服务"任务群。同时学校积极推动家校合作，鼓励学生参与家务劳动，落实"整理与收纳""烹饪与营养"等任务群。

图 5-1 "阳光农场"航拍劳动

图 5-2 "墨智"空间

（四）文化传承点亮课程色彩

在设计开发课程时，秉承传承中华优秀传统文化的理念，设置多样的劳动教育课程。在劳动教育课程中融合茶艺、插花、刺绣、月饼制作、莲鹤方壶、鲁班锁、重阳孝亲敬老等传统文化元素（图 5-3 和图 5-4）。丰富的传统文化元素不仅充实劳动教育课程体系，更传承了源远流长的中华文化，提升了学生审美品格，增强了学生文化自信。

图 5-3　学生制作冰皮月饼

图 5-4　3D 打印作品展示

五、成果创新点

（一）课程整体规划新

学校劳动教育课程开创了"一核心三途径七任务"的劳动育人新模式，覆盖劳动教育课程标准中的"农业生产劳动""传统工艺制作""新技术体验与应用""公益劳动与志愿服务"等七大任务群，指向每一位学生的发展，开展真正面向每一个学生的素养提升课程。

（二）课程指导理念新

以"阳光农场"为场地开展的劳动教育课程、以志愿服务为载体的公益劳动与志愿服务课程、以"墨智"空间为资源保障的新技术体验课程，帮助学生在生产劳动、手工制作、志愿服务中形成正确的劳动观念，增强公共服务意识，提升自己劳动创造美好生活的社会责任感。

五、成果及影响力

（一）学校层面

学校实施劳动教育的策略及成绩获得部、省级的高度认可。教育部资源中心中小学劳动与技术教育处处长沈芸和河南省基础教育教研室科研管理部副主任汪豪浩等专家领导先后到郑州群英中学进行劳动教育课程实地调研。学校的劳动教育成果先后受到《中国青年报》《大河报》、河南电视台、郑州电视台、《郑州日报》等多家媒体的关注与报道，在校际区域发展中发挥了重要的示范引领作用，展现了学校的高质量发展样态。

近三年，学校累计接待省内外学习参观团 300 余个，共计 16 000 余人次，学校综合课程影响力不断增大，为其他省、市学校开展综合实践活动课程提供可借鉴的范例。

（二）教师层面

近年来，在以"阳光农场"为基础的劳动教育活动开展过程中，学校教师完成多个与劳动教育相关的课题和研究性学习成果，跨学科研究也深入开展，"基于真实情景的多学科系列课程开发与应用的实践研究""中学生物教学与劳动教育融合的策略研究""初中'趣话农耕'劳动实践中渗透农耕文化的研究"等多项成果获奖。教师不仅提高了自己的劳动课程教育教学技能，依托劳动教育开展研究的能力也得到很大提升。

（三）学生层面

学生积极参与劳动课程，在做中学，在学中做，劳动技能得到丰富，劳动意识得到增强，劳动能力得到提高，劳动素养得以完善，基本实现"让每一位学生获取一门生活技能"的劳动教育目标的同时，提高了学生研究能力。

劳动课程教师陈艳美说："劳动教育课程不仅是学生进步的途径，更是我自己进步的通道。在担任劳动教育教师之前，家务劳动、做饭、插花这些都觉得是日常生活的一部分，不认为这些有什么值得专门上课学习的。可真的上课之后才发现，这些生活中最普遍最常见的内容，也蕴含着很多教育的因素，看着学生在课堂中学会做月饼，制作南瓜馒头，我的成就感也很强。"

2023 届毕业生乔翌轩在劳动随笔中这样写道："我的手上拿着尚未完成的冰皮月饼，也许是太兴奋了，老师刚教的操作步骤竟忘得一干二净。还好老师及时发现了我的无助，温柔耐心地告诉我步骤和技巧，团馅、裹皮、捏合、撒面粉、上模具、按压，成了！成了！我的手中也出现了一颗粉色的、晶莹的冰皮月饼。不，它不仅是月饼，它是我劳动的结晶，我也会做月饼啦！耳边响起悦耳的笑声，原来是周围的同学都完成了制作，每个人手中都捧着一个冰皮月饼，粉的、绿的、黄的，像我们的成功后的笑脸，也像是我们劳动的奖章。"

八（4）班学生宋卓然的家长对孩子的表现这样评价："这次劳动实践课，让你认识了纯露和精油的知识，也明白了它们的来之不易，也让我看到一个与平时完全不一样的你。收集材料为提取做准备的时候，我看到了一个认真、严谨的你；在老师指导下，仔细一步步操作的时候，我看到了一个全神贯注的你；在结束后，你拿着纯露欢呼，我看到一个真正做成一件事，有成就感的你。这一次活动，你收获满满，我连连感慨，希望你以后可以继续保持这份热情，在劳动中获取知识、增长才干、品味人生意义。"

（郑州群英中学　成顺利）

"五个一"模式的建构

——因地制宜的劳动教育模式实践探索

一、课程背景

2020 年教育部印发《大中小学劳动教育指导纲要（试行）》的通知中指出："要将劳动教育纳入人才培养的全过程，拓展劳动教育的实施途径。"金水区优胜路小学教育集团充分意识到劳动教育在促进学生全面发展中的重要作用与意义，将劳动教育作为课程建设的重要途径。各校区结合自身实际，科学合理设计，因地制宜实施劳动课程，在此过程中，不断发现问题，并以问题为导向，实践、反思、再实践，以此来探索劳动教育校本化新模式，与学生一起在实践中构建真劳动，收获真经验。

近年来，学校先后被评为河南省首批"五育并举"实验校、郑州市首批"五育并举"实验学校、郑州市中小学劳动教育教学实践典型学校、郑州市学校课程建设奖等荣誉。

二、解决的主要问题

（1）作为集团校，各校区之间由于不同的配套设施、家校社资源、环境因素等，很难统一构建有效的劳动教育模式。

（2）设置怎样的劳动评价体系有利于劳动教育校本化实施落地。

三、解决问题的过程

（一）第一阶段：精细管理，组建立体化劳动团队（2017—2019年）

根据教育部、共青团中央、全国少工委《关于加强中小学劳动教育的意见》，学校提出要坚持思想引领、有机融合、实际体验和适当适度的基本原则，将落实相关课程、开展校内劳动、组织校外劳动、激励家务劳动作为劳动教育的关键环节。学校将劳动课程化，制定出《金水区优胜路小学劳动教育发展实施方案》，列入学校三年发展规划，有步骤实施，形成劳动教育长效机制。

（二）第二阶段：因地制宜，构建丰盈课程体系（2020—2022年）

学校从实践参观、劳动技能、职业体验、创新合作四个方面构建内容，通过五大实施路径，达到"劳动光荣，技能宝贵，创造伟大"的课程目标。

（三）第三阶段：总结提升，检验与推广课程成果（2023年至今）

金水区优胜路小学教育集团建立了课程完善、资源丰富、模式多样、机制健全的优胜劳动教育课程体系，后经不断完善及推广检验，形成成果。

四、解决的方法

集团校各校区着力于劳动课程建设，充分考虑自身劳动课程开发优势，共同打造"各美其美　美美与共"的劳动新样态，形成了具有优胜特质的劳动教育课程模式——"五个一"课程实施路径，即"一课一渗透、一科一融合、一日一润泽、一社一特色、一研一润心"。"五个一"课程的创建与实施引导学生尊重劳动、热爱劳动、弘扬劳动，从而达到增长劳动知识、提高劳动技能、激发生活热情、塑造美好心灵的目标。

（一）一课一渗透

学校将每周一节的劳动课程列入课表，纳入每学期的教育教学计划，确保开足开齐劳动教育课程。各年级课程内容在劳动教育研发团队的指导下，完成不同的教学任务、完善教学进度、确保教育成效、达到教学目标。孟源校区，立足校情生情，经多方筹措，建立了劳动实践教室，打通劳动教育实施场域，为劳动教育课程的开发与实施提供了场地与工具支撑，为教师的课程开发搭建平台，助力学生全面发展。

（二）一科一融合

学校开展以学科劳动化教学改造为主要形式的学科劳动教育课程，努力将劳动教育理念渗透国家课程的每一堂课中，将劳动的种子播撒在细微之处。例如，在二年级《科学》"我们来造纸"一课中，教师指导学生在了解造纸术的发明及手工造纸详细步骤的基础上，亲自体验手工造纸的乐趣。当学生通过自己的劳动实践创造出不同种类的美纹纸和花草纸时，劳动所带来的成就感和满足感不言而喻，让学生感受到生活处处皆为劳动所创造、生活处处可劳动，使学生在无形中形成正确的劳动价值观和良好的劳动品质，从而更好地发挥劳动教育的综合育人价值。

（三）一日一润泽

各校区均重视节日课程的开发与实施，充分将劳动教育与节日课程内容有机结合。丰收校区以"美食文化"为主题，作为传统节日课程中的一个内容，让学生了解传统节日文化的同时，了解美食文化，利用校本课程、家长进课堂、家庭等途径学习制作节日美食（图5-5）。清明节前"趣味烘焙"课程教师带领学生制作青团；中秋节前夕，"动画里的中国风"课程教师带领学生制作冰皮月饼；端午节，利用家长进课堂活动，通过家长带领学生制作粽子等方式，让学生在传统节日中感受节日文化，制作节日美食，品味劳动滋味。

图 5-5　制作节日美食

（四）一社一特色

学校注重以各种实践活动为载体，开发实践育人、活动育人的实践拓展课程。目前集团校共开设精品课程47门，其中丰收校区借助优质家长资源，将"清韵烙画"课程作为劳动教育特色课程，积极邀请郑州市"淡彩烙画"第九代非遗传人、学生家长黄健鹏老师作为课程辅导教师，带领教师共同开发课程。天伦校区积极利用社会资源，与新华书店合作创新延时课形式，开发了劳动课程"学农百科"，教师用富有童趣的语言向学生讲解蔬菜种类、营养价值及功效，带领学生在游戏与亲身实践中深化对蔬菜的了解，探索农耕奥秘（图 5-6）。

图 5-6　特色课程

（五）一研一润心

各校区努力打破校园空间、时间的限制，将劳动教育向外延展、拓宽，开发"1+X"基地劳动课程，即依托 1 个签约基地，根据基地特点和资源，与基地辅导员围绕"职业体验、志愿服务、劳动实践"开发 X 类课程。其中优胜校区带领学生走进省农科院、三全食品厂、新郑枣园、省少儿图书馆等场所；丰收校区利用家长资源签约百宴拉面馆、中国银行、消防中心、农田、民航飞行体验中心等场馆；孟源校区依托周边南阳新村街道翠花社区，成立"优胜红"小志愿服务队，体验文明宣传员、图书管理员、社区保洁员等职业。丰富的劳动体验场所，带给学生润泽心田的劳动感悟。

五、成果创新点

学校以"面"这一元素为切入点，尝试创新劳动教育新模式，从"德育＋劳动教育""美育＋劳动教育""心育＋劳动教育"等融合入手，赋能劳动实践，增强学生劳动体验感、获得感、幸福感。

六、成果及影响力

（一）学校层面

深植劳动种子，精彩无限绽放。优胜校区始终以学生为中心，遵照学生身心发展规律，从兴趣出发，将脑力劳动与体力劳动相结合，为学生提供了充分的体验意识、场所、内容和方法，使优胜学子能够在真实的劳动中共享合作，发现问题、解决问题。

2020 年 11 月，副校长杨宏蕾以"从劳动出发，把人立起来"为题在第七届全国创新年会上分享劳动教育经验。2021 年 4 月，学校的特色劳动课程案例"别开生面的劳动育人模式"入选全国优秀案例。

（二）教师层面

学校努力尝试打破知识边缘，统整各学科体系，成立了由语、数、科、道法、美术、信息技术等多学科融合式骨干教师组成的劳动校本课程研发团队，帮助学生在实践中综合运用所学知识，提高解决问题的能力。美术教师陈心洁表示："在我们的'造物工坊'社团，学生通过动手制作一件件精美的茅根手工艺品，不仅锻炼了动手能力，还提升了审美趣味，结合对植物的生长观察，许多学生是真的参与到了种植过程中，才会使制作的各类花卉、水果、蔬菜等作品如此惟妙惟肖。"2023 年 11 月，教师白珊、杜航代表学校以"别开生'面'的劳动育人模式"主题参加了第六届中国教育创新成果公益博览会，并作了工作坊展示与现场交流汇报，受到了众多参会代表的高度赞扬。

（三）学生层面

为能使学生充分体验劳动乐趣，优胜校区为学生专门开设了"开心农场"、丰收校区建立了"丰收农场"、孟源校区搭建了"植梦园"，优胜学子在教师的带领下，翻土、施肥、播种、浇水，感受春耕、夏长、秋收、冬藏的魅力，体会劳动创造的美好。学校与多个实践基地密切合作，带领学生外出实地参观，深入实践，点燃学生的劳动热情、积累劳动经验、激发创新意识。

"每年植树节，学校都会组织大家到实践基地种植枣树，我们听农民爷爷讲如何栽种枣树，听园区讲解员介绍枣树生长过程，我和小伙伴一起挖坑、栽树、培土、浇水，我们还把提前做好的保护环境、爱护树苗的标语牌为小树挂好，提醒大家爱护植物。在植树中我们体会到了农民伯伯的辛苦与不易！"五（2）班郭展旭同学这样说道。

（郑州市金水区优胜路小学孟源校区　张悦　张鑫）

多维化整合

——助力学生"五育融合"的劳动教育探索与实践

一、课程背景

郑州市金水区未来小学在《关于全面加强新时代大中小学劳动教育的意见》的指导下，进一步将劳动教育课程在时间、空间、内容上规划落实，努力让劳动教育有依托、有保障、有实效。学校结合国务院发布的《大中小学劳动教育指导纲要（试行）》的要求，结合学校的地域特点和学校文化，构建了"梦之旅"劳动教育课程，将劳动教育作为撬动"五育融合"的出发点，真正实现劳动教育的最大价值。

学校先后被授予"全国中小学品质课程实验校""河南省中小学劳动教育特色学校"，荣获"郑州市中小学劳动教育优秀课程成果奖"。劳动教育课程成果《劳以化人　动以育心》刊登在《劳动教育课程实施与评价》一书中。劳动教育成果在《光明日报·教育家》线上公益讲座上进行分享，受众近2万人，其内容刊登在《教育家》杂志上，同时在第六届中国教育创新成果公益博览会上进行成果分享。

二、解决的主要问题

（1）劳动教育课程落实不到位。

（2）劳动教育课程与其他课程融合度较低。

（3）劳动教育课程的评价体系不够完善。

三、解决问题的过程

（一）因地制宜，发动多方筹备（2018 年之前）

学校因地制宜、多方筹备，充分利用各种教育资源，为学生在校园生活和社会环境中开展劳动实践提供了更多的可能。

（二）全面覆盖，完善课程设置与评价体系（2019—2021 年）

作为新建学校，学校的"梦之旅"劳动教育课程已全面覆盖学校所有年级。我们完善四季课程、节日课程、学科课程和实践课程等内容，给学生提供多维空间和自由广度；优化以劳动观念、劳动能力、劳动品质和劳动精神为维度的评价体系，激发学生的主动性和内驱力。

（三）总结与推广，不断完善（2022 年至今）

学校不断完善"五育融合"的劳动教育课程，构建具体化模式进行推广。

四、解决的方法

（一）构建多元开放课程

学校坚持把劳动教育纳入学校教育的"必修课"。对标课程标准，开齐开足劳动教育课程，实现全覆盖。不断深化学科融合育人，注重对不同学科劳动教育内涵的系统梳理，探索小学阶段各学段纵向衔接的劳动教育实践课程体系。与此同时，将学生参加志愿服务、公益活动、职业体验等纳入综合素质评价。在日常劳动教育方面，积极推动劳动非遗课程"绣未来"的建设和发展，让劳动课程成为学生传承中华优秀传统文化的重要阵地。学校还进一步拓展劳动课程的外延，自主开发了包含四季课程、节日课程、实践课程等内容的"梦之旅"劳动教育特色课程，旨在让学生于融合化的劳动体验、实践创造中，将劳动教育与生存技能、生活习惯、生长规律相融合，在积极健康的生长中形成向上的劳动观。

（二）打造多维融合路径

学校劳动教育的实施路径，简单说就是"四融合"。以核心素养为导向，立足学生的全面发展，融合环境资源、融合生活实际、融合学科课程、融合公益活动，让学生在丰富的项目式学习中丰富体验，在实践中发现问题、解决问题，积累生活经验，提高劳动意识，激发劳动热情。学校以自然环境为载体，生活实际为情境，学科课程为桥梁，公益活动为契机，以多维融合路径落实劳动教育。

（三）赋能全面发展评价

学校实施的劳动教育评价是劳动活动过程性评价与"未来美少年"综合评价相结合的形式。"未来美少年"综合评价方案中，"我爱劳动"的评价标准涉及三个方面：自己事情自己做，态度主动；坚持做值日（家务），照看绿植、打扫厕所等某一项或几项劳动；劳动得到大家的认可，参加的某一个项目劳动总评等级为优者可直接盖一枚石榴果印章。具体评价方法是与学校的文化元素结合在一起的，以校树石榴树、学校吉祥物麦妮葳仔作为评价标志。在课程评价的保驾护航下，劳动教育的作用充分发挥，真正实现了以劳促德、以劳增智、以劳强体、以劳创美的目标。

五、成果创新点

以融合为特色，为学生提供多场域劳动空间。学校"以融合为特色落实劳动教育"，做实劳动教育之精髓。"梦之旅"劳动教育课程将劳动教育与环境资源、生活实际、学科课程、公益活动等有机结合，让学生在丰富的活动中尝试各种学习方式，作为推动学生"做中学、学中做"的重要实施载体。

六、成果及影响力

（一）学校经验得到推广

通过近年来的实施，学校构建了比较成熟的课程架构和实践经验。课程经验在全国首届创新课程成果会议上进行交流。

（二）学生劳动素养得以提高

学校进行助力学生"五育融合"的劳动教育探索与实践以来，汇聚学校、家庭、社会三位一体的教育网络，形成合力，促进劳动教育有效实施。学生的劳动意识，在观察中、感受中、共鸣中逐渐养成。同时，学校积极组织公益活动，大力弘扬劳动精神，以劳动模范为榜样，发挥劳动教育的正面引导作用，学生受到鼓舞，增强了社会责任感，学生的劳动素养得以提高。

（三）教师教学行为发生改变

教师教学行为发生改变，综合能力得以提升。劳动教育课程的教学资源不再局限于教材，教师需要开发符合学校学情的劳动教育课程，提升了教师课程开发与整合的能力。

劳动教育课程教师陈晨说："随着劳动教育的开展、环境的变化及大家认识的深化，原有的目标和计划会发生相应的调整，作为指导教师要把握好活动过程中的活动方向和活动过程。劳动教育使学生良好劳动意识逐渐养成，学生的劳动素养得以提高，学生的实践操作能力得以培养，最后也使得教师教学行为发生改变。"

四（2）班王梓轩同学说："'小菜园'是我们的另一间教室。'小菜园'把书本知识带到了田间地头，并且立足二十四节气，我们根据季节规律种植不同农作物，小白菜、菠菜、黄瓜、番茄……所有的活动都是通过自己的双手劳作和创造的。收获后，孩子与教师、家长共同策划蔬菜拍卖活动，担任'小小拍卖师'的角色，体会到了成功的喜悦。"

学生家长杨丽敏说："学校渗透劳动教育，形成了教育合力，使劳动教育经常化、日常化。有了'锄禾日当午，汗滴禾下土'的经历，孩子会更加懂得'谁知盘中餐，粒粒皆辛苦'的不易，通过劳动懂得耕耘和收获，明白爱和珍惜。"

（郑州市金水区未来小学　李艳艳　高昕　吴芳）

劳动教育课程校本化实施的探索

一、课程背景

2020 年 3 月，中共中央、国务院印发了《关于全面加强新时代大中小学劳动教育的意见》，让我们对劳动教育的重大意义有了更加深刻的理解，间接也推动了劳动教育课程的开发及实施。近年来，在政策引领和实践探究的“双轮驱动”下，劳动教育取得蓬勃发展。金水区艺术小学金科校区在吸收劳动教育理论成果和实践经验的基础上，秉持“劳动创造美好未来”的理念，探索“悦劳动　悦成长”的学校劳动育人新样态，促进学生全面发展。聚焦“三大主题”，关注“六类活动”，以劳动课程标准为依据，通过对课程内容、课程结构、课程活动方式、课程评价等方面的深入探索，力求建构内容简明、结构扎实、活动真实、评价简练的小学劳动课程体系。不断进行整合和渗透劳动教育课程，丰富、创新劳动教育形式，以劳动促进学生身心和谐发展，培养未来的社会主义事业合格的建设者和接班人。

二、解决的主要问题

（1）以新时代为背景，构建符合本校特色的多元协同育人劳动教育课程体系。

（2）探索课程实施与评价策略，以全面提升学生劳动素养。

三、解决问题的过程

（一）全面梳理学生的日常校园劳动与家庭生活劳动课程（2018—2019 年）

立足日常性劳动、服务性劳动、生产性劳动三大板块，围绕生活能力、社会能力和创造能力的培养，将零散的劳动教育内容整合为快乐生活课程。

（二）实施项目推进，聚焦劳动素养提升（2020—2022 年）

开发劳动项目主题，为学生设计具有挑战性、趣味性、体验性的劳动情境，丰富学生多元的体验实践，以着力培养其劳动观念、劳动能力、劳动品质、劳动精神的全面提升。

（三）将劳动教育与多学科融合，多渠道实施推行（2023 年至今）

全员参与与学科教师共同开发与落实，形成学校整体设计、持续深入实施与推行。

四、解决的方法

（一）开展多样的实践劳动项目

学校通过两种方式开展课程教学，第一种是开设必修课，学校有三位专职教师，将综合实践活动和劳动教育内容整合，让学生全员参与实践；第二种以社团形式开展丰富的劳动项目，培养学生的劳动能力、劳动品质和劳动精神。

学校开设种植、手工制作等劳动项目，提高学生动手能力和实践能力。学校专门开辟了"节和苑"种植基地，教师将劳动知识传授给学生，让学生亲手在种植实践基地上松土、育苗、浇水、施肥，根据季节种植各种本地常见农作物，让学生参与劳动管理，培养劳动技能。通过组织学生参与项目，并将实践与知识学科相结合，培养学生的多元思维和合作能力。同时，学校作为一所艺术特色学校，本着弘扬民族文化，感受艺术、传承技艺的理念，把风筝制作、泥塑等二次开发为劳动课程，践行"五育并举"（图 5-7）。

图 5-7　实践劳动

（二）协同丰富的校外资源平台

学校建立实践教学基地和劳动实践场所，为学生提供实践操作的平台和机会。为了丰富学生的劳动实践经验，学校与社区、企事业单位合作，提供更多的劳动实践机会。不仅拓宽学生的视野，还增加学生对不同劳动领域的了解。学校鼓励学生参加各类办公室岗位、义工活动、社会实践等，让他们通过实际劳动感受到社会的关爱和肯定，增强对劳动的热爱和自信心。

（三）重构多元的综合评价体系

学校将劳动教育评价纳入学生综合素养评价体系，以此将学生、教师、家长和社区人士等纳入全面化评价主体，搭建更广阔的社会化展示平台，尝试构建符合新时代要求的特色学校劳动评价体系。将成果展示与评价相结合，注重过程性、全面性、多元化原则的评价方式，采用线上线下相结合的评价方式，进一步激发学生的劳动意识。学校通过搭建展示走廊、评选劳动能手，以及举办劳动节等，为学生搭建多样的劳动展示平台，进一步发挥评价的激励作用。

五、成果创新点

学校开发住读生劳动课程体系，针对周托住读生开展了一系列的劳动活动（表 5-1），培养了住读生的生活自理能力，丰富了学生的在校生活，提升了学生的劳动素养，让学生感受劳动创造美好生活，劳动最崇高、最伟大。

表 5-1　金水区艺术小学金科校区住读生日常劳动课程

一年级	上学期	我会洗漱	我会叠被子	剥蒜、择菜
	下学期	我会扫地、我能洗袜子	整理宿舍抽屉	洗水果、洗菜
二年级	上学期	我会梳头	我会叠衣服	削果皮、榨果汁
	下学期	打扫寝室	我会系鞋带	学做青团
三年级	上学期	我会洗内裤	整理个人衣柜	煮米粥、煮鸡蛋
	下学期	洗头发	整理床铺	凉拌黄瓜、水果拼盘
四年级	上学期	清洗书包	整理鞋柜	做月饼
	下学期	学会独立洗澡	合理摆放宿舍内物品	煮水饺、蒸蛋羹
五年级	上学期	学会洗短袖	整理行李箱	蒸馒头
	下学期	学会用洗衣机	换被罩	包饺子、煎鸡蛋饼
六年级	上学期	学习刷鞋子	整理洗浴室	制作萝卜干
	下学期	学会刷鞋子	学习打包被褥	制作草木蛋

六、成果及影响力

（一）学校构建特色劳动教育课程

学校结合特色办学的实际情况，充分挖掘传统劳动特色、非物质文化遗产的传承、周边自然文化资源和人力资源等，构建丰富而有特色的劳动教育课程。

（二）教师课程能力得到发展

学校教师本着"在实践中摸索、在摸索中实践"的思想，鼓励教师积极创新。王瑶老师的项目化学习"制作风筝"在郑州市校本教研工作推进会上进行展示。李世杰老师带领学生进行金银花种植项目，得到了河南师范大学生命科学学院李建军教授的亲自指导与高度评价。陈正波老师在调研展示课中，组织学生在"节和苑"进行种植活动，受到在场专家和领导的一致好评。

（三）学生劳动素质得到提升

学生在"学校—家庭—社区"一体化育人环境中，让习得的劳动技能得以运用。学生走进钧瓷文化的发源地禹州市开展研学活动，体验当地传统的手拉坯技艺，体会千年古镇悠久而厚重的文化。学生深入大豫仓，学习茶的历史渊源、品种分类、制作工艺、茶道艺术，感受茶文化的博大精深（图5-8）。

对住读生劳动能力的培养，学校一直在努力探索，得到了上级领导和家长的大力支持与高度评价。在冬至来临之际，金水区教育发展研究中心综合实践活动课程教研员关春霞老师与集团校领导一起为师生及家长送上美好祝福，并和大家一起动手包饺子。

图 5-8 走进钧瓷博物馆和大豫仓

劳动教师李世杰说，通过与学生一起劳动，教师看到了学生的成长和进步，也收获了满满的欣慰与感动。劳动教育需要学校和教师的共同努力和长期坚持，相信通过劳动教育，学生会更好地面对未来的挑战，并成为有担当、有品德的社会栋梁。

三（2）班学生负青阳最喜欢学校的"烹饪小课堂"劳动课程。作为住读生，学校教师和餐厅师傅教大家将水果切成不同的形状，摆放成形态各异的造型，制作既好看又好吃的水果拼盘。在不同的节气和同学们一起动手制作各种美食，如月饼、粽子、花样馒头等。这种经历不仅增强了同学们的团队协作能力，也让大家更加珍惜他人的劳动成果，学会感恩和尊重。

在郑州铁路职业技术学院工作的钱梓文的妈妈说："希望孩子能够全面发展，感谢学校重视对孩子劳动能力的培养。孩子在校学习劳动课程，在家积极实践，家长看到孩子热爱劳动、体贴父母、对生活充满热情，感到无比欣慰，更为孩子感到自豪。"

（郑州市金水区艺术小学金科校区　韦慧卿　葛金金）

构建"五育融合"的新时代劳动教育新模式

一、课程背景

郑州市第六初级中学作为河南省首批义务教育标准化管理示范校，积极落实党的教育方针，结合学校实际情况，整体设计和规划劳动教育课程和活动，形成学校劳动教育总体实施方案。明确了劳动教育的实施规划、组织协调、资源整合、过程管理、总结评价、风险防控预案及应急与事故处理机制等。

根据学校劳动教育总体实施方案，学校课程教学处制订详细的工作方案，采取一系列措施，推动劳动教育落地落实。利用校内广播、黑板报、校园网等新媒体开展劳动文化宣传教育活动，营造劳动光荣的校园文化氛围；利用节假日时间节点，组织开展主题活动，弘扬劳动精神，培养劳动观念，展现劳动风采；开设劳动教育综合实践课程，发掘学生个性化劳动特长，培育学生的劳动素养；充分发挥家校社协同育人力量，积极开拓校外劳动教育的广阔天地，为学生劳动素养提升和劳动价值观培养提供广阔平台。

郑州市第六初级中学获评首批河南省"五育"并举实验学校和第四批河南省中小学劳动教育特色学校。

二、解决的主要问题

（1）劳动教育内容碎片化。

（2）劳动教育主体单一化。

（3）劳动教育评价方式简单化。

三、解决问题的过程

（一）积极落实国家教育方针，构建劳动教育课程（2019—2020年）

把劳动课程放入学校课程图谱中，列入学校三年发展规划，通过学校整体规划落实劳动教育，助力学生德、智、体、美、劳全面发展，落实立德树人的根本任务。

（二）学校牢牢树立"劳动教育是一育而非一课"的教育理念，初步探索富有特色的劳动教育模式（2021—2022年）

在课程活动中探寻劳动教育在"树德""增智""强体""育美"中全方面融合的实施路径，积极探索出劳动教育的校本化评价方式，形成了劳动精神教育和劳动素养培育的长效机制。

（三）学校持续实践，完善推广（2023年至今）

"五育融合"的劳动教育课程成果多次在区级、市级层面进行布展推广，多角度展示了劳动课程的综合育人价值。

四、解决的方法

（一）多维思考，确保机制全面

学校从师资队伍建设、评价机制改革等诸多方面进行思考，力求做到"组织引领到位""规划安排到位""实施管理到位",通过"三个到位"构建了行政推动、研究指导、组织实施、服务管理为一体的工作体系,统筹设计了不同年段的教育内容和形式,注重学生劳动素养的培养。推进了管理机制建设,确保劳动教育的机制全面、规划科学、实施有效。学校将劳动课程纳入必修课程,以社团形式开展,全员参与,同时邀请校外专业人士作为指导教师走进课堂,提升课堂的专业度。

(二)多向目标,"三掌握一体验"

学校根据《大中小学劳动教育指导纲要》精神,结合初中学生年龄特点和身心发展状况,确立了劳动教育"三掌握一体验"的目标,即掌握家庭日常劳动技能、掌握校园包干区域清洁技能、掌握一定的社会服务性劳动技能、体验不同职业的劳动过程。

(三)多种路径,拓展家校社协同育人机制

学校建立了以学校为主导、家庭为基础、社区为依托的联动机制。将劳动教育与各部门、各项活动有机整合。如德育常规管理、环境卫生、主题活动、学科课堂、研学活动、课后服务、专题活动等,营造"爱劳动、会劳动"的浓厚劳动文化氛围浓厚。还通过家校共育和校社协同的不同方式,拓展家、校、社协同教育的资源、形式与内涵,提高六中学子劳动能力与素养(图5-9)。

(四)多元评价,助力学生素养发展

学校以《大中小学劳动教育指导纲要》相关精神为指导,以"三层面十三实施路径"为依据,积极探索出劳动教育的校本化评价方式:以"家务劳动素

质评价手册""校内劳动素质评价手册""社会服务劳动素质评价手册"为抓手，如实记录学生三个层面的劳动表现，综合评价学生的劳动素养。

图 5-9　多种劳动课程活动

五、成果创新点

（一）劳动教育资源的整合创新

学校按年级制订家庭劳动任务清单：七年级开展叠衣铺床、整理书桌等基础劳动；八年级逐步增加烹饪简单餐食、养护绿植等生活技能；九年级则拓展至家庭设备基础维护、节日餐食制作等复杂项目。通过阶梯式任务设计，帮助学生在实践操作中掌握生活技能，培养家庭责任感。

同时建立社区劳动积分激励机制，学生参与社区卫生清洁、公益宣传、长者帮扶等志愿服务，可按服务时长兑换图书借阅券、科学实验套件等学习资源，或优先获得研学营地、职业体验等社会实践机会。该制度既强化劳动教育的社会价值，又能通过正向反馈激发学生服务热情，构建个人成长与社区发展的良性互动。

（二）劳动教育评价体系的创新

突破传统量化考核模式，聚焦劳动态度、协作能力、创新思维等核心素养，构建"劳动成长档案袋"作为动态追踪工具。档案袋可收录学生劳动日志、实践影像、反思报告及教师评语，通过可视化记录呈现个体阶段性成长轨迹，强化劳动教育的育人价值而非单一结果导向。

尝试设计分层分类的技能认证机制，设立"环保小卫士""创意工匠""服务之星"等特色称号，对应垃圾分类、手工制作、社区服务等实践领域。学生通过完成项目式任务积累认证积分，逐级解锁更高称号并获颁实体证书，证书可作为评优、社会实践推荐的重要依据，以荣誉感和进阶目标激发学生持续参与的内生动力。

（三）劳动教育成果展示的创新

以"劳动创意市集""校园劳动科技文化节"为载体，搭建学生劳动成果立体化展示空间。此类活动将劳动成果从静态转化为动态体验，既增强学生成就感，又通过跨年级、跨领域的交流碰撞激发创新思维，推动劳动教育与科技、文化、美育深度融合。

借助新媒体技术构建"劳动教育微纪录片"的创作机制，鼓励学生以短视频形式记录项目设计、协作攻关、成果迭代等劳动全过程，并剪辑为3~5分钟的故事短片。作品可通过学校公众号、短视频社交网络等多渠道传播，形成"一人一故事、一班一品牌"的数字化劳动教育资源库。该模式既留存学生成长的鲜活证据，也为社会提供可复制、可感知的劳动教育案例，以"轻量化传播"扩大劳动教育的社会影响力与感染力。

六、成果及影响力

（一）社会层面：助力社区发展与公民意识培养

学校以劳动教育为纽带，联动社区、农场等多元主体，构建"家校社"三位一体的劳动实践基地网络，为学生创造真实劳动情境，同时激活社会闲置资源的育人价值。通过社区服务和职业体验，学生形成尊重劳动、关爱他人的价值观，带动家庭和社区践行绿色生活理念。

（二）学校层面：构建"五育融合"的劳动教育课程体系

将劳动教育与 STEAM（科学、技术、工程、艺术、数学）结合，围绕真实问题设计劳动项目，打造"五育并举"的育人课程体系。以评价为抓手，以改革为动力，不断探索德智体美劳有效融合的育人路径，让每个孩子受到关注，让每个孩子增强获得感，让每一个生命始终保持向上之心。

（三）教师层面：角色转型与专业成长

教师从"知识传授者"转变为"劳动项目设计师"，掌握 STEAM 教育、PBL 设计等新方法。例如，教师围绕"校园生态园建设"主题，设计融合科学探究、植物种植、艺术表达的跨学科劳动任务链，提升课程资源开发与学科整合能力。在这一过程中，教师以实践问题为切入点，将劳动教育实施经验转化为科研课题，形成"实践—研究—迭代"的闭环。研究课题"在初中生物教学中提升劳动教育的实践研究"荣获郑州市教育科研成果一等奖，真正实现了教师专业成长与劳动教育质量提升的协同发展。

（四）学生层面：全面发展与终身受益

通过生活技能训练与社会服务实践，使学生掌握基础生存能力与公共事务参与能力。同时，依托项目式学习深化核心素养培育，系统锻炼信息整合、批判性思考、跨学科迁移及团队协作能力，实现劳动技能习得与核心素养的同步提升。

学校开设"劳动成果博览会"等展示平台，学生以实物作品、实践报告、影像记录等形式呈现劳动收获，在多元反馈中强化自我效能感与身份认同。长期参与社区公益劳动，则推动学生跳出个体视角，在真实社会议题中理解"劳动创造价值"的深层意义，逐步形成关爱弱势群体、守护公共利益的价值取向。这种从"小我成就"到"大我担当"的意识升华，标志着我校劳动教育从能力培养向人格塑造的进阶。

正如初二（1）班的贾欣悦同学所说，现在的我，会主动加入社区垃圾分类志愿队，会教老人用手机挂号看病。每一次弯腰捡起垃圾，每一次耐心讲解步骤，都让我更清晰地感受到劳动不是"任务"，而是联结自我与社会的纽带。它让我相信，哪怕再微小的行动，只要带着责任心去做，就能让世界变好一点点。这种"我能改变些什么"的信念，正是劳动送给我最珍贵的成长礼物——它教会我，真正的酷，不是标新立异，而是脚踏实地，用双手为自己、为他人创造意义。

（郑州市第六初级中学 范君召 班冬梅）

以职业启蒙探索劳动实践新样态

一、课程背景

职业启蒙教育是青少年儿童更好地了解与探索职业的重要途径，是促进个体社会化和自由全面发展的基础环节，在帮助和指导个体提高职业认知、培养职业兴趣、设计职业规划、促进职业发展等方面具有重要意义。中共中央办公厅、国务院办公厅印发的《关于推动现代职业教育高质量发展的意见》明确提出："加强各学段普通教育与职业教育渗透融通，在普通中小学实施职业启蒙教育，培养掌握技能的兴趣爱好和职业生涯规划的意识能力。"由此，金水区第二实验小学精心打造职业启蒙教育，指导学生形成职业认知、培养劳动习惯、习得职业技能、树立职业理想，感受新时代劳动精神，初步具备学生生涯规划意识与综合实践能力，为学生的社会化发展和成长奠定基础。

二、解决的主要问题

（1）小学生劳动技能匮乏，职业认知不足。

（2）缺少职业启蒙教育完整的规划、学生实践的场所。

（3）劳动教育师资匮乏。

三、解决问题的过程

（一）构建顶层设计（2019—2020 年）

根据《中共中央、国务院关于全面加强新时代大中小学劳动教育的意见》，学校开展小学劳动教育校本化实施与评价的实践研究，顶层设计"劳动 +"劳动课程体系，统筹学校劳动课程的师资和空间，增强学生和家长对劳动教育的认知和重视。

（二）探索课程实践模式（2020–2022 年）

学校开启职业体验规划，通过与政府、学校、家庭、行业企业、相关专业组织或社会团体等密切配合、协同支持，进而汇集各方资源力量、凝聚发展强大的合力，以稳定的师资团队作保障，以"课程 + 活动 + 基地"的运行模式让职业的萌芽在学生心中逐渐生根。

（三）推广课程形成的模式（2022 年至今）

随着《义务教育劳动课程标准（2022 年版）》出台，学校与时俱进更新"劳动 +"课程内容，多维度培养学生劳动素养。同时，家校社共建八个劳动基地，设立"职业日"，聚焦核心素养，打造沉浸式职业体验新样态，进行成果推广。

四、解决的方法

（一）课程体系研发，播种职业萌芽

自建校起，学校遵循落实国家劳动教育指导意见，将劳动资源进行校本化

顶层设计，形成学校的"劳动+"劳动课程体系。随着《义务教育劳动课程标准（2022年版）》的出台，学校及时更新"劳动+"校本课程一体化建构，科学规划了1~6年级劳动课程内容，推动项目难度逐级递进，以单元主题统筹设计劳动项目内容，实现家庭、学校和社会劳动场域全覆盖；日常生活劳动、生产劳动和服务性劳动内容全统筹；必修+选修、课上+课下、校内+校外劳动途径全面化。"劳动+"课程体系以十大任务群多方位锻炼学生的劳动技能，以八大劳动基地、多样化的特色活动丰富学生的实践体验。

学校不断优化劳动课程团队，鼓励语文、数学、科学、美术、英语等多学科专业教师及某项劳动领域有特长的教师，开发并实施有特色的校本劳动课程；又吸纳了众多热爱劳动、善于耕种的家长成为劳动指导师，为学校提供农场管理、劳技指导、课程服务等支持；还与高校、专业机构等建立长期工作关系，借助专业人士为学生提供专业技能教育，对为学生的劳动技能、劳动态度和劳动热情起到了促进。

完善的劳动教育体系帮助学生掌握较为复杂的劳动技能，逐渐接触到"职业"的要素，建立起劳动与社会生活的真实链接。如在"小飞象农场"课程中，学生学习制作水肥让作物生长更为茁壮、学习制作天然杀虫剂抵御虫病危害，激发学生对现代农业、科学种植的兴趣和实践的动力；在"薇小园"课程中，学生对现代园林景观设计产生了浓厚的兴趣；在"霓裳童衣"课程中，通过动手实践和产业践学，部分学生已经将服装设计师作为自己的职业理想。

（二）利用各种资源，增进职业感知

为了让学生便捷、直观地了解多个职业领域，学校集合家长资源、社会

资源优势，通过"请进来""走出去"两种方式开展职业讲座、社会研学活动，由此学生看到了多姿多彩的职业世界，走进社会不同领域的工作岗位，了解其专业性和产生的相应社会价值。每年的劳动文化周，1~4 年级的学生将跟随父母工作一天。他们不仅可以了解父母的职业，也体验到每一个岗位都是社会必不可少的，每一种职业都值得被尊重，进而树立正确的职业价值观。

（三）纵深职业探索，建构自我认知

为了让职业启蒙教育落到实处，让学生真体验、真收获，学校与家长、社区携手打造全场景沉浸式职业体验模式。

1. 职业启始体验在于广：将整个社区打造为职业体验全场域

学校与鸿苑社区、多家企事业单位合作，将整条鸿园商业街建设成为学校的社会实践基地，提供教师、糕点师、药剂员、图书管理员、物业经理等数十种上百个职业岗位（图 5-10、图 5-11）。此外，学校还积极与周边科技产业园区、龙子湖高校园区等积极探索合作路径，让学生能够接触到种类丰富的职业特质。

图 5-10　职业体验之药剂师　　　图 5-11　职业体验之超市员工

2. 职业启始体验在于真：以完整的实践链条实现沉浸式职业体验

每年"职业日"，学校都会组织五年级全体学生开展职业体验，通过岗位竞聘、岗前培训、岗位实践、评价反馈，完成一天的职业生涯。学生成为糕点师制作香甜美味的蛋糕，变身超市员工盘货、上架、称重、收银，担当药店药剂师为人抓药治病……职业体验过程中，学生初步能够根据自己的个性、兴趣、特长思考并选择职业方向，学习与工作相关的劳动技能。活动结束后，学生将在体验单的引导下进行梳理和总结。在多样的岗位上他们收获的不仅仅是劳动技能，还有对职业的见识和思考。

为了让职业体验更加深入，从浅层的劳动实践上升到价值观的引领，学校启用"双导师制"，即学校导师和岗位导师，从学生职业道德、职业技能、协作精神、安全劳动等多个方面进行跟踪指导，并借助"劳动+""三阶五维"劳动评价体系对学生职业劳动体验进行多主体、多维度的评价机制，有助于学生树立正确的劳动价值观，也能更好地认识自我、发展兴趣。

3. 职业启始体验在于深：与社区单位共建长期完善的合作机制

两年来，学校与河南省少儿图书馆鸿园分馆长期深入合作，开设红领巾志愿服务平台。学校每年两次发布志愿者征集函，并组织少先队员接受图书分类整理、图书馆发展史等业务培训，学生通过考核由省少儿图书馆授予证书（图5-12）。小小志愿者"持证上岗"，每周走进图书馆整理散落的图书、向读者推荐适宜书籍，并成功举办"快乐读书吧"等活动（图5-13），将书香的种子传播到社区的每个角落。经过为期6个月的志愿服务，学生会从服务次数、志愿精神、管理技能和书香传播等多个方面获得评价，优秀志愿者会获得表彰。完备的机制让学生深入、持续、完整地感受职业生命的价值。

图 5-14　河南省少儿图书中心（鸿园分馆）馆长牛利为金水区第二实验小学的小图书管理员颁发聘书

图 5-15　小小志愿者走进省少儿图书馆（鸿园分馆）进行图书整理

4. 职业启始体验在于趣：让农场成为学生自主创新、实践梦想的天地

学校与鸿宝园林共建校外劳动实践基地——小飞象农场。该农场以 4000 平方米的农耕地为载体，不仅进行农业生产，还开展肥料自制、产品加工、品牌设计、销售服务、志愿捐赠等，课程内容涵盖烹饪与营养、农业生产、工业生产、新技术体验与运用、现代服务业、公益劳动与志愿服务等 6 个任务群。小飞象农场在 4 年的发展历程中早已形成自己的微型产业链和较为完善的课程体系。

五、成果创新点

（一）职业体验课程丰富

职业启蒙教育绝非学校一己之力可以完成的，需得到联系家庭和企事业单位的认同与支持。学校历经六年的积淀，形成"本真 e 家"协同育人共同体，为学生提供实践发展的平台，并让学生在"双导师"的指导下开展为期一天的沉浸式职业体验，对学生的劳动素养、职业认知、人生观的形成起到了重要作用。

（二）劳动体验项目化

学校开设的"劳动＋"课程体系内容丰富，专业性强，注重培养学生的创造性劳动意识和能力，强调让学生经历从劳动准备、劳动产出到价值升华的全过程。多样化的劳动课程为学生职业体验奠定了基础，职业体验助力学生更好地将知识与能力进行融会贯通，转化为自身内在的素养。

六、成果及影响力

（一）学生建立良好的职业价值观

职业启蒙教育促进了学生自我了解，切身感受现实世界和职业生活，从而具备良好的职业意识、职业态度和职业精神，树立正确职业选择观和价值观。学生的职业调研反思或刊登在报刊，或凝聚成研究型学习成果。

2018级李佳宇同学曾说："我体验的职业是做一天鸿宝物业总经理。从上午10点，我就和郑总一同参加了交房动员会。接着，我们又赶往交房现场，从业主签到、办理手续到陪同验房，演习了交房的整个流程。景观布置、美味茶歇、邻里游戏、剪彩仪式，每一个环节都做到缜密审核，追求细节的极致。我曾经以为总经理只是坐在气派的办公室里发号施令的'闲人'，现如今我才知道世界上所有的成功都不是一蹴而就的，每一个职业背后都有不为人知的艰辛和责任！"

（二）学生更具有社会责任感、良好的劳动能力和习惯

学生利用节假日开展"公益流动地摊"普及急救常识、参与金水中心敬老院志愿服务、组织"我的地摊我做主"活跃夜市经济文化。

学校先后荣获"河南省劳动教育特色学校""郑州市社会实践先进集体""金水区特色学科（劳动）"等称号，劳动教育获得多项教科研成果，并受到多家媒体报道，获得社会一致好评。

（郑州市金水区第二实验小学　任彩凤　张郭恒　冯华）

第六章
社会实践

馆校共育

——博物馆课程的序列化设计与实施

一、课程背景

习近平总书记多次指出:"一座博物馆就是一所大学校。"博物馆是学生社会实践学习的宝贵资源,博物馆教育进校园,可以完善学生中华优秀传统文化教育,进而引导学生培育和践行社会主义核心价值观。

郑州市金水区纬一路小学与河南博物院自 2017 年正式合作以来,共建教育基地,把博物馆传统文化资源、科研资源、人才资源和学校的教育资源、生源优势深度融合,创建了"儒雅国宝讲解小明星"课程。课程确立了"三个一"的实施路径:"一个主题",紧扣学生的知识基础与生活实际,在一个主题下,以多件相关国宝作为线索,引导学生追寻家乡的历史文化之源;"一支队伍",打造出一支集讲解、展演、服务于一体的青少年优秀文化教育服务队伍,并带领组织全校学生学习探究;"一起成长",学生在课程的探究学习过程中,共同提升自我,积累历史传统文化知识,志愿成为国宝守护人。"三个一"循序渐进,受到学生、家长与社会的广泛认可。

至今,学校已经推出三个年度探究主题,举行了 10 场校内讲解和 3 次社区宣讲,并在喜马拉雅平台推出专辑《青少年聆听锦绣中原》。学校连年荣获博物院颁发的"优秀组织单位";18 位教师被博物院评为"优秀辅导教师";

有 120 位学生荣获博物院授予的"优秀国宝讲解小明星"称号，40 位学生荣获"十佳国宝讲解小明星"称号。

二、解决的主要问题

（1）学校有教育专业优势和生源优势，但大部分师生缺少较为系统的文博知识。

（2）博物院拥有优秀的文物与文化资源，肩负社会教育的责任，但难以开展面对固定对象的、成系列的教育活动。

（3）将博物馆教育引进学校，需要将海量教育素材序列化整理，也应有持续化推进的价值，才能让课程落在实处。

三、解决问题的过程

（一）建立馆校共育合作项目，推进课程建设（2017—2018 年）

2017 年部分学生参加河南博物院的暑假青少年培训活动，学校教师随行观察与评估，在充分了解博物馆教育的特点与综合审视本校学生需求后，与河南博物院创建了"儒雅国宝讲解小明星"课程，并不定期推出观展和历史课堂活动。

（二）推出年度主题探究活动（2019—2021 年）

将博物院资源与学校教育深度融合，博物院和学校的"双师课堂"模式逐渐走向成熟，将不定期的互动实践活动进一步深入推进，设计并推出了分梯度、多形式的年度专题系列探究活动。

（三）丰富呈现形式，建立推广平台（2022 年至今）

随着课程的逐年深入开展，学校培养了很多优秀的小讲解员，并积累了有趣的课例，还有不少文创作品和节目，于是学校开始开发更多平台推广课程，让课程走出校园，走进更多人的生活。

四、解决的方法

（一）打通行业壁垒，让馆校双方有效沟通

学校组织了各学科教师与博物院社教部多次沟通，组织师生参加文博类常识和讲解礼仪的培训，在双休日组织学生到展厅实践，开展志愿者服务。馆校双方就学科的课程标准、教材内容、甄选文物素材、活动页的设计等问题互相探讨。沟通渠道的畅通，使学校和博物院双方更加了解各自行业的特点，并有效完成理念与资源的互补。这些扎实的前期工作也让博物院课程的开展更符合科学的教育教学规律。

（二）推出主题活动，让学生实践层层深入

为了解决单次参观与学习暴露出的知识碎片化、难以深入持续开展的短板，学校推出了贯穿学期始终的年度主题。这样将实施过程变长，利于学生层层深入实践探究，并且利于持续跟踪观察学生的学习效果。目前学校组织了三次主题活动，分别是 2018 年"汉字文化"主题、2019 年"古都重宝"主题、2023 年"黄河岸边是我家"。为了解决难以组织全员赴博物馆参观学习的难题，我们把展览搬进学校，举办"校园主题展"活动，尝试小讲解员带领小伙伴学习，还在每年的"博物馆日"邀请博物院的工作人员和志愿者入校送课，教室里也配合播放《中原藏珍》系列短视频，巩固学习内容。为了使学习的形式多样化，学校发动文艺社团推出舞台剧、诗朗诵、舞蹈节目，还组织知识竞赛，使活动的呈现更活泼与丰富，从而让更多学生对课程产生兴趣并参与进来。

（三）建立推广平台，让学习成果丰富呈现

课程的开展受到学生、家长与社会的好评，于是学校与社区合作，让博物院课程辐射到学校周边的居民，学校还在网络平台上发力，在现实生活与网络世界中双管齐下，通过这些社会资源和多平台资源，为学生提供更广阔的舞台。

五、成果创新点

师生将课程成果进行了多种方式的推广，形成了影响力。首先，学校发掘了社区资源，把展览讲解和优秀课例与节目综合整理成"历史小讲堂"，送入郑州市广电文旅局下属的"郑品书舍"和经八路社区党群服务中心，号召社区居民和周边学校的同学们参加我校的博物院课程活动，让课程的影响力辐射到纬一路周边地区。同时，学校在喜马拉雅 App 发布了《青少年聆听锦绣中原》专辑，至今已有几千点击率。及时把最新活动资讯发布在学校公众号，向家长、社会大众推广博物院课程的学习成果，将课程成果进行了宣传。

六、成果及影响力

（一）学校课程推进扎实，活动广受好评

近年来，学校的"红领巾讲解员"的志愿活动常态化，赢得了良好的社会

声誉，先后荣获"河南省先进少先大队""金水区教育工作先进单位"等荣誉称号。博物馆课程的年度主题活动通过打磨与整合，逐渐形成系列，教育效果更扎实。相关活动多次得到媒体报道，在社会上广受好评。学校连年荣获博物院颁发的"优秀组织单位奖"；与社区积极合作，荣获经八路街道颁发的"最佳支持奖"；课程推进过程中培养的讲解队，荣获了"金水区 2019 年新星社团"称号。

（二）教师得到教育灵感，促进专业发展

博物馆课程成就了教师。博物院课程带来的灵感，也助力教师在本学科的教学与教育研究上屡获佳绩。学校的 18 位教师被博物院评为年度"优秀辅导教师"。武艳玲、金晓明、张萌、罗芮、张帆老师的课题"汉字文化小学校园推广策略研究"荣获郑州市二等奖，郭琪老师执教的"甲骨文新画"获得金水区基本功二等奖，"鼎立中原"一课荣获金水区"希望杯"课例展评二等奖。金晓明老师执教的骨干老师示范课"'贝'的故事"，尝试将语文课与博物院课程结合，引导学生开展综合实践探究活动，为大家打开了全新视野。

（三）学生获得思辨能力，树立服务意识

经过几年的课程推广，学校有 120 位学生荣获博物院授予的"优秀国宝讲解小明星"称号，40 位学生荣获"十佳国宝讲解小明星"称号。2017 级的学生在创建课程之初就参与了进来，如今已经是初中七年级的学生。毕业生捷报频传，反映了课程让他们开阔了眼界，学会用历史唯物主义的思辨方法，在初中的学习中能学得轻松而愉快。这证明了博物院课程能使学生发现与解决问题能力、实践创新能力迅速成长。

在学校、博物院、社会、家庭的关怀和支持下，博物院课程正在走向成熟。这门课程是很多教师、志愿者探索与研究结出的果实，反映了各方对教育的追求。

陈娇艳老师写道："送展入社区对我而言是全新的体验。这些活动能让更多的市民参与进来，使得学生对综合实践的兴趣愈加浓厚。"周梓轩家长记录了自己的女儿从准备到现场讲解服务的心路历程，真诚感谢博物院课程："我真正感受到了孩子的成长。她拥有了不一样的童年，今后也会走进更广阔的天地。"

在郑州八中七年级就读的张森岚同学，谈起在小学参与课程的感受时，这样说道："我希望长大后，加入博物院志愿者团队，然后回到小学，作为校友，作为志愿者，作为毕业的'国宝讲解小明星'，带领我的学弟学妹们聆听老家河南的故事。"

（郑州市金水区纬一路小学　冯宇　金明）

432 科技教育模式

——培养学生实践创新能力

一、课程背景

建校 7 年的金水区文源小学举办了 6 届科技节，课程化实施是文源小学科技活动蓬勃发展的基础。借助课程化实施，文源小学积极开展丰富多彩的科技创新实践活动。学校成立各类创新教育活动社团，打造学校的科技节，充分挖掘学生的潜能，培养学生的实践能力和创造能力，把科技创新教育锻造成为学校的特色教育之一。经过 6 年多的探索，学校逐步建构了"素养融通、途径综合、主体多元、资源集约"的"432"科技教育模式，即"明晰科技教育的四大培养目标""架构科技素养培育的三大途径""建立科技教育的两大保障机制"，培养每一位学生会学习、会实践、会创造的核心素养。

金水区文源小学连续两年参加全国中小学信息技术创新与实践大赛（NOC 大赛）——A1 天工造物赛，荣获四个一等奖；学校获得"河南省科技活动特色学校""河南省青少年科学素质大赛"优秀组织单位和"金水区科技创新大赛"优秀组织单位等多项荣誉。

二、解决的主要问题

（1）科技教育资源单一。

（2）如何做好科技教育加法。

三、解决问题的过程

（一）第一阶段：向下生长，夯实学科建设（2017—2019 年）

2017 年学校建校初从仅有 1 个人的"迷你"科学教研组，到现在 10 个人的科技教研组，学科教师攻坚克难，集思广益，跨学科教研，夯实学科建设。从最初单一的科学学科活动，到借助微课堂开展"科学达人秀"活动；从学生的特色作业展到学生科学作品成果展……学校从学科建设到学科活动，不断激发学生爱科学、学科学、用科学的兴趣，在实践中转变学习方式。

（二）第二阶段：向宽处行，建构科技节体系（2019—2022 年）

学校立足核心素养，积极开展丰富多彩的科技创新实践活动，将科技教育变成一堂生动的实践课堂。从成立各类科技创新社团，到校园"科学派"系列科学活动，再到为学生量身打造的校园科技节，学校充分挖掘学生的潜能，培养学生的创造能力，把科技创新教育锻造成为学校的特色教育之一。

从单学科综合评价到全学科评价"盛会"，7 岁的文源小学，校园科技节已成功举办了六届。每年一届的科技节已经成为文源小学"行走的课堂"，它涵盖了科技研学、科技体验、科技制作、科技知识竞赛、科幻画展评、社团成果展等，在这堂"行走的课堂"中，让"书本是学生的世界"变成"世界是学生的书本"。

（三）第三阶段：走内涵发展，构建"432"教育模式（2022 年至今）

学校坚持项目推动、跨界融合，在科技教育实践探索过程中，逐步明晰"科技教育的四大培养目标、架构科技素养培育的三大途径建、建立科技教育的两大保障机制"。通过不断建构、挖掘"432"科技教育模式，从而推动科技教育走向深处。

四、解决问题的方法

（一）加强教师队伍建设，尝试跨学科融合

学校借助"青年教师成长营"，通过"走出去，请进来"，不断提高教师业务水平，把科技教育深度融入各学科教育教学工作中。在此基础上，学科教师深入挖掘与科技相关的元素，开展项目式学习，把"学科横向配合"作为进行科学教育的关键，坚持不懈进行"科学+"融合课程，多维度、多角度培养学生的科学探究精神。

（二）多方联动，丰富课程资源

学校在金水区教育局和省、市、区科协的大力支持下，吸收高校、专家、家长等社会主体参与科技教育工作，凝聚教育合力，形成"大科学教育格局"。

一是通过"家长课堂"丰富科学实践体验。学校邀请家长进校，建设多彩科学秀小课堂，让学生感受科技无处不在。二是与高校联动，开阔学生视野。学校充分发挥高校资源优势，组织学生走进郑州轻工业大学电气信息工程学院实验实践教学中心、GE自动化系统集成创新实验室及智能车创新实验室等，零距离感受人工智能、现代科技。三是馆校结合，拓宽科技教育场域。学校每年都会组织学生走进郑州市科技馆、河南省科技馆，进行探秘求知之旅，同时与市科技馆结合，将科普大篷车开进校园，让学生近距离感受科学的奥秘，从而实现校外科学教育和学校的双向奔赴。

（三）完善评价机制，推动科技教育可持续发展

完善、有效的评价是促进学校科学教育持续深化发展的有效抓手，因此学校构建了三级评价体系。

从学生角度，学校设置多元的评价项目。每年，学校借助校园科技节为学生举办隆重的颁奖典礼，颁发"科学小达人""超级大脑""科普之星""奇思妙想小画家""最佳科普讲解员"等奖项，激发孩子爱科学、学科学、用科学的热情。

从家庭层面，学校设计了《水滴爸妈成长手册》，即评价手册。家长人手一本，评价采取积分制，学期结束，根据积分评选合格家长和优秀家长，同时学校针对家庭科学教育表现突出的家庭，评选"最美科学教育家"。

从社会层面，针对助力学校科学教育发展的校外人士，学校采用"反哺式"评价，每年"六一儿童节"为他们颁发"助梦大使奖"。

五、成果创新点

第一，文源小学始终把校园科技节作为学校一项特色活动，不断创新形式、丰富内涵，努力探索在教育"双减"中做好科学教育加法的有效措施，将科技创新充分融入学校的办学理念和学生心灵，从而激发学生的好奇心、想象力和探求欲。

第二，学校从文化育人、课程育人、实践育人多个维度实施科技教育工作，构建"432"科技教育模式。通过"立体重构"将各学科教学与科技教育有机融合，进行校本化的实施。

六、成果及影响力

（一）学校层面

目前，学校已形成组织机构健全、科技活动丰富、教育质量稳步提高的良好局面，科技节已经成为教育教学的延伸，科技创新充分融入学校的办学理念和学生心灵中。学校获得"河南省科技活动特色学校""河南省青少年科学素质大赛"优秀组织单位、"金水区科技创新大赛"优秀组织单位等多项荣誉。

（二）教师层面

学校六届科技节均由学校科学教师进行组织、策划，在这一过程中，专职科学教师的课程开发能力得到提升。同时，教师也逐步形成了以融合发展为核心的科学实践观念，坚持不懈进行"科学+"融合课程，多维度、多角度培养学生的科学探究精神。在河南省基础教育精品课展示活动中，学校13人次荣获省市一等奖、二等奖。徐俊俊老师辅导的项目荣获第三届郑州市青少年科技教育学术年会"科创项目式学习方案"一等奖。

（三）学生层面

从科学课堂到每年一届的科技节，每一名学生都能在这堂生动的实践大课中充分展现自己的奇思妙想，放飞科技的梦想。孩子们在实践体验中感受科技的魅力，享受创造的乐趣。在"我和妈妈学科学"科普视频、第十四届"北斗杯"全国青少年空天科技体验与创新大赛、全国中小学信息技术创新与实践大赛（NOC大赛）——A1天工造物等全国比赛中，多次荣获一、二等奖。

文源小学科技教育持续发展的背后是教师对教育的热爱，是学生对科学实践的热爱，更是学校积极探索教育加法的一个缩影。

数学老师周人杰说："作为一名数学老师，因为热爱，因为学校良好的科技教育氛围，我开辟了新的成长赛道——信息化教学新领域。我辅导的学生每年参加全国'NOC'比赛均全部获奖，从荣获1个全国一等奖、2个全国三等奖，到3个一等奖，1个三等奖，开启的是一场我与孩子的生命共舞。"

五（9）班徐义开说："学校的科技节是我们最喜欢的节日。在这一天，学校变成了'文源科技展厅'，我们自己设计'科技节入场券'，有趣'科幻魔术秀'和变化莫测的'奇幻实验'都让我深深爱上了科学。"

三（6）班高瑞泽的爸爸说："学校的科技节让深奥的科学知识鲜活起来，特别是学校的科学研学活动，在学生心中埋下了探索的种子，更激发了他们爱科学、学科学、用科学的热情。"

（郑州市金水区文源小学　黄延颖　李淑莹）

构建"知识—人—世界"
立体链接的实践教育支持体系

一、课程背景

《中共中央、国务院关于深化教育教学改革全面提高义务教育质量的意见》中指出：打造中小学生社会实践大课堂，充分发挥爱国主义、优秀传统文化等教育基地和各类公共文化设施与自然资源的重要育人作用。《基础教育课程改革纲要（试行）》提出：社会实践是小学至高中必修的综合实践活动的一个组成部分，其目的在于增进学校与社会的密切联系，培养学生的社会责任感。

黄河路第二小学共有学生 2600 余名，家长职业的多元性为学生实践活动的开展提供了丰富的机会和平台。学校周边有河南省少儿图书馆、河南博物院、二七纪念馆、回声馆、郑州大学等丰富的实践活动场所，为学生开展实践活动提供了保障。黄河路第二小学立足于实际，依托社会场馆及家长力量，从社会的角度、学校的角度、学生的角度开展社会实践活动，探讨在新的历史条件下社会实践活动有效实施的策略，构建"知识—人—世界"立体链接的实践教育体系。学校先后被评为河南省教育系统示范家长学校、河南省"小小科学家科技创新操作室"建设单位、"红领巾奖章"四星章、中医药文化进校园共建实践基地、郑州市教育教学创新单位、郑州市社会实践活动优秀单位等荣誉称号。

二、解决的主要问题

（1）社会实践活动课程资源匮乏。

（2）小学生参与社会实践活动的机会匮乏。

三、解决问题的过程

（一）初步探索开展社会实践活动，开发活动课程（2018—2019 年）

根据《中小学综合实践活动课程指导纲要》，学校结合不同年级学生的年龄特点和身心发展规律，规划实施方案，构建并尝试实施适合学生发展的社会实践活动课程。整理郑州市适合中小学生进行社会实践活动的场馆单位，列出推荐目录。

（二）组织学生开展社会实践活动，丰富课程内容，探索实践经验（2020—2022 年）

从校级层面、中队层面和小队层面开展主题式实践活动的策略，探索出一套行之有效的实施策略。引导学生在实践中进一步拓展知识、积累经验，增强学生的社会适应能力与创新能力。

（三）不断实践完善，提炼经验并推广（2023 年至今）

通过实践探索、课题研究，逐步总结提炼出"知识—人—世界"立体链接的实践教育课程体系，并设立推广平台。

四、解决的方法

（一）强化活动管理，建立活动组织领导

黄河路第二小学积极落实教育部等 11 部门《关于推进中小学生研学旅行的意见》等相关文件精神，将社会实践课程规划纳入学校教育教学计划，精心设计本校社会实践活动实施方案，培养学生的社会责任感、创新精神和实践能力。学校成立了社会实践活动工作领导小组，制定相关规章制度，做到工作有计划、阶段有总结、过程有记载、活动有落实、效果有督促。

（二）优化活动筹备，丰富实践活动内涵

针对学生、家长、教师发放详细的调查问卷，了解教师、学生、家长的需求，获得认可和支持。利用升旗仪式、班队会、宣传版面等德育阵地开展社会实践活动宣传，营造积极良好的氛围，激发学生对社会实践活动的认识和兴趣。利用公众号、家长会、班级群等多渠道有效联动，收集家长意见，提高家长参与的主动性。在学科教学中渗透实践方法，强化实践技能。活动方案广泛征求学生、老师及家长的意见，从学生的角度出发，让学生成为活动的主体，培养学生的实践能力、增强学生的社会责任感、促进学生全面发展。

（三）强化主题引领，提升实践活动质量

结合学生年龄特点制订黄河路第二小学社会实践活动课程方案（表 6-1），一、二年级以"认识家庭，了解社区活动"为主，三、四年级以"认识郑州，了解多样文化"为主，五、六年级以"探寻文明，感受发展中的郑州"为主。在此大框架之下，推荐社会实践活动地点，给予学生实践活动选题的充分自由度。家长结合自身专业与工作便利，与孩子共同确定活动主题。

表 6-1　金水区黄河路第二小学社会实践活动课程方案

序号	主题	内容	推荐地点
1	职业体验	和父母一起上一天班，感受父母在平凡岗位上的辛勤工作，初步进行职业启蒙	110 指挥中心、郑州大学第二附属医院、郑州市交警大队、消防支队、血液中心、幼儿园
2	红色教育	通过瞻仰纪念碑、敬献花圈、探访老红军，接受红色教育，做一个爱国主义精神坚定的弘扬者、实践者、传播者	二七纪念堂、二七纪念塔、碧沙岗公园北伐阵亡将士纪念碑、郑州市油化创意园党建馆、烈士陵园
3	历史文化	走进博物馆，感受历史变迁，体会历史文化	河南博物院、大象陶瓷博物馆、黄河博物馆、郑州市博物馆、河南省自然博物馆、郑州商都遗址博物馆、中国国际手工创意博览中心、瞻园、旭日青铜博物馆
4	科技之光	感受科技魅力	郑州市科技馆、网络安全科技馆、河南省科技馆、气象馆、天文台
5	志愿服务	开展志愿服务活动，献爱心送温暖，做雷锋式好少年	金水区环卫工人之家、敬老院、郑州儿童之家、郑州街头、工地
6	劳动教育	开展劳动环保教育，树立劳动价值观，学习一项劳动技能	绿源山庄、郑州马寨污水处理厂、垃圾分类处理厂、青少年公园、人民公园、乡村
7	生活技能	完成一次超市购物，学习叠被子、打扫卫生、制作美食、冲茶饮等，学习一项生活技能	丹尼斯超市、左右间超市、家里、餐厅、茶馆
8	体育竞技	体验一项体育技能，开展竞技比赛	篮球馆、河南省体育中心、游泳馆、足球场
9	艺术欣赏	看电影，聆听古乐，观看艺术展览，提升艺术鉴赏能力	奥斯卡电影院、郑州市美术馆、芝麻街、星河里唐宫夜宴、河南博物院
10	经典阅读	开展经典阅读，与好书为伴	郑州购书中心、河南省少儿图书馆、回声馆、大河书局阅读中心、言几又、金水区文化馆
11	走进社区	走进社区、家属院，感受百姓生活	新同乐社区、南阳路办事处、亨利社区
12	政治启蒙	到政府大楼接受政治启蒙教育	金水区人民政府、河南省人民政府
13	郑州新貌	探秘郑州，观看郑州新貌，感受郑州变化	CBD、郑州之林、奥体中心、地铁 5 号线
14	大国工匠	到企业观看制造业发展，感受大国工匠精神，激发自豪感	宇通公司、中铁八局、可口可乐工厂

五、成果创新点

（一）构建"知识—人—世界"立体链接的实践教育课程体系

在开展社会实践活动的过程中，学生综合运用已有知识，并将之转化为实践能力，与社会进行了有效链接，体现出了它应有的价值，构建了"知识—人—世界"立体链接的实践教育课程体系，实现了实践育人的目的。

（二）形成具有层次性和地域性的社会实践活动资源库

学校依托周边社会资源，充分发挥家长的职业特性。通过活动探索，拓展更多的实践活动空间，丰富实践定点场所。目前设立有职业体验、红色教育、劳动实践、志愿服务等 14 大主题 70 多处实践活动基地，形成具有层次性和地域性的社会实践活动资源库，促进社会有效支持服务全面育人。

（三）建立评价体系

在社会实践活动过程中，通过多元综合评估反馈，形成相对客观、综合、公正的评价，加强实践活动的成效。一是通过自评互评，就活动参与度、团结协作、遵守纪律、活动成果等方面展开评价，实现以评促思。二是通过家长评价，对学生活动过程进行测评反馈，实现以评促改。三是教师评价，表彰推优，树立榜样。开展优秀社会实践活动小组、优秀队员、家长志愿者等评比，实现以评促教。以 2023 年为例，全校共成立活动小组 209 个，开展活动 226 次，师生家长参与活动 4361 人次。学生总结参与活动的过程与心得，在班级、年级中评选优秀作品，通过班队会和升旗仪式进行活动展示。其中，活动报道 218 篇，完成社会实践活动记录卡 2150 份，制作优秀手抄报 103 份，汇编书稿

10 本。通过升旗仪式进行表彰，表彰优秀小队 141 个，优秀队员 678 人，优秀家长志愿者 218 人。

六、成果及影响力

（一）社会实践活动课程扎实推进

从 2018 年开始尝试开展社会实践活动课程，并由点到面在全校全面推行实施。经过 6 年的实践、反馈、总结、研究，实践活动的策略实施及过程管理日趋完善，探索出一套行之有效的课程实施策略，育人效果显著。学校先后获得河南省"绿色学校"、郑州市书香校园、金水区中小学劳动教育特色学校等称号。2023 年，学校开展的部分活动在郑州电视台、"映象网""河南教育宣传网""学习强国"等多家媒体进行了宣传。通过《河南日报》顶端新闻设立线上展评，浏览点赞数达到 21.5 万次，深受社会各界好评。

（二）促进教师专业发展成长

社会实践活动课程的实施，带动了教师的专业发展，提升了班主任班级管理能力。"循着国宝去旅行"校本课程参加了河南省研学实践教育课程展示，"少先队传承红色基因的路径研究""小学生社会实践活动有效实施的策略研究"等省市级课题的理论研究，为教师的专业发展与成长助力。骨干教师示范课"守护国宝""走进陶瓷博物馆"，将实践活动内容和语文学科、音乐学科相结合，全新的课堂模式为学生打开了新视野。

四（6）班班主任郭冉老师在工作手记中写道："我校已连续多年开展形式多样、丰富多彩的实践活动，活动前学校印发社会实践活动的说明表、安全预案表等进行规范组织，学生参与积极，家长热心支持。作为教师，在综合实践活动课程中，我们提高了自己的教学能力和组织能力，提高了学生的实践创新能力，提升了班级凝聚力。"

（三）学生综合实践能力不断提升

"知识—人—世界"立体链接的实践教育课程，成为学生的爱国大课堂、知识大学堂、团队大熔炉、成长大舞台。实践活动课程的有效开展，促进学生了解社会、增长才干、奉献社会、锻炼毅力、培养品格，增强了学生社会责任感，对于加强学生的全面发展具有十分重要的意义。

三（6）班学生任一祎在主题班会上谈道："纸上得来终觉浅。通过到幼儿园参加职业体验，我增长了见识，沟通能力也得到了提高。这样的活动我想多多参加。"

（四）家校社协同育人成效显著

学校致力于共建共享校园周边教育教学资源，成立共建基地。借助社会场馆和家长的力量，通过共同参与活动，挖掘孩子的个性特点，构建亲密和谐的家庭关系。社会实践活动充分发挥了学校主导作用，引导家长切实履行家庭教育主体责任，促进社会有效支持全面育人，家校社协同育人成效显著。

程奕博的妈妈全程参与了孩子的活动，对于学校每年开展社会实践活动，她充满了感谢，她谈道："走出课堂，经历更好的成长，社会实践是最美的相遇。读万卷书，行万里路，最好的教育在路上。感谢学校为孩子们提供平台，感恩教师的陪伴与分享，通过体验不一样的课程资源，孩子们学有所获，旅有所感，行有所成。"

（郑州市金水区黄河路第二小学　杨关群　王艳霞）

让信仰入心

——新时代红色主题教育的实践与探索

一、课程背景

郑州市金水区文化路第三小学不断在实践中探索信仰教育之路，落实立德树人根本任务，整合学校、家庭、社会教育资源，全方位开展系列化、持续化活动，培育德、智、体、美、劳全面发展的社会主义建设者和接班人。学校开展"从小学先锋，长大做先锋"活动，全校师生人人有先锋、人人学先锋、人人做先锋；以"学习雷锋好榜样，争做雷锋式好少年"为主题，推出学雷锋"九个一活动"，讲雷锋、画雷锋、观雷锋、做雷锋、评雷锋、续写雷锋日记。近年来，学校先后获得河南省中小学校党建带队建工作示范校、河南省"红领巾奖章"四星章集体、郑州市普通中小学德育创新先进集体、郑州市未成年人思想道德建设先进单位等。

二、解决的主要问题

（1）学校开发哪些红色课程资源，能让立德树人这一根本任务落地？

（2）如何结合资源，开发丰富的主题活动？

三、解决问题的过程

第一步，初步确定"做中国现代化立德树人红学校——让每一个生命精彩绽放"办学理念（2019—2020年）。

第二步，补充完善构建"传承红色基因，朝着精彩奔跑"的课程体系，探索新时代红色主题教育实施路径及步骤（2021—2022年）。

第三步，实践探索提炼新时代红色主题教育的实施策略（2023年至今）。

四、解决的方法

（一）确定课程实施意义

学校以党史滋养红色基因，开展"专题讲党史、大型集会讲党史、红色文化周讲党史、节目展演讲党史、汇编党史讲党史"五讲系列传承活动，涵养高尚道德品质；引导学生走出校门，在参观体验中产生情感共鸣，接受红色精神的洗礼；号召每一位师生为自己确定一个先锋人物，引领师生传承红色基因，勇做时代先锋。

（二）建立丰富多元的教育阵地

学校积极推进红色资源在校园文化建设中的作用，构建独特的红色教育阵地工程，从组织阵地、宣传阵地、活动阵地、拓展阵地等方面进行红色阵地建设，让信仰看得见。

1.建好组织阵地，让精神看得见

学校积极打造了系列化、连续性的有形阵地，让红色文化彰显在学校的每个角落。一是"党团队一体室"。党团队一体室集党史、团史、队史教育于一身，呈现从中共一大到党的二十大的剪影、为民族复兴和人民幸福作出巨大贡献的英雄人物，是全体队员学习和交流场所。二是建设红色教育长廊。将红色精神、爱国主义教育融入学校的教育环境、教育内容和教育形式中，用伟大的红色精神潜移默化影响教育学生。三是打造红色中队。以先锋人物或者建党精神确立为中队名称，将红色精神作为中队核心，引领中队建设和各项活动，打造特色阵地。

2. 建好宣传阵地，让信仰传出去

（1）红领巾之声传播红色声音。发挥红领巾广播站的作用，定时播放党史、学生红色故事、红色歌曲；红领巾讲解员走进队员和参观来宾中，宣传介绍党的历史和学校红色文化；每月课后服务进行红色影视阅读，观看爱国影片，丰富红色教育形式；利用学校公众号扩大红色教育影响力。

（2）宣传展板突出红色思想。利用条幅、电子屏、宣传展板、宣传栏等渠道，传播党和国家的重大思想精神和党的光辉发展历程。

（3）作品展示诠释红色内涵。结合品牌活动和节日活动，学校开展丰富的红色精神文化学习活动，队员在学习中用手抄报、格言、自画像、日记、征文等形式展示学习成果。

3. 建好活动阵地，让信仰生长起来

组织红色文化周、红色运动会、红色诗词朗诵会、红色传唱、"闪闪红星大讲堂"活动。特别是利用红色资源，邀请 21 位将军后代作为学校的校外辅导员给学生讲故事，通过开国将军后代红色宣讲激发全校师生的爱国热情，感受红色教育魅力。

4. 建好社会阵地，让信仰更有力量

走出校门，充分利用校外红色阵地，发挥实践教育力量，组织队员在社会中看到信仰，用信仰滋养童心。

（1）建立研学基地，增加实践体验。分年级有计划地开展校外红色社会实践活动。组织党团员及少先队员代表到漯河、新乡寻访王焯冉、肖思远烈士的足迹；清明节带领部分学生到郑州市烈士陵园参与无名烈士结对寻亲；暑期到河南红色教育基地研学，打卡红色阵地，形成红色研学足迹地图。

（2）参与志愿服务，助力文明创建。定期到街道社区、福利机构进行帮扶送暖活动，雷锋月组织师生每周一天的校外志愿服务清扫，植树节到黄河沿线栽种培育树苗、到福利院慰问帮扶孤寡老人，在收获中体会全心全意为人民服务的精神内涵。

（3）开展家乡寻访，感悟美好生活。爱祖国从爱家乡开启，在深度了解探访家乡变化项目式任务中，了解感受家乡变迁，在走访、调查、记录中探究家乡变化原因；"红领巾寻访家乡足迹"暑期研学五个一活动，打卡红色阵地，通过"红领巾小讲解员"展示和"红领巾小导演"纪录片评比呈现研学成果。

（4）家校社会三联合，携手"一带一路"。家庭是校外育人的第二场所，发挥家校合力，在亲子阅读红色书籍、亲子建立红色知识题库、亲子红歌大赛等活动中将学校的红色教育活动扩大到家庭和社会。

（5）建好网络阵地，让信仰走红网络。一是打造网络生态。借助阵地优势，依托智慧校园项目，打造红色网络生态。建立红色影视库、队前教育资源库、党史学习教育库、队员风采展示库，形成红色教育云平台。二是建强云端堡垒。借助网络和新媒体资源，让红色精神、红色故事跨越地域，实现传播 N 次方，把学校的红色教育活动扩大到家庭和社会。

五、成果创新点

学校以红色主题教育为主线，构建课程实施体系，落实立德树人目标。学校融合校园内外、线上线下红色资源，打造红色教育阵地，让红色教育看得见、摸得着、行得稳；统筹安排红色教育活动，让红色教育可入画、可吟唱、能生长；组合不同展现方式，让红色教育听得到、亮得出、传得远；增加实践教育体验，让红色教育有传承、增自信、强力量；搭建红色教育云平台，让红色教育成体系、跨地域、养浩气。

六、成果及影响力

（一）学校层面

让信仰助成长，让成长有信仰。学校不断强化少先队工作的顶层设计，以课程体系建设为契机，持续推进少先队工作改革，在学科联动中实现资源共享。此外，学校还以课程为抓手，引领少先队工作落地，整合社会资源，不断拓展品牌活动、创新活动形式，不断加大对少年儿童的思想引领。并常年开展"红色文化周""闪闪红星大讲堂"等活动。选送的节目《恰同学少年》在河南卫视"六一"国际儿童节展演活动中获得一等奖；《喜迎党的二十大 争做好队员》庆"六一"主题队日活动获得年度"十佳新闻"，长安校区少先队大队获得"红领巾奖章"三星章，在金水区"喜迎党的二十大 奋进新征程"鼓号队展演活动中获得金奖。

（二）社会层面

党建带团建队建的理念得到河南省少先队辅导员培训班的一致"追捧"；

"原本只是打算来学习学校的新做法、新点子的，没想到在文化路第三小学看到了教育的新思维、新体系，刷新了我对少先队教育的认知""看到学校丰富的万花筒课程体系，以及孩子们的精彩展示，我深切感受到了学校'让每个生命精彩绽放'的理念内涵""把智慧校园等现代化技术和党建、队建相融合，创新党团队一体化建设新方式，不愧是现代化中国立德树人红学校！"

（三）学生层面

学校培养"打造红学校培育红孩子"已初见成效。六（3）中队司珈溪说："作为一名少年队员，我一定要传承好先辈的革命精神，传承好红色基因，从小立志向，修品行，练本领！刻苦学习，创先争优，不辜负党和祖国的殷切期待，努力长成中华民族的参天大树！"五（1）中队刘奕清说："入队、入团、入党，是青年追求政治进步的'人生三部曲'。现在的我是一名少先队员，我要努力学习，全面发展，将来我要成为一名共青团员，还要努力成为一名共产党员！"

（郑州市金水区文化路第三小学　陈丽霞　张利敏）

职业体验

——让学生的梦想从这里起航

一、课程背景

郑州市金水区南阳路第三小学自 2019 年以来，结合学校周边教育资源，着力于探索综合实践活动职业体验课程体系的建构与实施，引导学生在职业体验活动中提高自我认知，在职业体验活动中认识真实的世界，在感悟职业精神中树立正确的劳动观。

学校构建了"四个三"职业体验课程体系，整合学生熟悉的三种资源，即校园生活资源、学校周边社会资源、家庭教育资源，以"职业体验活动课程体系"为主线，通过关注学生的发展性、关注情境的真实性和关注资源的持续性三个原则构建职业体验活动课程体系的内容；通过实践探索总结出职业体验活动课程体系实施需经历的三个阶段，即链接生活认知职业阶段、立足实践体验职业阶段、反思对话感悟职业阶段；提炼总结出基础性指导的"方法为本"、过程性指导的"体验为主"、总结性指导的"评价导向"三个职业体验活动实施策略，培养学生初步的职业意识，树立学生正确的劳动观。

学校先后被评为"河南省综合实践活动课程建设先进单位""郑州市社会实践活动先进单位"，多项成果被列为"郑州市优质课程成果"。

二、解决的主要问题

（1）小学生的职业认知度缺失。

（2）小学生的职业体验机会匮乏。

三、解决问题的过程

（一）初探职业体验活动课程体系内涵，落实课程纲要的价值追求（2017—2019年）

根据《中小学综合实践活动课程指导纲要》，结合学生发展的年龄特点和学校课程发展的现状，学校大胆探索职业体验活动课程体系的构建。

（二）补充完善，构建职业体验活动课程体系内容及实施步骤（2020—2021年）

组织校内、校外职业体验活动，丰富职业体验活动内容，完善与重构职业体验活动课程体系，探索职业体验活动课程体系实施路径及步骤。

（三）持续实践探索（2022年至今）

学校逐步形成"四个三"职业体验课程模式，在全区进行经验分享和推广。

四、解决的方法

（一）丰富课程资源

学校与"宋砦法治展览馆""十二里屯社区""郑州市红色记忆展厅"建立

社会实践基地项目；联合"郑州市少儿图书馆""豫西抗日革命根据地纪念馆"等机构建立职业体验活动项目；建立学校抖音、公众号、美篇等自媒体，宣传课程影响力。

（二）加强跨学科融合，拓展职业体验项目

尝试在语文、数学、科学、道德与法治等学科教学及学生的日常活动中融入职业体验活动的元素，在各类教育教学活动中拓展职业体验活动项目，将职业体验活动课程与学生的日常生活、学习结合起来，让学生在真实的职业体验活动情境中体验岗位的内容和作用，感悟职业所承载的社会责任及职业规范。

（三）建立促进学生素养提升的职业体验活动立体评价

通过总结和汇报职业体验活动收获和成果，学校、家庭、社区（机构）依据学生发展、职业需要，从态度与表现、能力提升、价值体认三个方面对学生获得的职业技能进行初步的认定，从参加职业体验活动次数、态度、行为表现、参与小组合作、提出解决问题等方面对学生参与职业体验的情况进行评价，从参与家庭或社区职业体验活动的积极性和效果对学生进行综合反馈，以此形成丰富立体、多样化的评价。

五、成果创新点

（一）建立以职业体验为方向的研究视角

将综合实践活动课程中学生真实的职业体验作为课程设计的出发点，融合

以培养学生综合素质为课程目标的跨学科活动项目，将职业体验活动与其他学科课程相结合，如语文、数学、艺术、道德与法治等，促进跨学科学习和综合能力的发展，促进学生积极地、多样化地参与职业体验活动。

（二）建立符合学生实际的职业体验活动资源库

通过构建职业体验活动课程体系，以学校为中心，依托周边社区、场馆、职业院校，建立了一方田、红领巾成长中心等 8 个职业体验实践基地，精心设计了供小学中高年级学段的学生选择的职业体验项目 45 个，吸纳校外职业体验活动辅导员 28 名。

六、成果及影响力

（一）丰富的资源库为优化主题设计提供根本保障

近年来，学校综合实践活动课程在主题设计过程中，实现"小选题、巧立意、深挖掘、真收获"，从"我与自己""我与社会""我与自然"三个维度出发，以学生喜闻乐见的"红领巾礼赞家乡""今天我是小法官""小小收纳师"等丰富多样的主题活动，引导学生在"参观、寻访、研学"中学习，认识并发展自我，参与并融入社会，理解与感受职业，为学生后继学习和终身发展奠定基础。

（二）三段式实施过程为创新学生体验提供方法路径

在实施职业体验活动时，着眼于"价值体认""责任担当""问题解决""创意物化"四大课程目标要求，结合学生学习经验、活动经验、生活经验和校内外各种资源，按照链接生活认知职业、立足实践体验职业、反思对话感悟职业三个阶段引导学生进行职业体验活动，设计与学生真实生活和成长需求贴合的、学生感兴趣的活动任务，引导学生注重体验，尝试运用多种方式方法进行自主探究，学会自己发现问题并解决问题，帮助学生在体验中了解职业，感知世界。

（三）三维立体评价为深化学生职业感悟提供全面视角

在职业体验活动总结阶段，引导学生总结分享所知、所得，初步形成对自我、社会和自然的整体认识。在基于提升学生综合素养的同时，建立学校、家庭、社会的三维立体评价帮助学生进一步有所感、有所悟，逐步培育学生的社会责任感、创新精神和实践能力。在课程评价上更加注重形成家校社协同育人的体系创新，在学校、家庭营造了浓厚的职业体验氛围，学生实践探究能力明显增强，学校先后被评为"河南省综合实践活动课程建设先进单位""郑州市社会实践活动先进单位"，多项成果被列为"郑州市优质课程成果"。

学校探索职业体验活动课程体系建构与实施以来，在管理上更加注重教师团队的专业提升，重视学生的体验、感受，学生在广阔的空间里持续锻炼、探索、成长。

综合实践活动课程教师李培说："与时俱进的课程内容、持续不断的课程实施新路径，全面提升了综合实践活动课程教师专业发展的新挑战，我们在不断丰富课程内容、实施课程的过程中锤炼了教研能力，激发了专业发展内驱力，形成了师师、师生共进步的成长共同体，职业发展状态正在向上向好转变。"

六（2）班学生薛昊宇说："在职业体验活动课上，我到劳动基地采摘杏子、学习铁犁锄头等农具的使用，体验新农民劳动的快乐；到法治展览馆开展模拟法庭体验活动，感受法官这一职业的神圣；到博物馆参观镇馆之宝，讲解家乡河南的中原文化。通过职业体验活动课程，我获得了丰富的职业体验，我也有了长大后想做的事情，那就是当一名农业科学家。"

五（1）班学生李潞宇的家长说："近两年学校开设职业体验相关的活动课程，我们的孩子不仅近距离地了解了各种职业的工作内容，也积累了丰富的职业体验感悟。他们变得很自信、很独立，也很懂事，仿佛一下子长大了。期待未来学校能够创造更多这样的活动锻炼机会，让孩子们在活动中持续成长，快乐进步。"

（郑州市金水区南阳路第三小学　肖陶然　杨娟）

新课标下社会实践活动课程的实践与探索

一、课程背景

郑州市第四十七初级中学自 2001 年实施课程改革以来，积极开发社会实践活动课程，使学生关注自然、体验生活、走向社会的能力得到空前提高。学校号召学生积极参与社会实践，勇于承担社会责任和义务，培养自我发展和合作精神意识。

根据学校、教师、学生三个层面确立的课程目标，为体现校本化的观念，在七至九年级又分别确立了"人与自然、人与生活、人与社会"三个分目标，同时在课程内容、组织形式和评价机制等方面进行了大量有益的尝试，取得了丰硕的成果。近年来，学校与郑州市科技馆、河南博物院、河南省农科院、医院、社区等协作开展了 50 余次社会实践活动，学生收获颇多，效果明显，学校多次获得郑州市中小学社会实践活动先进单位，郑州市第四十七初级中学团委荣获"河南省五四红旗团委"荣誉称号。

二、解决的主要问题

（1）教师对实践活动任务设计不规范。

（2）实践活动课程评价设计不合理。

三、解决问题的过程

（一）试验阶段（2001—2005 年）

根据国家《义务教育课程方案（2011 年版）》要求，在无经验情况下，学校自主选择特定班级，结合校情、师情、生情、社区资源，先行摸索自主开发，对实践活动内容进行不断地尝试调整。

（二）实施阶段（2006—2015 年）

在前期实验积累经验的基础上，教师对实践活动设计更加规范，更加贴合学生实际，同时研究实践活动课程评价体系的建立。

（三）推广阶段（2016 年至今）

学校把成功的经验面向全校推广，教师对实践活动设计更加规范，实践活动课程评价体系初步建立。

四、解决的方法

（一）实践活动任务设计切合实际

学校合理设计任务内容，考虑实践的可行性和学生的实际能力，在设计实践活动任务时，进行跨学科整合、信息技术融合，切合河南地域资源、社区资源等实际，让实践研究任务能够更加有针对性和实用性。

（二）创新实践活动课程评价

注重过程性评价和多元化评价，充分考虑学生的个性差异和发展需求，在评价过程中重视学生创新精神和实践能力的培育。如采用项目报告、口头汇报、实践操作等多种形式，以成果展示法、问卷评价、档案袋评价、师生商讨评价等方法评价学生在实践活动中的表现。

五、成果创新点

在活动主题中挖掘特色课型。综合实践活动的主题紧跟时代需求，与地方课程开发和校本课程开发结合起来。通过有针对性的课型来培养和提升学生的能力。如在"渐变中的郑州文化"主题实践活动中，就打破了常规课型的束缚，根据学生的能力发展需要，延伸出"如何提出有研究价值问题"，该课由浅入深，利用不同的活动潜移默化地把提出有意义、自己感兴趣的、有研究价值的问题植入学生的头脑中。

六、成果及影响力

（一）学校特色文化凸显，形成学校特色品牌

学校常态开展实践活动，构建课程规划，保障七年级学生一个月外出一次，走进场馆、大学等。学校设计实践研学单，为学生提供学习的支架，以促进学生沉浸式、探究式学习。学生接触不同的文化，开阔了视野，丰富了身心，校园文化形成特色。

（二）实践活动逐步多元，潜移默化同心育人

通过实践活动的开展，学生的身心取得很大的进步，为今后的生活和学习做好了铺垫。仅2024年上学期，学校共组织24项校内实践活动，涉及人工智能、键球、武术、田径、太极、硬笔书法等。这些活动不仅锻炼了学生的能力，愉悦了身心，而且也为学校争得荣誉。其中，五子棋选手在"智慧中原"2021年河南省五子棋锦标赛中包揽前7名；模联选手在第十二届河南省青少年模拟联合国峰会中荣获团体一等奖，9位同学荣获"最佳代表"，20位同学荣获"杰出代表"。

（三）搭建平台多方发展，协同配合拓宽渠道

依托家长资源与校外资源，如博物馆、科技馆等建立协作关系，搭建更高更广平台，让学生走出校门拥抱社会，拓宽育人育心渠道。

为培养学生的科学素养，加强文博教育，学校组织学生前往河南自然博物馆、黄河博物馆、正数网络技术公司参观，有效提升了学生对科学知识的研究兴趣与探求欲望，进一步加强了科技发展对我国青少年产生的积极影响。

郑州市第四十七初级中学教师孟庆东老师说："实践活动教育的过程对孩子们的影响很大，他们由以前的不爱劳动变为现在的积极劳动。我也经常反思自己的教学方法和效果，总结经验教训。通过反思，我可以发现自己的不足之处，进而改进和提高自己的教学水平。"

2022届三班学生郭姝辰说："作为一名学生，通过实践活动课程使我极大地开阔了视野，提高了兴趣，我对未来充满期待和信心。我希望能够在未来的学习和生活中继续努力，不断提高自己的知识和能力。同时，我也希望能够发挥自己的优势和特长，为社会作出更大的贡献。"

2022 届四班学生郭宸含的妈妈说："学校开展的实践活动让家长们更加深入地了解了孩子的成长需求和内心世界，得到了我们家长的极大支持和认可。通过活动的反思和总结，家长们可以更加有针对性地调整自己的教育方法和态度，为孩子的健康成长提供更好的支持和帮助。"

（郑州市第四十七中学　夏霞　任志兵）

行走的课堂

——研学实践活动设计与实施

一、课程背景

2016年12月，教育部等11部门印发《关于推进中小学生研学旅行的意见》（以下简称《意见》）。《意见》指出，各中小学要结合当地实际，把研学旅行纳入学校教育教学计划，与综合实践活动课程统筹考虑，促进研学旅行和学校课程有机融合。

河南省实验中学思达外国语小学根据《意见》要求，结合学校以培养心智超群的阳光少年为目标，提出"塑品格、养习惯"的德育目标。依托六大美德二十四品格，把"感恩—坚毅—勤学—励志"等德育主题作为研学目标，并与校本课程有机融合，积极打造研学课程，构建了研学课程体系。研学课程的实施，推动了学校素质教育的全面实施，引导学生主动适应社会，促进书本知识和生活经验的深度融合，助力学生全面发展。

至今，学校形成了以研学为特色的实践课程和文化品牌；教师在研学活动中转变了观念，形成以学生为中心的课程理念；学生在研学实践探究活动中不仅学习知识，提高技能，更提升了综合能力。

二、解决的主要问题

（1）解决了过于关注形式化的问题。为参与而参与；形式上参与了，但没有深度体验和收获；在"游"的同时缺少"学"的设计，更缺少"研"的安排。

（2）进行课程融合。研学课程与学校课程有机衔接，对各学科内容进行整体设计和统筹协调。

三、解决问题的过程

（一）开展综合实践活动（2018—2019 年）

2018 年 4 月，学校启动综合实践活动课程实施，构建一至六年级研学活动，形成主题式研学。

（二）课程融合（2019—2022 年）

让研学课程与学校课程深度融合，让学生成为主体，体验丰富多元的研学活动。

（三）完善与推广（2022 年至今）

学校将成果不断完善与推广，形成一定的影响力。

四、解决的方法

（一）设计整体研学框架

构建以探究和实践为主要特点的研学活动，培养学生的创新思维和实践能力。教师引导、鼓励学生通过讨论、宣讲等形式自主决定研学旅行的主题，如表 6-2。

表 6-2　构建课程体系

年级	主题	课程	目标	研学基地
一年级	启蒙	自然研学	激发学生爱自然、爱生命的生活状态	动物园、绿博园、园博园
二年级	明理	科学研学	激发学生探究科学的兴趣，使其从小学科学、热爱科学	河南科技馆、好想你实践基地
三年级	感恩	劳动研学	体验劳动带来的乐趣，感受农业发展对于我们生活的改变	"爱思嘉"农业嘉年华、河南郑州兴隆粮食储备库
四年级	坚毅	军事研学	坚定意志品质，强化纪律约束力	河南省济源综合实践基地
五年级	勤学	文学研学	感受河南文化的历史底蕴，增强文化自信，树立爱家乡爱河南的思想	博物馆、登封少林寺、小浪底、弘润华夏法制展览馆
六年级	励志	红色研学	学习红色文化历史，了解中国共产党的光辉历史和革命精神	红旗渠

一年级确定以"自然研学"为主题。同学们前往动物园、园博园等地参加研学活动时，学生爱自然、爱生命的生活状态瞬间就被激发出来了。

二年级确定以"科学研学"为主题。学生到市科技馆、好想你实践基地进行积极的科学探究。爱科学、学科学，学生从此插上梦想的翅膀。

三年级确定以"劳动实践"为主题。学生到中牟国家农业公园基地研学，在项目研究性学习中体验自主设计带来的乐趣，并在农耕的劳动中，感受农业发展对我们生活的改变，获得与人合作和分享劳动成果的快乐。

四年级确定以"军事研学"为主题。学生到济源综合实践基地研学，以坚定意志品质，强化纪律约束力。

五年级确定以"文化研学"为主题。学生走进文化"现场"——登封少林寺、小浪底等地，感受河南文化的源远流长和历史底蕴、增强文化自信，树立爱家乡爱河南的思想。

六年级确定以"红色研学"为主题。学生到安阳红旗渠学习红色文化历史，了解中国共产党的光辉历史和革命精神，从内心激发爱国情怀。

（二）细化研学实施内容

以"行走"为指导思想，即亲身经历、亲身践行，亲身感悟，建立并引导学生经历"行中学—行中悟—行中立"的成长过程体系。

1. 行中学

确定研学主题和目的地后，学校邀请研学实践课程专家、家长、学生和教师代表参加，召开研学实践方案展评会，反复考察研学线路、参观景点、研学知识、学生就餐、道路交通等具体事宜，确定研学实践方案，开设行前课程。同时制订详细的安全预案，包括预防措施、应对措施和急救措施等。确保学生在研学过程中的安全。

（1）自查资料。在出发前一周，教师和学生一起确定研学主题，并鼓励学生查阅资料，了解研学目的地的相关知识。通过项目式学习等形式，进行研学旅行的内容设计与路线规划。组建学习与生活"共同体"，做好充分的行前学习准备，学校制订了研学旅行的规则和应急预案等。在教师的帮助下，学生还自主设计研学手册，分组设计感兴趣的研学项目。

（2）收拾物品。在出行前，鼓励学生自主整理所带物品，打包行李，锻炼其收纳整理能力，培养自主独立精神。

（3）安全教育。研学旅行安全是第一位的。在出发前各班主任在班级对学生进行安全教育及文明教育，保障研学顺利进行。

（4）融合课程。根据各学科教材学习内容，各科教师和学生一起探究学科知识和研学内容的融合。

2. 行中悟

这一阶段不仅是学生实施并落实行前准备阶段自行设定的学习任务，并完成学习目标的过程，也是体现学生主体性的环节。在研学旅行的开展过程中，教师充分调动学生的主观能动性，培养学生的集体意识与责任感。例如，在安阳红旗渠研学时，学生通过参观红旗渠纪念馆、青年洞、分水闸，亲身体验打钎、推小推车、凿太行石等劳动活动，感受当年红旗渠修建过程中的艰辛，把红旗渠精神落实在学习和生活中。此外，通过自荐或推选等形式，成立班队管理，分层次、分组别地让每位学生都成为相关环节或项目的责任人，锻炼学生的自我管理能力和组织沟通能力，创构互相关心、帮助、合作的研学样态。

除研学预设课程外，还会有现场随机课程的叠加。在研学基地，因为季节的问题，宿舍不可避免会有一些臭虫。遇到问题如何解决，学生在学校安排的昆虫课程中，从躲避到寻找，从惧怕到喜爱，不仅开启了研究昆虫的奇妙之旅，还认识到了胆量需要见识，而知识就是力量。

晚上的课程也是课程的升华。六年级美术教师带领大家制作红旗渠主题绘画，重温修渠的艰辛；五年级音乐教师带领大家开展拉歌比赛，团结士气，凝聚人心；四年级语文教师带领同学们书写一封家书，传递情感与思念；三年级班主任教师带领同学们开展情景剧表演，链接自然，体验农耕。学生在缤纷的课程中感受深刻，体验丰富，研学经历会成为他们成长中重要的时间节点。

3. 行中立

研学评价是评估学生研学活动是否有效的重要手段。学生根据研学主题确定评价目标、评价内容，利用量表评价、作品评价、口头表达评价等方式进行评价。让学生客观、公正地评估自己，发现优势，调整不足，对自己有更深刻的认知，目标更清晰，对未来有了前进的动力，积蓄了更大的力量。

教师适时引导并鼓励学生自主策划和组织班会、展览等进行总结与展示，以培养学生的反思能力。为了巩固研学成果，学校相继开展了"30天挑战不可能""红领巾争章"等活动，筑牢学生品格，培养良好习惯，提升学生综合素养。

（三）建立课程评价

每一次的研学，学生自主设计研学手册都会在最后一页体现评价量表。根据评价目标，制定具体的、可衡量的评价标准。注重过程性评价，尝试增值性评价，强化综合性评价。

五、成果创新点

（一）课程融合

出发前，各学科教师会根据教材学习内容，与学生一起探究学科知识和研学内容相融合，把学科内容融入研学课程。

（二）学生成为研学主体

研学课程的设计注重学生的实践操作和体验感受，教师和学生一起探讨、确定研学主题、课程内容，将一至六年级研学活动课程设计尽量趣味化、多样化。学生在充分参与中获得尊重和力量，并在实践中学习知识，提高技能，增强实践能力。

六、成果及影响力

（一）丰富课程体系，完善育人途径

研学课程的实施，丰富了学校的课程体系，完善了育人途径，拓展了课程实施方式，使学生走出教室，接触社会和自然，在体验中学习和锻炼，培养了学生刻苦学习、自理自立的能力；打造了没有围墙的教育，探究了新型教育模式和教育方法，拓宽了教师的教育视野，构建了新型的师生关系。

（二）研学课程学生喜欢，赢得家长赞许、社会认同

课程学生喜欢、家长赞许、社会认同。当家长看到学生以饱满的精神状态、整齐的队列、响亮的口号向家长和教师汇报研学成果时，家长激动不已，更让他们惊喜的是，学生开始自主收拾书桌、床铺，不再赖床，主动跟父母沟通交流，感恩父母和教师为他们所付出的一切。家长纷纷对学校表示感谢，一封封表扬信纷至沓来，《教育时报》等媒体对研学成果进行了宣传报道。

（三）学生研有所得，学有所获

"读万卷书，不如行万里路。"研学课程，让学生真正实现研有所得，学有所获。在研学过程中，学生不仅增进了探究自然的能力，丰富了知识结构，而且锻炼了动手实践能力，提升了同伴交往能力，使学生的综合素养得到了提高。研学途中，他们笑脸灿烂，眼神欢喜，那些定格的美好瞬间为他们的校园生活添上了浓墨重彩的一笔。

学校的研学课程得到了教师、学生、家长、社会等各方面的高度认可和支持，他们也从中受益。

　　杨瑞老师写道："研学活动的开展，使孩子们在集体生活中进步着、成长着，学会与人相处，学会在陌生环境中生活和生存。感谢学校的精心安排，孩子们通过亲身实践，思考，领悟，终有一日能够长成参天大树。"

　　六年级毕业生李孟桐写道："在研学活动中，我不仅学会了独立面对困难，学会了与同伴们相互帮助，还学会了用心去感受这个世界的美好与多彩，加深了对自然与历史的敬畏之情。研学的点点滴滴，已经持续融入我的心灵当中，且必将转化为未来学习和生活的动力，让我勇敢地走向更加广阔精彩的世界。"

　　赵之瑜的妈妈说："当孩子满载着知识和新奇的经历回家时，我看到了孩子眼中对世界的好奇与渴望，他们讲述旅途中的趣事，每一个细节都充满着发现的喜悦。孩子们学到了很多书本中学不到的知识，体会到集体的重要性，学会了团结协作，学会了包容和体谅，学会了互帮互助，学会了独立和社交，更加深了孩子们之间的同学情谊……"

（河南省思达外国语小学　赵春萍　宋璐萍）

后 记

　　本书是 2019 年《劳动课程教育实施与评价》又一迭代升级版课程成果，基于《大中小学劳动教育指导纲要（试行）》《义务教育劳动课程标准（2022 年版）》，本书更加注重解读和解决"劳动课程是什么？如何构建体系，怎么上？怎么评"的问题。在这套书中我们突出以下几个方面：

　　第一，学校层面。基于《义务教育劳动课程标准（2022 年版）》，课程整体如何架构。

　　学校劳动课程构建是顶层设计，决定着课程科学有序地推进，为课程实施起着"为什么　怎么做　怎么评"的导向，一般也都是学校课程团队基于学校文化、劳动场域、社会资源等整体考虑，精心策划和打造出来的整体思路。

　　第二，课堂层面。针对十大任务群，劳动项目该如何设计与实践。

　　本著作分为上下册，上册为理论篇，阐述目前劳动教育出现的普遍问题，如"有劳无教""地头讲知识""忽视五育融合""重结果轻过程""评价单一"等，并提出学校课程构建体系、劳动项目设计、劳动周及主题活动评价三个类型的经验性案例，以解决课程如何建构、课堂如何上、活动评价如何跟进，从而让劳动课程走向常态，进课堂，实现全方位劳动育人的常态化效果；下册属于案例，将实践与劳动教育相结合，从课程和教育教学的角度提炼出学校"课程育人""劳动教育"的实践经验和创新点，为国家课程校本化实施提供借鉴的思路和模式。

第三，评价层面。劳动周、劳动跨学科设计等活动该如何评价。

劳动作为实践性课程，具有很强的灵活性、生成性、综合性和跨学科性。因此，评价它是重点也是难点。金水区的学校作为国家课程改革首批实验区，在实践性课程、学生评价方面，学校探索出了一定的经验。关于劳动课程的评价，我们提出"无评价不活动""有活动必评价""一项目一评价"的三大原则。于是学校团队在劳动课程和劳动项目、劳动周的开发中，根据劳动项目特征和劳动周具体内容，制订有效可行的劳动评价体系。我们从每个领域选取了一个具有代表性的案例，来表达我们的思想和做法。

第四，创新层面。破解课程实施难题，形成新思路，建立实践新模式，提炼创新作为，为培养有理想、有作为、有担当的时代新人打下扎实的基础。

在这里非常感谢成尚荣先生、顾建军教授对本著作细致指导，让我们的团队认识到做事的信心和价值，同时感受到我们的所想所为是正确的，是有引领性的。这是一本切合时代发展、破解问题的好书！

苏霍姆林斯基说，既然思想存在于劳动之中，人就要靠劳动而生存。我们的劳动智慧，促使着我们勇往直前！

观　澜

河南省郑州市金水区教育发展研究中心

2024 年 12 月 26 日